W0272083

BASTEI
LÜBBE

Beauchamp Colclough

Ab morgen wird alles anders

Wege aus der Alkoholabhängigkeit

Mit einem Vorwort von Elton John

Aus dem Englischen von
Gertrud Wittich

BASTEI LÜBBE

BASTEI-LÜBBE-TASCHENBUCH
BAND 66 332

© 1993 by Beauchamp Colclough
The moral right of the author has been asserted.
Die englische Originalausgabe erschien unter dem Titel TOMORROW I'LL BE DIFFERENT bei Viking, London.
© für die deutschsprachige Ausgabe 1996 by
Gustav Lübbe Verlag GmbH,
Bergisch Gladbach
Printed in Germany, Januar 1996
Einbandgestaltung: K.K.K., Köln
Titelbild: Viesti / Bavaria
Satz: Textverarbeitung Alessandra Schwarz, Köln
Druck und Bindung: Elsnerdruck Berlin
ISBN 3-404-66332-2

Der Preis dieses Bandes versteht sich einschließlich
der gesetzlichen Mehrwertsteuer.

Für Peter und Annabel, die mir gezeigt haben, daß man auch anders leben kann.

Für Josephine, die eine Zukunft vor Augen hatte und mir dabei half, sie zu finden.

Für Davey, der es nie geschafft hat.

Inhaltsverzeichnis

Mein Dank gilt

Robert Lefever, für die erlebnisreiche Reise, auf der er mich bis jetzt begleitet hat;

Arlene Kelman, die mich trainiert hat, wie nur sie es kann;

meiner Sekretärin Jill, die mir die Disziplin beigebracht hat, die man braucht, um eine Arbeit zu Ende zu bringen und die dieses Manuskript für mich getippt hat;

dem Personal des PROMIS Recovery Centers für seine unermüdliche Unterstützung, Ermutigung und Aufmunterung in Zeiten, in denen ich an mir selbst zweifelte;

all den Therapeuten, mit denen ich auf der ganzen Welt zusammengearbeitet habe, und den Selbsthilfegruppen, die so offen und bereitwillig ihre Gedanken und Hoffnungen mit mir teilten.

Die Fragebogen auf den Seiten 38-40 sind Robert Lefevers Buch *How to Identify Addictive Behaviour* (»Wie man Suchtverhalten erkennt«) (PROMIS Books Ltd.) entnommen. Das Gedicht auf Seite 64 stammt aus *Knots* (»Knoten«) von R. D. Laing, copyright The R. D. Laing Trust, 1970. Abdruck nach freundlicher Genehmigung durch Tavistock Publications.

Vorwort von Elton John

Ich bin nun seit zwei Jahren und einem Monat nüchtern, clean und abstinent. Ohne Zweifel waren das die besten zwei Jahre meines Leben. Ich trinke keinen Alkohol, nehme keine Drogen, esse kein Auszugsmehl und keinen Zucker mehr, und ich bringe mich auch nicht mehr selbst zum Erbrechen. Falls das ganz schön drastisch klingt – und das ist es ja auch – nun, dann muß es wohl so sein. Am 28. Juli 1990 war ich in einem schrecklichen Zustand. Ich war abhängig von allen möglichen Stoffen, ich war dick, ich fühlte mich miserabel, total niedergeschlagen und dachte an Selbstmord. Bis dahin war ich immer der Meinung, ich könne mich selbst von all meinen Problemen befreien. Ich wußte genau, daß ich sehr große Probleme hatte, und ich konnte einfach nicht mehr für längere Zeit nüchtern oder clean bleiben. Alles, was ich tat, tat ich »nach meinen Regeln«. Das heißt, ich rümpfte die Nase über Leute, die in eine Therapie gingen, sich behandeln ließen oder einen Psychologen aufsuchten. Das war meiner Meinung nach ein Zeichen von totaler Schwäche. »Können die sich denn nicht ohne all das wieder auf Vordermann bringen?« dachte ich immer.

Das Ausmaß an Verleugnung und falschem Stolz, das ich an den Tag legte, war enorm. Da ich alle Hilfsangebote ablehnte, schlitterte ich immer tiefer und tiefer in den Abgrund. Die Hölle auf Erden. Was geschah also?

Ich verliebte mich in jemanden, der selbst süchtig war und Hilfe suchte. Dieser Mensch ging in Behandlung und ich besuchte ihn. Dort flippte ich total aus und wurde sehr wütend. Ich floh zurück nach England und schloß mich zwei Wochen lang ein. Doch ich wußte, daß mir dieser Mensch etwas sagen wollte, und ich wußte auch, was es war: wenn ich nicht sehr rasch handelte, würde ich sterben. So einfach war das. Ich machte schließlich einen weiteren Besuch, und wir hatten eine brutale Auseinandersetzung. Diesmal war ich jedoch bereit zuzuhören, und ich entschloß mich, selbst Hilfe in Anspruch zu nehmen.

Als ich die Entscheidung traf, um mein Leben zu kämpfen, fand eine gefühlsmäßige und geistige Veränderung in mir statt. Zunächst entschied ich, daß es an der Zeit war, mich mit meinem eigenen Verhalten zu konfrontieren, und ich suchte eine Klinik in Chicago auf. Dort wurde ich wegen Alkoholismus, Kokain-Mißbrauch, zwanghafter Eßsucht und Bulimie behandelt. Während meines sechswöchigen Aufenthalts lernte ich, wieder ehrlich zu werden, mit anderen Leuten in Kontakt zu treten und, was am wichtigsten war, mir selbst zu vergeben. »Keiner kritisiert Elton mehr als Elton selbst«, dies war ein Spruch, der zu Grabe getragen werden mußte.

Ich bin ganz ehrlich der Meinung, daß das Gespräch die beste und wirkungsvollste Form der Therapie ist – jemandem zu erzählen, wie man sich fühlt. Ich fühlte mich *taub*, bevor ich in die Klinik ging, aber ich begann, über mein Leben zu sprechen – und zu schreiben –, und nun befinde ich mich in der »Auftauphase«, auch Genesung genannt. Heute bin ich dankbar für mein Leben – ich vergeude es nicht länger. Ich habe erkannt, wie kostbar das Leben ist und wieviel Glück ich doch hatte, eine zweite Chance zu bekommen.

Beechy ist mein Vertrauter, seit ich Chicago verlassen habe – wir sehen uns regelmäßig und sind sehr gute Freunde geworden. Immer wieder hat er mich auf die positive Seite meines Charakters aufmerksam gemacht: Er hat mir Mut gemacht, *ich selbst zu sein* und mich nicht länger deswegen zu entschuldigen. Heute bin ich davon überzeugt, daß diejenigen von uns, die zu stolz, zu arrogant oder zu ängstlich sind, um Hilfe zu bitten, Menschen wie Beechy brauchen, die uns wieder aufpäppeln und uns dabei helfen, uns ins Leben zurückzukämpfen. Ich möchte ihm persönlich danken für seine Liebe, seine Freundlichkeit, sein Mitgefühl und seine Ehrlichkeit. Das alles hat mir so sehr geholfen. Wenn Ihr Leben ebenso außer Kontrolle geraten ist, wie das bei mir der Fall war, dann weiß ich sicher, daß Ihnen dieses Buch helfen wird.

August 1992

Einführung

Das erste Mal, daß ich mit Alkohol in Kontakt kam, war, als ich oben im ersten Stock meines Elternhauses am Schlafzimmerfenster saß, das zur Straße wies, und nach meinem Vater Ausschau hielt; es war so zwischen 22.30 Uhr und 23.00 Uhr. Er tauchte immer um diese Zeit auf. Oft saß auch meine Mutter neben mir, denn sie wollte seinen Gang sehen, wenn er heimkam. War er unsicher auf den Beinen? Ging er stocksteif? Oder kam er zusammen mit einigen seiner Saufkumpanen, lärmend und mit einem Trinkvorrat für den Rest des Abends ausgerüstet?

Diese drei unterschiedlichen Zustände waren für meine Mutter und für mich sehr wichtig, denn sie gaben Aufschluß darüber, wie unser Abend verlaufen würde. Wenn er unsicher auf den Beinen war, bedeutete dies, daß er Streit mit meiner Mutter suchen, Türen knallen und brüllen würde. Wenn er gerade ging, bedeutete das, daß er die komplette Familiengeschichte auf Lager haben und erzählen würde, wie sie es über die Jahre geschafft hatten. Meine Mutter und ich mußten dann immer stillsitzen und aufmerksam zuhören, aber egal, wie aufmerksam wir auch zuhörten, es gab immer irgendetwas zu bemängeln.

Wenn er mit seinen Kumpels kam, bedeutete dies, daß meine Mutter kochen mußte. »Ich hab Hunger«, sagte er dann immer. Er und seine Freunde saßen dann herum, tranken und redeten und redeten und redeten. Gewöhnlich ging ich dann zu Bett, oder ich durfte noch ein bißchen aufbleiben und zuhören, wie sie sich über Nichtigkeiten unterhielten und keiner dem anderen wirklich zuhörte. In der einen Minute stritten sie, im nächsten Moment lachten sie wieder, und das ging so weiter, fast die ganze Nacht hindurch, bis sie sich verabschiedeten oder einfach umkippten.

Am folgenden Morgen war mein Vater dann schon wieder auf, frisch rasiert. Ich wußte immer, wann er sich wieder einen genehmigte: er rauchte nicht, wenn er nicht trank. Wenn ich am Morgen also den Tabakrauch roch, dann wußte ich, daß es wieder so weit war. Bei ihm waren es nie nur ein paar Biere, für die er das Haus verließ: er ging früh am Morgen und kam spätnachts wieder zurück. Oft hat meine Mutter versucht, ihn davon abzuhalten, ihn zuerst gebeten, nicht zu gehen, um dann später selbst ins Pub zu kommen, ihn zum Heimkehren zu überreden. Er versprach ihr natürlich immer, daß er gleich kommen würde. »Ich bin in 20 Minuten da«, oder »ich bin in einer halben Stunde da«, sagte er gewöhnlich, hielt sich aber nie daran; so saßen wir dann also oben im Schlafzimmer und warteten auf seine Rückkehr.

Wenn ich zurückblicke, dann wird mir klar, wie wenig Aufmerksamkeit und Zuwendung ich von meinem Vater bekommen habe und wie sehr seine Stimmungen durch sein Trinken (oder wenn er mal gerade nicht trank) beeinflußt wurden. Jahrelang habe ich ihm die Schuld für das gegeben, was aus mir geworden ist, doch ich habe seitdem erkannt, daß er an etwas gelitten hat, das für sein Verhalten verantwortlich war – etwas, das man Alkoholismus oder Saufen oder Zu-viel-Trinken oder was auch immer nennen mag. Ich weiß, daß diese Krankheit von meinem Vater Besitz ergriffen hatte, und das Endergebnis war alles andere als erfreulich. Der Alkoholismus war wie ein Dieb in unserem Leben: zuerst mein Vater, der trotz allem ein sehr kreativer und talentierter Mann war (obwohl ich nicht glaube, sein wirkliches Ich je gesehen zu haben), und später dann ich.

Als ich so dasaß und meinen Vater beobachtete, schwor ich mir heimlich, nie so zu werden wie er. Ich würde nie trinken (ich kann mich noch erinnern, wie verhaßt mir seine Alkoholfahne war) – nein, nicht ich. Nie würde ich so wie er werden oder mich so benehmen wie er: Wenn ich mal heiratete und Kinder hätte, wäre ich ein guter Ehemann und Vater; ich wäre mir meiner Verantwortung bewußt und würde meine Versprechen auch einhalten. Welche Ironie, daß gerade meine erste Ehe durch meinen Alkoholismus und mein daraus resultierendes unverantwortliches und egoistisches Verhalten zerstört wurde. Ich konnte nichts dafür, daß ich mich so benahm, aber ich bedaure, wie immer wieder der Alkohol an erster Stelle kam und alles und jeder andere erst an zweiter Stelle.

Während ich mir schwor »ich werde ganz anders«, war ich so voller Ehrgeiz und Hoffnung auf die Zukunft. Ich erinnere mich, damals ein Paar Drumsticks gehabt und damit stundenlang auf einem Teller herumgetrommelt zu haben. Ich erinnere mich auch, wie aufgeregt ich über mein erstes Paar Drums war – eins der wenigen Dinge, die mir mein Vater gekauft hat. Ich liebte sie – ich wünschte mir so sehr, Schlagzeuger in einer Band zu werden.

Wenn also die Leute zu mir sagen: »Wieviel Erfahrung mit Alkohol hast du?«, dann antworte ich ihnen: »Ungefähr 44 Jahre.« – ich wurde da hineingeboren, ich wuchs damit auf, und ich mußte die Verhaltensweisen erdulden, die der Alkohol auslöst. Und ich habe unter den Folgen meines eigenen Verhaltens gelitten. Ich verstehe Leute, die ein Alkoholproblem haben, denn ich bin einer von ihnen.

Ich kann mich erinnern, daß ich mir immer wieder den Kopf darüber zerbrochen habe, *warum* mein Vater trank, denn er schien niemals glücklich zu sein oder sich zu amüsieren, wenn er es tat. Vielleicht war das ja der Fall, wenn er in der Kneipe mit seinen Kumpels einen hob; auf jeden Fall sah ich ihn niemals glücklich. Ich sehe ihn noch vor mir, wie er war, am »Morgen danach«: Seine Hände zitterten, und er sah einfach krank aus. Was mich sogar noch mehr verwirrte war, daß er *niemals* jeden Tag trank: Er war ein »Quartalstrinker«, und oft trank er monatelang gar nichts, obwohl es auch dann so aussah, als würde er nur darauf warten, wieder trinken zu können, denn er erschien dann immer sehr depressiv und reizbar. Ich ertappte mich bei solchen Gelegenheiten dabei, wie ich mir wünschte, er würde doch wieder in die Kneipe gehen, denn ich wußte nie, was eigentlich schlimmer war – wenn er zu Hause lustlos herumsaß, ohne etwas zu trinken, oder wenn er bei uns war und getrunken hatte. Das alles verwirrte mich sehr: Ich wußte nie, woran ich mit ihm war oder wie ich mich verhalten sollte – nie konnte ich es ihm recht machen. Ich brachte nie Freunde mit nach Hause – ich durfte das nicht. Ich konnte einfach nicht verstehen, warum er sich so seltsam benahm, und seine ewige Kritik an mir verletzte mich – ich dachte immer: »Warum tut er das nur?« Lange Zeit habe ich gedacht, daß es meine Schuld sei. Und jahrelang habe ich ihm die Schuld gegeben und ihn verachtet, doch das tue ich nun nicht mehr. Ich habe erkannt, daß ich ihm verzeihen muß, denn ich habe erkannt, daß er an einer Krankheit litt und daß er, sobald er etwas getrunken hatte, einfach keine Wahl mehr hatte, als sich so zu benehmen, wie er es tat.

Obwohl ich ihn zahllose Male angesehen und mir geschworen hatte: »So wie er wirst du nie enden; so wirst du dich nie benehmen«, irrte ich mich dennoch. Egal wie oft ich mir geschworen hatte, nie zu werden wie mein Vater, schien der Alkohol geradezu auf mich zu warten, zu warten, daß ich aufstehen und ihn probieren würde. Schon vom allerersten Mal an liebte ich das Gefühl, das er in mir hervorrief. Ich liebte die Wirkung, die er hatte, obwohl mir beim ersten Versuch schlecht geworden war – vielleicht, weil das Zeugs, das ich getrunken hatte, eher wie flüssiger Teer, als wie Schnaps geschmeckt hatte. (Die Flasche besaß keinen Aufkleber. Wie sollte sie auch? – Es gibt nichts gutes darüber zu sagen.) Nichtsdestotrotz mochte ich das Gefühl, das Alkohol in mir hervorrief. Er schien mir meine Unsicherheit zu nehmen – es war einfach leichter, mit Leuten zu reden, und in gewisser Weise empfand ich ihn als ungeheuer tröstlich. Es war, als ob ich lange Zeit draußen in der Kälte gestanden hätte und nun jemand gekommen wäre und mir einen Mantel gereicht hätte. Ich zog ihn an und fühlte mich warm und wohlig, und ich fühlte mich zufrieden.

So war das, als ich anfing zu trinken. Der Alkohol war ein sehr guter Freund für mich. Überhaupt kein Problem. Ja, ich genoß das Trinken sogar, und ich war nicht der einzige, der sich gerne einen hinter die Binde goß – es schien, als ob jeder, den ich kannte, tränke, und daß man das eben einfach tat. So hat alles angefangen. Ich hatte etwas gefunden, das mir half, eine größere Persönlichkeit zu sein. Es half mir, besser mit den Leuten zurechtzukommen (dachte ich), und wie ich schon sagte, schien es so, als ob jeder, den ich kannte, tränke – ganz besonders an Wochenenden. Da gingen wir dann immer in eine

Bar, hörten Musik, »zwitscherten ein paar« und gingen dann nach Hause zu einem von uns, saßen dort herum, unterhielten und amüsierten uns. Aber es dauerte nicht lange, bis Alkohol für mich sehr viel mehr bedeutete.

Ich schloß mich einer Band als Schlagzeuger an. Anfangs spielten wir nur in unserer Heimatstadt, doch langsam kamen wir weiter herum. Zu der Zeit, glaube ich, begann das Trinken mich irgendwie anders zu beeinflussen. Mehr und mehr übernahm der Alkohol die Rolle des Helfers, wenn es darum ging, vor größerem Publikum zu spielen – das ist mir nämlich immer schon schwergefallen. Aber mit Alkohol schienen meine Ängste und meine Nervosität von mir abzufallen, und langsam aber sicher schlich er sich in meinen Tagesablauf ein und wurde immer wichtiger. Es ging eigentlich gar nicht darum, daß ich mit Alkohol besser spielte, nein, ich glaube, daß ich ihn mehr und mehr brauchte, um einfach besser funktionieren zu können. All das ist mir heute klar geworden, aber damals war es einfach etwas, das ich gerne tat, das ich genoß. Ich fühlte mich gut, wenn ich trank, das war sicher, und ich wollte mich natürlich immer gut fühlen. Die Band, bei der ich spielte, machte weiter, wir hatten Erfolg und wurden bald ziemlich populär. Das bedeutete, daß ich mehr Geld verdiente. Folglich konnte ich mehr trinken, und zu der Zeit hatte ich außerdem begonnen, auch noch Drogen zu nehmen.

Ich nahm jede Menge Amphetamine – »Speed« und dergleichen. Und ich spielte auch ganz schön mit LSD herum. Aber der Alkohol war, mehr als alles andere, meine bevorzugte Droge, denn ich konnte ihn legal kriegen – alle anderen Rauschmittel waren illegal. Zu der Zeit war es gerade sehr in Mode, Cannabis, Haschisch und Pot zu rauchen, aber das turnte mich nie so richtig an. Ich begriff einfach nicht, warum man etwas rauchte, nur um danach einfach einzuschlafen (die Wirkung hatte es jedenfalls bei mir), also ließ ich das Dope-Rauchen mehr oder weniger links liegen. Wie ich schon sagte, Haschisch war illegal und Alkohol nicht, also beschloß ich, mich an die legalen Rauschmittel zu halten. Trotzdem nahm ich im Lauf der Zeit Drogen, aber nie in dem Maß wie Alkohol.

Ich spielte weiter bei der Band, und soweit es mich betraf, hatte ich eine echt tolle Zeit dabei – wir spielten an vielen verschiedenen Orten, und ich konnte mir nichts vorstellen, das ich lieber getan hätte. Was das Trinken betraf, so legte ich noch einen Gang zu, als wir auf einer Tour durch Europa waren. Wir spielten bis spät in die Nacht in Clubs und auf amerikanischen Militärstützpunkten, und fast der ganze Tag und ein gut Teil der Nacht drehten sich um Alkohol. Immer gab es irgendwo eine Party oder jemand brauchte Gesellschaft, man hatte immer jemanden zum Reden – und der Drink war auch nie weit.

Zu der Zeit fing ich an, schon morgens zu trinken. Bis zum heutigen Tag sehe ich vor mir, wie ich in einem kleinen Hotelzimmer saß, das ich mit einem Typ namens Davey teilte (er war auch Bandmitglied): Wenn wir von der vorhergehenden Nacht nichts mehr zum Trinken übrig hatten, dann ging immer einer von uns zum Laden um die Ecke und kaufte was. So unnormal erschien uns das gar nicht, um acht Uhr morgens zu trinken, oder manchmal sogar noch früher, wenn wir wach waren. Wir machten immer Witze über unser »flüssiges Frühstück«, unser »flüssiges Mittagessen« und das »flüssige Abendessen«. Das Leben war voller Musik, es war eine tolle Zeit …

… und auch eine schlimme – wenn uns unser Agent zum Beispiel am Monatsende nicht bezahlte und wir in einem leeren Kombi schlafen mußten oder am Fußboden in irgendeiner Garage oder in einem Armeelager. Doch selbst wenn wir (oder ich) kein Geld hatten, etwas zu trinken bekamen wir immer. Da war immer irgendwo ein Soldat oder jemand anderes, der uns einen Drink spendierte. Essen war zu der Zeit schon zweitrangig; an erster Stelle kam der Alkohol.

Am Ende dieser Tour löste sich die Gruppe auf, und ich ging zu einer anderen Band. Die merkten schon sehr bald, wieviel ich trank, und wir hatten dauernd Streit deswegen, bis wir uns dann eines Tages zusammensetzten und sie mir mitteilten, daß sie jemand anderen gefunden hatten, da sie so, wie ich mich benahm, einfach nicht mit mir weiterspielen konnten. Ich wurde sehr wütend auf sie, weil ich nicht hören wollte, was sie sagten. Ich sagte ihnen, wo sie sich ihre Band hinstecken könnten und alles, was dazugehörte. Wenn mich die Leute fragten, was passiert sei, dann schob ich alles auf die Band – ich meinte, sie seien langweilig, schlecht drauf und spießig, und daß ich nicht mehr bei ihnen hätte bleiben wollen. Was für ein Blödsinn …

Ungefähr zu der Zeit fing ich an, mich wieder mit meinem Freund Davey zu treffen. Er sprach immer wieder von den Kanalinseln – einem Ort, an den ich sonst nie gedacht hätte. Er sagte, er würde da hingehen, um sich einen Job zu suchen – Tomaten pflücken oder irgendeine andere Erntearbeit. Er meinte, das sei doch lustig und ob ich nicht mitkommen wolle. Zuerst hielt ich nicht viel davon. Ich dachte: »Warum in aller Welt sollte ich Tomaten pflücken gehen?« Erst als Davey erwähnte, daß Alkohol dort sehr billig sei und die Pubs den ganzen Tag offen seien, fing ich an, mir die Sache ernsthaft zu überlegen. Ich brauchte nicht lange, um mich zu entscheiden. Prompt verkaufte ich meine Drums und schon am nächsten Tag zogen wir los.

Das war der Beginn vieler verschwendeter Jahre – Jahre, die nur aus Trinken bestanden, Jahre, in denen ich jede Menge Jobs und jede Menge Freunde verlor. Ich kann nicht sagen, daß ich gute Freunde oder »enge Beziehungen« verlor, denn ich wußte nicht mal, wie so etwas aussieht. Ich reiste in ganz Europa herum mit einem Rucksack auf den Schultern, wanderte ziellos von Ort zu Ort; mein Leben war sozusagen richtungslos. Immer wieder endete ich in Krankenhäusern, wo man die körperlichen Symptome meines Alkoholmißbrauchs auskurierte. Danach fühlte ich mich wieder gesund und fit. Aber was tat ich als erstes? Ich genehmigte mir einen. In kürzester Zeit landete ich wieder dort, wo ich zuletzt war. Die Leute hatten es langsam satt, mir dauernd zu sagen, was ich mir damit antat, denn ich wies alle Einwendungen ja doch immer nur mit einem Schulterzucken ab.

Die erste Person, die ich wirklich ernst nahm, war ein amerikanischer Freund namens Gary. (Um diese Zeit hatte ich außerdem jemanden kennengelernt, der mir mehr und mehr am Herzen lag, und ich wußte, wenn ich nichts gegen mein dauerndes Trinken unternahm, würde ich sie verlieren). Gary sagte, er kenne zwei Leute, die mir vielleicht helfen könnten, wenn ich bereit wäre, ihnen zuzuhören.

An diesem Nachmittag nahm er mich mit zu ihrem Haus und stellte mich Peter und Annabel vor. Damals wußte ich es noch nicht, aber diese beiden Leute sollten mein Leben retten. Ich erinnere mich, wie wir zusammensaßen und beide intensiv mit mir redeten. Alles, was sie sagten, stimmte. Sie warnten mich davor, daß ich sterben würde, wenn ich so weitertrank wie bisher; ich müßte ein für allemal etwas dagegen tun. Ich erinnere mich, so etwas wie »ich werde weniger trinken« gesagt zu haben, aber sie meinten, ich müßte ganz damit aufhören: Die Tage, an denen ich »weniger trinken« könnte, wären vorbei, und der einzige Ausweg, die einzige Rettung für mich sei aufzuhören. Als ich ihr Haus verließ, war ich voller Angst und Wut: Angst, weil das, was sie gesagt hatten, mich sehr betroffen gemacht hatte und ich wußte, daß sie recht hatten; Wut, weil sie mir gesagt hatten, ich müßte mit dem Trinken aufhören, und mir kam es so vor, als würde man mir damit etwas wegnehmen. Ganz schön verrückt.

Ich rief meine Freundin an und sagte ihr, daß ich die beiden getroffen hätte und daß sie mir vorgeschlagen hätten, mich zu einem Meeting einer Selbsthilfegruppe mitzunehmen. Sie war aufgeregter als ich. (Das verstehe ich, denn sie war sehr besorgt um mich. Wieder einmal die alte Geschichte: Jeder war um mich besorgt, nur ich selbst nicht.) Ich ging zum Meeting dieser Selbsthilfegruppe und hörte nun, wie andere Leute über ihre Probleme mit Alkohol sprachen. Sie hätten genausogut über mich sprechen können: Alles, was sie sagten, verstand ich sehr gut; alles, was sie getan hatten, hatte ich auch schon getan. Aber es war auch etwas sehr Ungewöhnliches an ihnen, und das war die Art, in der sie sprachen: so ehrlich und aufrichtig, ohne einem irgend etwas vormachen zu wollen. Das war neu für mich, so etwas war ich nicht gewöhnt.

Als ich ging, war ich freudig erregt und zuversichtlich, aber nicht lange darauf wurde die leise Stimme in meinem Kopf, die sagte: »Nun, du kannst ja ein, zwei Gläser trinken und zu den Meetings gehen, und nach und nach hörst du dann auf«, immer lauter. Genau das tat ich dann auch. Ich ging weiter zu den Meetings und ich trank weiterhin – aber es waren nicht nur ein, zwei Gläschen. Ich kam mir vor wie ein Heuchler und Lügner. Ich ging zu den Meetings und erzählte den Leuten, daß ich nicht mehr trank, aber sie konnten schon an meinem Aussehen und meiner Fahne merken, daß ich immer noch drauf war. Eins jedoch taten sie nie: Sie wiesen mich niemals zurück. Sie ließen mich einfach weiterwursteln wie bisher.

An einem Donnerstagabend war ich auf einem dieser Meetings, und bis zum heutigen Tag weiß ich nicht, was dort mit mir passiert ist, aber ich bin froh, daß es geschah. Ich gab offen zu, daß ich getrunken hätte, daß ich nie aufgehört hätte zu trinken und daß ich es einfach nicht länger ertragen könne. Das war das erste Mal in meinem Leben, daß ich je um Hilfe gebeten habe. Annabel fragte mich, ob ich bereit sei, eine Therapie zu machen, und ich sagte, ich würde alles tun.

Am Sonntagmorgen darauf befand ich mich bereits im Flugzeug mit Peter und Annabel, wir waren auf dem Weg nach Plymouth in Devon zu einem Therapiezentrum – Broadreach House. Ich wußte nicht, was mich erwartete, doch ich sollte es bald herausfinden. Eine Frau namens Arlene Kelman war es, die mich darüber aufklärte. Sie sagte mir, sie sei meine Beraterin. Ich wußte nicht, was das bedeutete, und das alles erschien mir reichlich seltsam. Ich war ziemlich ängstlich. Gleichzeitig fühlte ich mich jedoch sicher und geborgen, denn die Leute in Broadreach strahlten eine Wärme aus, wie ich es bisher noch nie erlebt hatte.

Nachdem ich ungefähr vier Tage dort gewesen war, fingen meine Entzugserscheinungen an. Ich werde das nie vergessen, es war furchterregend. Ich halluzinierte ununterbrochen und verlor jedes Zeitgefühl. Ich wußte auch nicht mehr, wo ich mich befand, aber ich kann mich noch an die Stimme in meinem Kopf erinnern, die sagte: »Schau, daß du hier rauskommst. Trink einen Schluck.

Hau ab von diesem Ort.« Aber selbst, wenn ich gewollt hätte, es wäre unmöglich gewesen – ich konnte ja nicht mal das Bett verlassen. Mit Hilfe der sorgfältigen Pflege, die mir zuteil wurde, stand ich das alles durch. Speziell einer Schwester namens Carole, die bei mir blieb, als es besonders schlimm war, verdanke ich viel. Das Ganze dauerte ungefähr fünf oder sechs Tage und hörte dann genauso plötzlich auf, wie es angefangen hatte.

Nun begann die eigentliche Behandlung. Zum ersten Mal in meinem Leben mußte ich mich meiner Vergangenheit stellen, und an diesem Punkt kam Arlene ins Spiel. Sie führte mich, unterstützte mich, tröstete mich und weckte wieder ein wenig von dem Sinn für Humor, den ich schon vor langer Zeit abgestorben geglaubt hatte. Immer wieder sagte sie mir, wenn ich aufhörte zu trinken, dann würde ich etwas aus mir machen, und mein Leben würde sich so verändern, wie ich es mir in meinen kühnsten Träumen nicht vorstellen könnte. Ich sah sie dann meist an und dachte: »Ist das ihr Ernst? Glaubt sie wirklich daran?« Das tat sie, und sie hatte recht.

Sechs Wochen später war ich wieder zurück in Guernsey, nüchtern wie der Papst, und fühlte mich verloren wie ein kleiner Junge. Aber ich fühlte noch etwas anderes – etwas, das ich nie zuvor gefühlt hatte – und das war so, als ob ich etwas in Bewegung gesetzt hätte. Zum ersten Mal in meinem Leben war ich ehrlich gewesen: Ich hatte über mich selbst gesprochen, mir ins Gesicht geblickt und tatsächlich zugegeben, ein Alkoholiker zu sein.

Das war der Beginn meiner Genesung. Ich wußte, daß ich hart kämpfen mußte, um meine Selbstachtung und die Achtung der anderen wiederzugewinnen. Das geschah nicht über Nacht, denn es gab so viele, die mich schon so oft hatten sagen hören: »Das war´s – nie wieder

Alkohol, ich werde mich ändern«, aber jedes Mal war ich letztlich wieder bei ihm gelandet. Also mußte ich ganz von vorn anfangen.

Als erstes mußte ich einen Job finden. Ungefähr zu der Zeit, als ich aus der Therapie zurückkam, machte gerade ein neues Hotel in Guernsey auf – das St. Pierre Park. Sie suchten per Annonce Küchenpersonal (ein beschönigender Ausdruck für Tellerwäscher). Ich rief an und wurde zu einem Vorstellungsgespräch eingeladen; also machte ich mich auf zum Personalchef. Da ich schon früher Spüljobs gehabt hatte, fand ich es reichlich seltsam, zu einem Vorstellungsgespräch eingeladen zu sein und war dementsprechend nervös. Außerdem war ich nüchtern, und ich war es nicht gewöhnt, irgendetwas ohne einen Drink zu tun. Die Personalchefin (Dorothy) war jedoch ausgesprochen freundlich. Sie fragte, was ich denn bisher für Beschäftigungen gehabt hätte. Das brachte mich sofort in Verlegenheit, denn was ich mit am meisten fürchtete, war, jemandem erzählen zu müssen, was tatsächlich passiert war. Als sie dann zu mir sagte: »Sie sind fünfunddreißig. Wieso wollen sie einen Job als Spüler? Was haben Sie mit Ihrem Leben gemacht?«, da mußte ich zum ersten Mal einem anderen gegenüber zugeben, daß ich dabei war, die Scherben eines Lebens aufzusammeln, das durch Alkohol ruiniert worden war und daß ich versuchte, einen neuen Anfang zu machen. Nun, das Glück stand mir zur Seite, denn sie gab mir den Job. Es tat so gut, wirklich einmal etwas für mich getan zu haben, und was noch besser war, ich hatte es ohne Alkohol geschafft.

Ich arbeitete seit zirka sechs oder sieben Monaten dort, als ich erfuhr, daß ein Wettbewerb stattfinden würde – der *Salon Culinaire* –, und die meisten der Hotelköche meldeten sich für die verschiedensten Gerichte an, die dann von einer Gruppe von Köchen bewertet werden sollten. Ich stand also in der Ecke des Lokals, in dem ich arbeitete (fröhlich vor mich hinspülend), und stellte mir vor, wie es wäre, wenn ich an dem Wettbewerb teilnehmen würde. Da hörte ich auf einmal eine Stimme in meinem Kopf, die sagte: »Warum fragst du nicht einfach den Küchenchef, ob du mitmachen darfst?« Ich dachte: »Nein, das geht doch nicht«, aber die Stimme sagte: »Natürlich geht das! Nun mach schon – tu es!« Also tat ich es. Ich verließ das Lokal und ging hinauf zur Hauptküche, wo der Küchenchef in seinem Büro saß, sehr ernst dreinblickte und Menüs zusammenschrieb. Ich klopfte und trat ein. Ich sagte: »Entschuldigung, Chef, aber ich wollte Sie um einen Gefallen bitten.« Er grunzte irgend etwas Unverständliches. Er war ein großer Österreicher, der nie viel lächelte, aber ein wundervoller Koch war. Ich fragte ihn daraufhin, ob ich am Wettbewerb teilnehmen könnte, und er sah mich ziemlich erstaunt an und meinte: »Aber Sie sind doch Küchenhelfer! Sie haben keinerlei Erfahrung.« Ich versuchte ihm zu erklären, daß ich früher schon in mehreren Küchen gearbeitet und manchmal auch bei der Zubereitung der Speisen geholfen hätte, aber er wollte das gar nicht hören. Er sagte mir, ich solle wieder runtergehen und mit meiner Arbeit weitermachen. Ich war am Boden zerstört, als ich wieder zur Küche zurückging – ich war wütend, verletzt und beschämt. All die alten Gefühle wallten wieder in mir hoch. Ich kam mir so dumm vor, überhaupt gefragt zu haben. »Ich hätte es besser wissen müssen«, dachte ich.

Später an diesem Abend, so um halb neun herum, klingelte das Telefon in der Küche. Es war der Küchenchef. (Ich glaube, er hatte ein paar Gläser Wein intus.) Er sagte: »Okay, Sie können am Wettbewerb teilnehmen – ein Gericht ist noch frei. Kommen Sie rauf, wenn Sie fertig sind.« Ich war total geschockt und dachte als erstes: »Das hast du nun davon, daß du gefragt hast.« Ich machte mir sofort große Sorgen. Um 11 Uhr abends, nachdem ich mit Abwaschen fertig war und den Küchenfußboden geputzt hatte, ging ich hinauf. Da standen sie alle, in ihren hübschen weißen Kochuniformen und den hohen Hüten, und da stand ich in meiner Spülschürze. Ich meldete mich beim Chefkoch, der mir sagte, ich solle sechs verschiedene Hors d´œuvres zubereiten und daß mir einer der für die Vorratskammer zuständigen Köche ein paar Anregungen geben würde. Die übrigen Köche fanden es höchst witzig, daß ein Küchengehilfe so etwas tun durfte, und es gab jede Menge Frotzeleien. Sie fanden es zudem äußerst amüsant, daß es mir auch noch ernst damit war.

Und es war mir ernst. Ich brauchte ungefähr vier Stunden, und es war gut, daß keine Leute in dem Restaurant saßen und auf diese Hors d´œuvres warteten, denn die hätten genausogut verhungern können. Um zirka halb vier Uhr morgens war ich endlich fertig, und meine Hors d´œuvres wanderten in den Kühlschrank, um dann um acht Uhr in der Frühe der Jury im Hotel präsentiert zu werden.

Der folgende Tag war mein freier Tag, aber natürlich ging ich zum Hotel, um einen Blick auf all die anderen Gerichte, die am Wettbewerb teilnahmen, werfen zu können (und natürlich auch auf meins). Als ich durch die Eingangstür des Hotels schritt, war es der Küchenchef, den ich als erstes erblickte, auch wenn ich ihn nicht sofort erkannte, da er seine Berufskleidung nicht trug. Er nahm mich beim Arm und zog mich in den Ballsaal, wo alle Wettbewerbsgerichte aufgetragen waren und führte mich zu meinem. Ich erlitt den Schock meines Lebens, denn daneben stand eine kleine Karte, auf der ich las

»Zweiter Preis«. Ich war sprachlos. Ich war vollkommen überwältigt. Ich konnte nicht glauben, daß ich einen Preis gewonnen hatte. Zum ersten Mal in meinem Leben hatte ich etwas zu Ende gebracht. Ich war so stolz auf mich, daß ich fast weinen mußte – was ich dann, glaube ich, auch tatsächlich tat.

Von diesem Tag an wurden die Dinge wirklich anders für mich. Ich wurde vom Geschirrwaschen und Bodenputzen zur Essenszubereitung im Restaurant befördert. Außerdem schickte mich das Hotel an einem Tag pro Woche in einen Kurs für Lebensmitteleinkäufer. Eines Nachmittags wurde ich in das Büro des Einkaufsleiters gebeten. Als ich hinkam, war der Chefkoch ebenfalls da. Die beiden meinten, sie wollten mir die Leitung des Hotelrestaurants übertragen. Wieder war ich sprachlos und vollkommen überwältigt. Ich konnte einfach nicht glauben, daß mir das passierte.

So kam ich also vom Geschirrspülen und Bodenputzen zur Leitung einer Küche und trug jetzt selbst die weiße Kochuniform und die hohe Mütze. Es kam mir vor wie ein wahrgewordener Traum. Man hatte mir tatsächlich Verantwortung übertragen, und die Leute vertrauten mir.

Ein anderer Traum, der mich seit meiner Therapie beschäftigte, war, selbst ein Berater zu werden und den Leuten bei ihren Suchtproblemen zu helfen. Ich arbeitete schon seit zirka zwei Jahren im Hotel, da rief mich plötzlich Arlene Kelman an – meine Beraterin im Broadreach House. Sie fragte mich, ob ich bei ihr lernen wolle, Berater zu werden. Wieder einmal konnte ich es kaum glauben: All die Dinge, die ich mir gewünscht hatte, wurden nun tatsächlich wahr. Ich ging nach Broadreach House und machte einen zweijährigen Trainingskurs mit, und dann traf ich Dr. Robert Lefever, den Gründungsdirektor von The PROMIS Recovery Center, wo ich jetzt arbeite.

Vom ersten Moment an mochte ich Dr. Lefever, seine Energie und seine Bereitschaft, spontan zu sein und neue Ideen auszuprobieren. In den letzten sechs Jahren haben wir eng zusammengearbeitet, und er war es, der mir die Unterstützung gegeben hat, die nötig war, um meine Vorstellungen und Ideen in die Praxis umzusetzen. Er hat mir darüberhinaus die Möglichkeit verschafft, auf beiden Seiten des Atlantiks zu arbeiten.

Ich hoffe, daß ich Ihnen durch dieses Buch etwas von dem Wissen und den Informationen übermitteln kann, die Ihnen helfen, ebenfalls vom Alkoholmißbrauch loszukommen und das Glück und die Freiheit zu finden, die Sie verdienen. Ich bin der lebende Beweis dafür, daß auch für Sie ab morgen alles anders sein kann. Und so geht´s.

PS: Wenn die Dinge am Anfang nicht gleich so funktionieren, wie Sie es sich wünschen, dann seien Sie nicht zu hart sich selbst gegenüber – es braucht Zeit, den Alkohol zu besiegen, aber Sie können es schaffen, wenn Sie nur wollen.

Seien Sie auf der Hut

Wenn Sie über längere Zeit regelmäßig getrunken haben,

***müssen** Sie Ihren Arzt aufsuchen,*

bevor Sie ganz mit dem Trinken aufhören.

1
Was, ich?

Wenn ich ehrlich sein soll, dann ist die Tatsache, daß Sie dieses Buch aufgeblättert haben, schon ein Anzeichen dafür, daß Ihnen Ihr Trinken irgendwie Sorgen macht, selbst wenn viele von Ihnen dieses Buch in der Hoffnung lesen werden, hier zu erfahren, daß sie gar kein Problem haben.

Ich möchte, daß Sie sich eins versprechen: daß Sie dieses Buch bis zum Ende durchlesen werden. Falls es Ihnen hilft, dann behalten Sie dieses Versprechen vorläufig für sich, da Sie dann vielleicht weniger unter Druck stehen. Ich hoffe, daß Sie schließlich so weit sein werden, eine Entscheidung zu treffen, die wirklich gut für Sie ist.

Bitte stören Sie sich nicht zu sehr an dem Ausdruck »Alkoholabhängigkeit«, der auf dem Buchcover steht. Wenn Sie sich auf die »Wege aus der Alkoholabhängigkeit« begeben, müssen Sie Ihr jetziges Leben hinter sich lassen und ich selbst kann es am besten verstehen, wenn Ihnen das Angst macht. Aber glauben Sie mir, so schmerzlich dieser Prozeß für Sie sein wird, Sie werden etwas Besseres dafür erhalten, als Sie sich heute auch nur vorstellen können. Sie werden sich von etwas verabschieden, das Ihnen in den Weg geraten ist und Ihnen in Ihrem Leben höchstwahrscheinlich schon viele Probleme und sehr viel Kummer bereitet hat.

Also, wer hat nun ein Alkoholproblem? Wie sehen Problemtrinker eigentlich aus?

- Haben sie vielleicht einen Job, eine Familie oder Freunde, die sich um sie sorgen?
- Haben sie vielleicht Ehrgeiz, eine gute Erziehung und Bildung, Talente, Selbstachtung?
- Sind sie vielleicht wegen Trunkenheit am Steuer verurteilt worden?
- Werden sie im Beruf je befördert?
- Können sie vielleicht Arzt, Krankenschwester, Lehrer, Flugzeugpilot, Firmendirektor, Tierarzt, Busfahrer, Psychiater, Chirurg, Priester, Nonne, Minister, Sozialarbeiter, Fußballspieler, Student, Model, Verkäufer, Mutter, Vater, Sohn, Tochter, Tante, Onkel, Taxifahrer, Musiker, Journalist, Verleger, Schriftsteller sein?
- Können sie vielleicht aus jeder sozialen Schicht stammen?
- Haben sie vielleicht gar nichts vom Leben?
- Ist es vielleicht möglich, ein Alkoholproblem zu haben und doch von Familie und Freunden geliebt zu werden?

Tatsache ist, daß es jeder sein kann, der ein Alkoholproblem hat – nicht notwendigerweise der Penner auf der Parkbank oder jemand aus armen Verhältnissen ohne jede Bildung; solche Leute machen nur einen geringen Teil der Problemtrinker aus. Leute mit Alkoholproblemen sind oft solche, von denen die Gesellschaft im allgemeinen nicht annehmen würde, daß sie überhaupt Probleme haben. Wenn Sie selbst ein Alkoholproblem haben, dann werden Sie wissen, daß über die tatsächliche Menge, die der Problemtrinker zu sich nimmt, nicht gesprochen wird. Viel davon wird sogar heimlich getrunken – und ich spreche hier nicht unbedingt vom berüchtigten Flachmann in der Tasche oder der heimlich im Auto versteckten Pulle: Es kann auch das Extraglas sein, daß man hastig hinunterstürzt, wenn gerade niemand im Zimmer ist, denn aus irgendeinem Grund will man nicht, daß die Leute wissen, wieviel oder wie oft man trinkt. Bitte seien Sie sich im klaren darüber, daß Alkoholismus ja irgendwo anfangen muß. Die Mengen mögen gar nicht so groß sein, aber das Gefühl, getrieben zu werden, ist etwas, das Sie nicht erklären können, und manchmal mag Sie dies in Verwirrung und Bestürzung versetzen.

Glauben Sie ja nicht, daß »Ein-Problem-mit-Alkohol-haben« unbedingt bedeuten muß, daß Sie schon morgens und auch täglich trinken. Das ist ein altes Ammenmärchen – vielleicht von jenen von uns erfunden, die Angst davor haben, ihre Probleme zuzugeben und die Dinge sagen wie: »Nun, zumindest trinke ich nicht schon in der Früh.« oder »Zumindest bin ich nicht jeden Tag betrunken.« Seien Sie sich dieses unbegreiflichen Gefühls, einen Schluck haben zu müssen, bewußt. Vielleicht kämpfen Sie dagegen an – tagelang, wochen-, manchmal sogar monatelang –, um zu beweisen, daß Sie Ihr Trinken unter Kontrolle haben, aber achten Sie auch auf dieses Gefühl großer Erleichterung, wenn Sie nach einer Periode der Abstinenz Ihr erstes Glas trinken.

Wenn Sie das Gefühl haben, die Gläser oder Flaschen, die Sie trinken, zählen zu müssen oder einfach eine Zeitlang nicht trinken zu wollen, weil Sie wiederholt zuviel getrunken haben – finden Sie nicht, daß das nach einem Problem klingt? Und was ist mit denen, die trinken und sich dann immer wieder ans Steuer setzen, obwohl sie schon weit über dem Limit sind? Warum ist es so schwer, nicht zu trinken, wenn Sie wissen, daß Sie noch fahren müssen? Haben Sie sich jemals dabei ertappt zu trinken, obwohl Sie genau wußten, daß Sie es eigentlich nicht tun sollten? Vielleicht haben Sie die Kinder einer Freundin gehütet oder sollten zu einem wichtigen Geschäftstreffen und wußten genau, daß Sie deswegen alle Ihre Sinne beisammen haben mußten, oder vielleicht mußten Sie ja noch fahren – und irgend etwas war stärker als Sie. Sämtliche Vernunftgründe sind plötzlich wie weggeblasen, und Sie müssen einfach ein Glas trinken – oder auch mehrere.

Wenn Sie so ein Problem haben, dann werden Sie sich vielleicht auch fragen, woher es kommt. Möglicherweise fragen Sie sich: »Wie kommt es, daß ich die meisten Dinge in meinem Leben erreichen kann – ich bin intelligent und begabt –, und trotzdem habe ich buchstäblich keine länger anhaltende Kontrolle über mich, wenn es um Alkohol geht?« Die Antwort ist, daß sich ein Alkoholproblem nicht mit Vernunftgründen erklären läßt. Es ist eine Sucht. Sich selbst zu kasteien, indem man sich »willensschwach« und »erbärmlich« nennt, bringt einen schon gar nicht weiter. Sie müssen die wahre Ursache dieses Problems verstehen, um einen Ausweg finden zu können (falls Sie diesen Weg einschlagen wollen).

Ich denke, Sie haben mittlerweile verstanden, daß es keine klare Antwort auf die Frage gibt, was oder wer nun eigentlich ein Problemtrinker ist. Ich will Ihnen helfen, mit einem Blick auf *sich selbst* zu beginnen und damit, wo *Sie* mit dem Alkohol stehen. Ich könnte mich auf die Menge konzentrieren, die Sie trinken, aber das könnte uns möglicherweise in die Irre führen. Auch die Stärke Ihres Lieblingsgetränks sollte Sie nicht verwirren – Leute, die nur Pils und Weißbier trinken, können dennoch Problemtrinker sein; bloß daß Sie keinen Schnaps trinken, bedeutet noch lange nicht, daß Sie kein Problem haben. Und machen Sie sich nichts vor: Nur Champagner zu trinken und die besten Weine heißt nicht, daß Sie kein Problem haben. Und schieben Sie die Schuld nicht auf die Umstände oder Gelegenheiten, bei denen Sie trinken.

Alles, worum ich Sie bitte, ist, sorgfältig über jede Antwort auf der nachfolgenden Liste mit Fragen nachzudenken, und vergessen Sie zu diesem Zeitpunkt auch nicht, daß Sie mit niemandem über Ihre Antworten sprechen müssen. Wenn Sie sich jedoch Sorgen über Ihre Gesundheit machen, dann schlage ich vor, daß Sie umgehend Ihren Arzt aufsuchen.

Bevor Sie sich die Liste ansehen, denken Sie doch einmal zurück. Wie steht es mit Ihrem Trinken? Vielleicht machen Sie sich ja schon lange Sorgen darüber, wie das Trinken und der Alkohol Ihr Leben beeinflussen. Bitte vergessen Sie eins nicht: Problemtrinker können vollkommen respektable Leute sein. Halten Sie sich nicht mit jenen auf, die Sie kennen und von denen Sie vielleicht annehmen, daß Sie viel tiefer drinstecken als Sie. Und wenn schon? Zunächst einmal sind Sie wichtig und niemand sonst, also hören Sie auf, sich was vorzumachen.

Ich möchte Ihnen noch einen wichtigen Tip geben: Der Kern des Problems liegt in der Verleugnung seines tatsächlichen Vorhandenseins. Was ich meine ist, daß es gut möglich sein kann, daß Sie an etwas leiden, was Ihnen einredet, Sie litten gar nicht darunter. Kürzlich sprach ich mit jemandem, der sich vormachte, er trinke ja nur zwei Gläser Sherry. Was er jedoch vergaß zu erwähnen war, daß in diese Gläser buchstäblich ein Viertelliter Sherry paßte. Wenn Sie also schon wissen, daß Sie sich etwas vormachen müssen, dann wird es Zeit, eine kleine Inventur zu machen.

Bevor Sie nun diese Liste mit Fragen beantworten, nehmen Sie sich fest vor, daß Sie zum ersten Mal in Ihrem Leben ehrlich sich selbst gegenüber sein werden, was das Trinken betrifft.

1. *Haben Sie festgestellt, daß ein Glas normalerweise nicht genug für Sie ist und Sie meist mehr wollen?* Ja/Nein

2. *Neigen Sie dazu, das erste Glas ziemlich hastig zu trinken?* Ja/Nein

3. *Trinken Sie lieber allein als in Gesellschaft?* Ja/Nein

4. *Haben Sie des öfteren noch kurz vor dem Zubettgehen etwas getrunken, um besser einschlafen zu können, oder haben Sie schon des öfteren etwas getrunken, wenn Sie mitten in der Nacht aufgewacht sind?* Ja/Nein

5. *Bei Gelegenheiten, an denen Sie erwarteten, trinken zu können und sich bereits darauf eingestellt hatten, haben Sie dann auch etwas getrunken, selbst wenn es nur eine Sorte Alkohol gab, die Sie normalerweise nicht mögen?* Ja/Nein

6. *Trinken Sie gerne des öfteren auch ein wenig während des Tages?* Ja/Nein

7. *Neigen Sie dazu, Alkohol als Trost und als Mutmacher zu benützen?* Ja/Nein

8. *Wenn Sie ganz eindeutig zuviel getrunken haben, neigen Sie dann dazu, sich einerseits vor sich selbst zu rechtfertigen, andererseits aber von sich selbst enttäuscht zu sein?* *Ja/Nein*

9. *Neigen Sie dazu, Ihr Trinken so einzuteilen, daß die anderen nicht wirklich merken, wieviel Sie trinken?* *Ja/Nein*

10. *Würden Sie etwas trinken, bevor Sie zu einer Veranstaltung gehen, auf der es höchstwahrscheinlich keinen Alkohol gibt?* *Ja/Nein*

11. *Würde es Ihnen komisch vorkommen, Ihr Glas halbvoll stehen zu lassen?* *Ja/Nein*

12. *Haben Sie festgestellt, daß es für Sie oft kein Grund ist, mit Trinken aufzuhören, wenn Sie dieses leichte Schwindelgefühl im Kopf spüren?* *Ja/Nein*

13. *Haben Sie sich die Regel gesetzt, vor einer bestimmten Tageszeit nicht zu trinken oder haben Sie das Trinken schon einmal für eine Woche, einen Monat oder mehr ausgesetzt, um sich selbst zu beweisen, daß Sie auch ohne auskommen?* *Ja/Nein*

14. *Haben Sie schon aus eigener Erfahrung festgestellt, daß Sie gewöhnlich weit mehr trinken, als Sie beabsichtigt haben?* *Ja/Nein*

15. Sind Sie ganz bewußt entschlossen und im allgemeinen auch stolz darauf, Ihr Trinken kontrollieren zu können? *Ja/Nein*

16. Haben Sie bereits zweimal oder öfter betrunken Unfälle oder sonstige Schäden verursacht? *Ja/Nein*

17. Haben Sie schon zwei oder mehr Jobs oder Positionen irgendwelcher Art aufgrund Ihres Trinkens verloren? *Ja/Nein*

18. Hat schon jemand wiederholt ernsthafte Besorgnis über Ihr Trinken geäußert? *Ja/Nein*

19. Haben Sie je festgestellt, daß Ihnen volle fünfzehn Minuten oder mehr fehlten, wenn Sie versucht haben, sich an das zu erinnern, was Sie während des vorhergehenden Tages oder der vorhergehenden Nacht, als Sie betrunken waren, getan haben? *Ja/Nein*

20. Bereitet Ihnen Ihr Trinken Sorge? *Ja/Nein*

Lösungsschlüssel siehe Seite 270.

2
Der Rausch entsteht im Körper und nicht in der Flasche

Können Sie sich vorstellen, jeden Abend, vier- oder fünfmal pro Woche in eine Kneipe zu gehen und dreißig bis vierzig Mark auszugeben? Sie gehen in die Kneipe, geben das Geld für Alkohol aus, und nichts passiert. Sie fühlen überhaupt keine Veränderung. Sie werden weder fröhlich, noch werden Sie so betrunken wie früher. Sie fühlen sich noch genau so wie vorher, als Sie reinkamen.

Eine halbe Stunde vor Schluß bestellen Sie noch rasch ein oder zwei Halbe, und immer noch ändert sich gar nichts. Ganz ehrlich – würden Sie damit weitermachen? Würden Sie auch weiterhin so oft in die Kneipe gehen und soviel Geld ausgeben?

Falls Sie nicht wissen, was Sie tun würden (und ich bezweifle das), dann lassen Sie mich an Ihrer Stelle besorgt sein. Natürlich würden Sie nicht dreißig oder vierzig Mark pro Abend ausgeben, vier- oder fünfmal pro Woche, wenn nichts passieren würde, wenn Sie sich am Ende überhaupt nicht anders *fühlen* würden. Das ist es doch schließlich, weswegen die Leute trinken: warum ich trank und warum Sie trinken. Es hilft Ihnen, sich anders zu *fühlen*.

Ich weiß nicht, wie es Ihnen geht, aber mir hat das Trinken immer ein Gefühl der Zuversicht gegeben. Ich habe dann immer viel mehr sagen können, und ich hatte das Gefühl, sehr witzig und unterhaltend zu sein: Ich konnte einen besseren Witz erzählen als die Person neben mir und konnte Mädchen besser anquatschen als die meisten meiner Freunde. Mit Alkohol hatte ich scheinbar viel mehr Mut. Ich fühlte mich viel geselliger. Natürlich wurde ich regelmäßig so gesellig, daß ich nicht mehr reden konnte und umkippte. Ich wurde derart gesellig, daß ich den ganzen Tresen vollkotzte.

Nun, so ging es mir jedenfalls. Aber wie steht´s mit Ihnen? Wie fühlen Sie sich, wenn Sie getrunken haben? Haben Sie vielleicht auch schon ähnliches erlebt?

- Fühlen Sie sich zuversichtlicher und selbstbewußter, wenn Sie getrunken haben?
- Haben Sie das Gefühl, bestimmten Situationen besser gewachsen zu sein, wenn Sie getrunken haben?
- Hilft es Ihnen, sich zu entspannen?

Ist es eine Belohnung dafür, den ganzen Tag über hart gearbeitet zu haben – den Garten in Ordnung gebracht – einkaufen gegangen – auf die Kinder aufgepaßt zu haben?

Was ich Ihnen damit sagen will, ist folgendes: Alkohol verändert Ihre Gefühle.

Alkohol kann viele Rollen annehmen. Er kann ein Freund sein, ein Trost, eine Stütze. Das Komische ist nur, daß Sie all das auch so besitzen: Sie können die Dinge tun, von denen Sie glauben, sie nur mit Alkohol tun zu können, aber Sie müssen Ihre Denkweise ändern und eine andere Art von »Energie« um sich herum sammeln, statt gezwungen zu sein zu trinken, um die Gefühle erfahren zu können, die Sie gerne erfahren würden. Obwohl der Alkohol in jedem Fall sehr beliebt ist, würde er es noch viel mehr sein, wenn er allein wirklich all diese Gefühle hervorrufen könnte.

Wir sind uns also einig: Alkohol verändert unsere Gefühle. Für gewisse Leute ist das in Ordnung. Sie können in eine Kneipe gehen, ein Bier trinken und wieder gehen. Können Sie das? Können Sie nach einem Bier oder einem Glas Wein gehen? Ich habe früher immer gesagt, daß ich es könnte, aber natürlich konnte ich es nicht. Der einzige Ort, den ich nach einem Bier aufsuchte, war das Klo. Dann ging ich immer wieder zurück an den Tresen. Oder ich trank ein Bier und ging dann in eine andere Kneipe ...und noch eine ...und noch eine. Aber nie konnte ich nach nur einem Bier oder einem Schnaps aufhören.

Das war wieder nur ich, aber wie steht es mit Ihnen? Wenn Sie nach einem Glas aufhören können – toll! Gut gemacht – genießen Sie es! Wenn Sie es nicht können – wenn Sie zwei oder drei brauchen –, dann sollten wir uns vielleicht ansehen, was Sie eigentlich brauchen und fühlen und warum Sie sich so nie *ohne* Alkohol fühlen können.

Menschen sind fühlende Geschöpfe. Wir möchten unsere Gefühle nun mal gern unseren Bedürfnissen anpassen.

- Wir möchten uns gerne gut fühlen (die meisten von uns zumindest).
- Wir möchten gerne gut aussehen, und wir möchten gerne, daß man uns das auch bestätigt.
- Wir spielen gerne und wir gewinnen gerne – wir möchten gern an erster Stelle kommen.
- Wir möchten gerne schlau sein.
- Wir möchten gemocht werden.
- Wir möchten gerne als gute Menschen gelten.

Wenn so etwas wie Alkohol das zustande bringt, dann trinken wir ihn natürlich. Wie jede Beziehung ist auch die Beziehung zum Alkohol am Anfang immer wundervoll, denn sie gibt einem Wärme und Halt.

Ist Ihnen je aufgefallen, wie viele Leute in Kneipen für sich allein herumstehen, nichts sagen, offensichtlich in Gedanken versunken? Ihre einzige Bewegung ist der Griff zum Glas. In neun von zehn Fällen wird es sich nicht um ein alkoholfreies Getränk handeln, sondern um Alkohol. Er hilft ihnen, sich zu entspannen. Er hilft ihnen, vor sich hinzuträumen und zu phantasieren.

Phantasieren ist wundervoll. Keiner sagt »nein« in einem Tagtraum. Nach ein paar Gläsern können Sie in Ihren Gedanken der Held oder die Heldin von morgen sein; in Ihrer Vorstellung sind Sie erfolgreich, ohne die geringste Anstrengung gemacht zu haben.

Am Anfang dieses Kapitels habe ich Sie gefragt, ob Sie wirklich jeden Abend in die Kneipe gehen und all das Geld ausgeben würden, wenn sich nichts dabei verändern würde. Ist es nicht komisch, daß man in Bars niemals Leute herumstehen und über einem Orangensaft, einem Bitterlemon oder einer Cola ins Leere starren sieht? Dafür gibt es einen einfachen Grund: Nichtalkoholische Getränke bewirken nicht, was Alkohol bewirkt.

Werfen Sie doch mal einen Blick auf das nebenstehende Schema – es zeigt Ihnen, was passiert. Anfangs sind Sie völlig »normal«, Sie trinken ein paar Gläser, und es passiert etwas: Ihre Stimmung ändert sich. Der Alkohol erweitert Ihre Gedanken – anfangs zumindest. Sie trinken Ihr Quantum, fangen an, ungewohnte Erfahrungen zu machen, und wenn der Alkohol Ihren Körper verlassen hat, gehen Sie wieder zurück zu Ihrem Normalzustand. Das scheint also anfangs überhaupt nicht gefährlich zu sein. Trinken bedeutet Geselligkeit. Sie mögen das Gefühl, das der Alkohol in Ihnen auslöst – warum auch nicht? Sie wissen, daß Sie eine nette Erfahrung gemacht haben; Sie übertreten ja auch kein Gesetz damit; Sie können in netter Umgebung trinken – in einer

	Negativ	Normal	Positiv
Die frühen Jahre			
Verhalten/Abwehrmechanismen »Geselligkeit«, oft unter der falschen Annahme, daß Alkohol dabei hilft. Frühe Stadien der Verharmlosung, des Lügens, der Ausflüchte, des Rationalisierens. *Gefühle* Zuversichtlich, energiegeladen, »high«, glücklich, voller Freude, liebevoll, frei von jeglichem Schmerz, kraftvoll, stark, entspannt, sicher, sexy. Erste Anzeichen von Verwirrung und Unsicherheit.	Mögliche physische Auswirkungen, wie »Kater«		»Gutes« Gefühl
	Danach Rückkehr zum Normalzustand		
Die mittleren Jahre			
Verhalten/Abwehrmechanismen Weniger »gesellig«, mehr mit Alkoholkonsum beschäftigt. Mehr Lügen, mehr Ausreden, verstärkte Verharmlosung und Rationalisierung. *Gefühle* Erste Stimmungsschwankungen und weniger positive Gefühle. Verstärkt Gefühl der Verwirrung: »Was ist bloß los mit mir?« Traurigkeit, Angst.	Nach dem Trinken meiden des Normalzustands und zunehmend Gefühl der Niedergeschlagenheit	Danach	Aufnahme von immer mehr Alkohol, um wenigstens ein paar »gute« Gefühle zu verspüren
Die späten Jahre			
Verhalten/Abwehrmechanismen Zurückgezogenheit, Rationalisierung, Verharmlosung. Prahlerei, Lügen, Betrug, Aggression (verbal oder physisch). *Gefühle:* rasche Gefühlsschwankungen, Intensität und Häufigkeit von positiven Gefühlen hat drastisch abgenommen. Scham. Schuldgefühle. Schmerz. Unzufriedenheit. Gefühl des Eingesperrtseins. Einsamkeit.	Nach dem Trinken meiden des Normalzustands und Gefühl stärkerer Niedergeschlagenheit	Danach	Mehr Alkohol, aber keine »guten« Gefühle mehr

gemütlichen Kneipe oder in Ihrem eigenen Heim –, was soll also falsch daran sein, ein wenig Freude und Glück und ein bißchen Zuversicht zu verspüren? Es ist nichts Falsches daran, ein wenig Wärme und Liebe zu fühlen. Sie schaden ja niemandem damit. Sie schaden überhaupt niemandem, *wenn Sie so bleiben können* – wenn Sie das Trinken *genießen* können.

Aber falls es bei Ihnen anders ist – wie bei mir zum Beispiel –, dann fängt die Sache irgendwann an schiefzulaufen, und es dauert nicht ewig, bis das passiert.

Wenn Sie sich den mittleren Abschnitt des Schemas anschauen, dann werden Sie sehen, daß Sie, nachdem Sie nun diese Quelle der Kraft und des Trostes gefunden hatten, mit der Zeit immer mehr Alkohol tranken. Auch hier erfuhren Sie wieder schöne und angenehme Gefühle, Gefühle des Stolzes und des Erfolgs vielleicht, und manchmal waren Sie möglicherweise ganz überwältigt von einer Welle von Gefühlen. Sicher haben Sie auch gewisse Nebenwirkungen erfahren, die jedoch nicht unangenehm genug waren, um Sie dazu zu bringen, mit dem Trinken aufzuhören …

Bis, ja vielleicht bis Sie das erste Mal so richtig betrunken gewesen waren. Auch das scheint unter normalen Umständen okay zu sein, aber für Sie könnte es anders gewesen sein. Vielleicht haben Sie ja festgestellt, daß Sie sich, kurz bevor Sie richtig betrunken waren, anders verhalten haben als sonst: Verhaltensweisen, die Ihnen nie in den Sinn gekommen wären, wenn Sie nur ein paar Gläser intus gehabt hätten. Denken Sie mal darüber nach. Versuchen Sie sich zu erinnern, wie Sie sich damals verhalten haben.

Legen Sie das Buch doch für ein paar Minuten beiseite und denken Sie an das erste Mal, als Sie wirklich gehörig einen über den Durst getrunken hatten und sozusagen »ausgeflippt« sind. Sie können sich vielleicht nicht an alles erinnern, denn vielleicht hatten Sie ja ein »Blackout«. Darüber werde ich später noch ausführlicher berichten, aber jetzt denken Sie einfach nur mal an die Situation, in der Sie sich damals befanden.

Wenn Sie so darüber nachdenken – war das Betrunkensein wirklich so toll? War es wirklich so wundervoll, sich so zu verhalten? Ist Ihnen schlecht geworden? Wie schlimm war der Kater am nächsten Morgen (wenn Sie einen hatten), und wie haben Sie sich gefühlt? Haben Sie gesagt: »So etwas tue ich nie wieder.«? Hatten Sie Schuldgefühle oder verspürten Sie Reue? Hat es Ihnen gefallen, Ihren Freunden zuzuhören, wie Sie Ihnen Dinge erzählten, an die Sie sich nicht mehr erinnern konnten: »Du meine Güte, was war gestern bloß mit dir los?« – »Bist du etwa noch nach Haus gefahren?« – »Weißt du noch, was du zu diesen Leuten gesagt hast? Warum hast du dich nur so benommen? Du warst plötzlich ganz anders …«

Erinnern Sie sich, daß man solche Sachen zu Ihnen gesagt hat? Ist es nicht komisch, daß Ihnen solche Dinge ausgerechnet mit Ihrem »Freund«, dem Alkohol, zugestoßen sind – und Sie trinken noch weiter? Ist das nicht reichlich seltsam? Ich vergleiche das immer mit jemandem, der ein Faß Benzin in Brand steckt, und Sie stecken Ihre Hand da hinein: Sie schreien, weil es so weh tut. Was glauben Sie, was die Leute tun würden, wenn Sie so etwas ständig täten? Was würden die wohl denken? Die würden denken, Sie sind verrückt.

Aber Sie machen weiter. Irgendwie sind Sie in dem irrigen Glauben verhaftet, es würde nie mehr passieren und daß Sie es unter Kontrolle hätten. Nun, vielleicht haben Sie es ja unter Kontrolle – eine Zeitlang zumindest.

Dann scheinen die Dinge auf einmal eine andere Wendung zu nehmen. Sie trinken ein paar Gläser und verlassen dann plötzlich Ihren Normalzustand (oder wie immer Sie sich auch gefühlt haben, bevor Sie anfingen zu trinken). Sie werden wieder ganz aufgeregt und geraten in einen Rauschzustand. Wenn der Alkohol abgeklungen ist, kommen Sie wieder zum Vorschein. Aber Sie haben sich ein wenig verändert. Die Dinge scheinen nicht mehr so normal zu sein. Sie fühlen sich nicht mehr so gut, und Sie konnten diese nette Erfahrung auch nicht mit sich nehmen. Sie fühlen offenbar etwas ganz anderes: Vielleicht kommen die negativen Gefühle aus dem Mittelteil des Schemas ja verstärkt ins Spiel. Werfen Sie doch noch mal einen Blick darauf.

Haben Sie solche Gefühle schon an sich selbst erfahren? Wenn das der Fall ist, dann verfehlt der Alkohol bereits seine Wirkung. Wahrscheinlich bringt er Sie nicht mehr dahin, wo Sie hinwollen.

Hat schon mal jemand zu Ihnen gesagt: »Wo warst du gestern früh?« – »Warum bist du so spät zu dem Treffen gekommen?« – »Warum bist du nicht zu dem Fußballspiel erschienen?« – »Warum hast du dich so seltsam benommen?« Haben Sie irgendwelche Entschuldigungen vorgebracht? Haben Sie die Wahrheit verschwiegen? Vielleicht haben Sie Ihr Problem ja objektiviert oder rationalisiert. Können Sie sich erinnern? Zermartern Sie sich ruhig Ihr Hirn. Haben Sie vielleicht folgendes gesagt:

»Ach, das lag an etwas anderem, und ich hab´s echt versucht, mußte dann aber doch dies, das oder jenes tun«?

Oder haben Sie es auf diese Weise verharmlost:

»Nun, so wichtig war´s auch wieder nicht, oder?«

Oder haben Sie es einfach abgeleugnet:

»Ich kann mich nicht entsinnen, das gesagt zu haben. An eine derartige Abmachung kann ich mich nicht erinnern«?

Sie sehen, es hat sich durchaus etwas verändert, denn normalerweise würden Sie so etwas nicht tun. Normalerweise würden Sie keine Lügen erzählen, selbst wenn es in Ihren Augen nur kleine, harmlose Notlügen sind. Es ist wie mit anderen Dingen auch: Wenn Sie in einer guten Beziehung leben, dann sagen die Leute: »Du siehst glücklich aus. Du siehst echt zufrieden aus. Die Dinge scheinen ja gut für dich zu laufen.« Warum sollten die Leute also nicht auch Kommentare abgeben, wenn sie bemerken, daß Sie nicht so gut aussehen, sich offensichtlich nicht so gut fühlen oder sich seltsam benehmen? Wenn den Leuten was an Ihnen liegt, dann werden sie natürlich reagieren. Natürlich werden sie irgend etwas sagen.

Lassen Sie uns noch einmal einen Blick auf das Schema werfen. Es geht immer weiter, nicht wahr? Sie suchen nach Ausflüchten, und die Leute akzeptieren sie – vorläufig jedenfalls –, und Sie trinken weiterhin Ihre »ein, zwei Gläser«, wie Sie es nennen. Ich denke, es sind inzwischen jedoch mehr als nur ein, zwei geworden, denn Sie müssen zwangsläufig mehr trinken, um sich so fühlen zu können, wie Sie es sich wünschen. Doch obwohl Sie mehr trinken, fühlen Sie sich nicht so, wie Sie es gerne möchten. Die überwältigenden Gefühle, das

Highsein, das Erfülltsein, all das bleibt aus. Stattdessen scheinen sich mehr und mehr Gefühle der Traurigkeit, der Angst und Verzweiflung bei Ihnen einzuschleichen.

Sie werden es vielleicht nicht zugeben, aber genau das geschieht. Und Sie stecken inzwischen im Mittelteil des Schemas fest und sind damit beschäftigt, sich selbst zu verteidigen.

Was mich an der Sache stört, ist, daß ich diese Ausflüchte und Entschuldigungen früher selbst geglaubt habe. Es jagt mir heute noch Angst ein, wenn ich daran denke, wie ich angefangen habe, in einer Phantasiewelt zu leben, wo doch die Realität um mich herum immer noch da war und weiterging. Wie Sie in dem Schema sehen können, werden Sie durch diese Versuche der Rechtfertigung und Selbstverteidigung noch zusätzlich bestärkt, und Sie entfernen sich außerdem immer mehr von der Realität. Auf diese Weise sind Sie dann noch weniger in der Lage zu sehen, was mit Ihnen geschieht.

Es ist normal, daß jemand sich die anfänglichen guten Gefühle wünscht. Warum in aller Welt sollten Sie den ganzen anderen Mist auch wollen? Aber ich spreche hier ja nicht über eine normale Situation; ich spreche über etwas, das der Alkohol offenbar verursacht. Erinnern Sie sich, was ich vorher gesagt habe: Alles fängt recht gut an, alles ist ganz nett, und Sie haben jede Menge guter Gefühle. Aber das Spiel hat sich irgendwie geändert. Nun verspüren Sie Gefühle der Verzweiflung, der Schuld, Scham, Traurigkeit, Reue, Angst und Wut; das Gefühl, in eine Falle geraten, entfremdet oder einsam zu sein. Woher kommt es dann, daß Sie immer wieder versuchen, diese Gefühle durch Trinken loszuwerden, selbst wenn es nie funktioniert? Glauben Sie nicht, daß einem der gesunde Menschenverstand sagen müßte, daß es besser wäre, einfach damit aufzuhören?

Aber Sie leben weiterhin in der Hoffnung, die Gefühle wiederzubekommen, die Sie hatten, als Sie mit Trinken anfingen. Das wird jedoch nie der Fall sein, denn diese Krankheit ist fortschreitend, wie ich Ihnen in dem Schema gezeigt habe. Es gibt kein Zurück. Wenn Sie also einige der Gefühle, über die ich gesprochen habe, selbst schon verspüren, dann dürfte Ihnen langsam klar werden, was passiert, wenn Sie trinken.

Ich möchte Ihnen eine Aufgabe stellen:

Nehmen Sie ein Blatt Papier zur Hand und schreiben Sie auf, was Sie empfanden, als Sie zum ersten Mal getrunken haben (so, wie in dem Schema gezeigt). Welche Gefühle hatten Sie? Was ist mit Ihnen passiert? Zeichnen Sie einen Kreis, sich selbst in der Mitte, und schreiben Sie all Ihre Rechtfertigungen und Ausflüchte hinein und wie Sie mit den Kommentaren der Leute umgegangen sind. Ich bitte Sie, so ehrlich, wie nur möglich zu sein. Sie brauchen das hier niemandem zu zeigen, außer wenn Sie es möchten, aber falls Sie erwägen, Ihre Trinkgewohnheiten zu ändern, dann möchten Sie vielleicht jemanden ins Vertrauen ziehen. Das überlasse ich ganz Ihnen.

Für Sie ist es im Moment sehr wichtig zu verstehen, daß Sie ein Mensch mit Gefühlen sind und daß Sie all Ihre positiven Gefühle schon hatten, bevor Sie mit Trinken anfingen. Sie müssen sich also gar nicht auf den Alkohol verlassen. Das Gefühl, ein guter Mensch zu sein, etwas wert zu sein, selbstbewußt zu sein, zuversichtlich zu sein und dazuzugehören, all das sind nur Scheingefühle, wenn

Sie trinken. Der Alkohol gaukelt Ihnen das nur vor. Es gibt einen anderen, viel besseren Weg.

Zuerst jedoch müssen wir feststellen, was passiert. Machen Sie also weiter mit Ihrer Aufgabe und vergleichen Sie Ihre Erfahrungen mit dem Muster des Schemas. Wir werden an anderer Stelle nochmals darauf zurückkommen.

3
Nicht auf die Menge kommt es an, sondern auf das Bedürfnis zu trinken

Fragen Sie nur mal, was die Leute unter einem Alkoholiker oder jemandem mit einem Alkoholproblem verstehen, und neun von zehn werden Ihnen sagen, das ist einer, der große Mengen von Alkohol trinkt. Sie werden auch sagen, daß ein Alkoholiker jeden Tag trinkt, morgens, mittags und abends, daß Alkoholiker oft auf der Straße betteln, auf Bahnhöfen oder in den Eingängen von Kaufhäusern schlafen, daß sie alle arbeitslos oder arbeitsunfähig sind und daß sie auch gar nichts dagegen tun wollen. So denken die meisten, wenn man ihnen diese Frage stellt.

Ich dagegen sage Ihnen, daß Sie *nicht* große Mengen von Alkohol oder den ganzen Tag über trinken müssen, um ein Alkoholproblem zu haben. Sie müssen auch keineswegs jeden Tag trinken oder auf der Straße betteln oder in Bahnhöfen oder Kaufhauseingängen schlafen. Sie müssen nicht mal arbeitslos oder arbeitsunfähig sein.

In unserer Gesellschaft ist der Glaube, man müsse schon eine ganze Menge trinken, um damit ein Problem zu haben, sehr weit verbreitet; aber ich sage, es kommt nicht auf die Menge an, die Sie trinken, es ist das Bedürfnis, der Drang, trinken zu wollen, der zählt. Ich spreche hier darüber, wie sehr einen der Alkohol beschäftigt: wenn man überlegt, wann man sich das nächste

Glas genehmigen kann, wenn man an die Mittagspause denkt oder an den Feierabend und ob man noch Zeit hat, sich auf dem Heimweg etwas zu besorgen oder unterwegs was zu trinken (in einer Kneipe zum Beispiel), wenn man mit Vorfreude an das erste Glas Wein oder Bier zum Abendessen denkt oder daran, sich´s danach mit einem Fläschchen vor der Glotze gemütlich zu machen. Ob Sie die Flasche nun austrinken oder nicht, ist in diesem Zusammenhang völlig egal: Es ist das ganze Verhaltensmuster, das sich entwickelt; das ist wichtig.

Jedes Problem hat ein ganz bestimmtes Muster, nach dem es abläuft, und das Alkoholproblem macht da keine Ausnahme. Vielleicht trinken Sie ja nie vor sieben Uhr abends, aber fragen Sie sich selbst: Tun Sie es jeden Tag? Wie wäre es, wenn Sie es nicht mehr täten? Versuchen Sie es! Stellen Sie fest, wie Sie sich dann fühlen. Viele Leute mit einem Alkoholproblem machen sich selbst vor, daß sie, da sie auf eine ganz bestimmte Weise trinken, kein Problem damit haben. Sie könnten zum Beispiel ganz leicht zu mir sagen: »Mit mir ist alles in Ordnung, Beechy. Ich trink´ nur Bier.« Gibt es einen Unterschied zwischen Biertrinkern und Schnapstrinkern? Ja, einen großen sogar: Biertrinker nehmen viel mehr Flüssigkeit zu sich als Schnapstrinker und verbringen deswegen wahrscheinlich mehr Zeit auf dem Klo. Tatsache ist, daß Alkohol nun mal Alkohol ist, und es spielt keine Rolle, wie Sie ihn mischen: Sie brauchen nur genug davon zu trinken und Sie haben einen Rausch.

Manche sagen, sie trinken nie vor fünf Uhr nachmittags oder erst nach halb elf Uhr abends oder nie samstags oder sonntags oder nur samstags oder sonntags. Es ist offensichtlich besser, wenn Sie zumindest ein wenig Kontrolle über Ihr Trinkverhalten haben – auf jeden Fall sind Sie dann besser dran als jemand, dessen Trinkverhalten völlig außer Kontrolle geraten ist – aber worum es eigentlich geht, ist dies: Normale Trinker haben nichts, das sie kontrollieren müßten. Denen ist es egal, wo oder wann sie trinken, denn für sie ist das kein Problem. Fragen Sie nur mal einen ganz normalen Gesellschaftstrinker: »Wann hatten Sie zuletzt einen Drink?«, und er wird sich wahrscheinlich nicht daran erinnern – nicht ohne nachdenken zu müssen jedenfalls – denn trinken ist für ihn kein Thema, also denkt er auch nicht über irgendwelche »Wann´s« oder »Wo´s« nach. Diese Leute verbringen ihre Zeit nicht mit Überlegungen, wann sie voraussichtlich das nächste Mal etwas trinken werden. Wenn sie etwas trinken wollen, dann trinken sie etwas – ohne all die Entschuldigungen und Ausflüchte, die Sie immer vorbringen. Natürlich – je mehr Ausflüchte und Lügen Sie erzählen, desto schwieriger wird es, damit aufzuhören. Sobald Sie sich ein bestimmtes Verhaltensmuster angewöhnt haben, ist es schwer, es wieder loszuwerden.

Man könnte glauben, nun, da diese Stufe einmal erreicht ist, wäre es leicht zu akzeptieren, daß da ein Problem ist, aber die meisten Leute mit Alkoholproblemen sehen das Problem nicht so wie andere. Wenn man sie also mit ihrem Verhalten konfrontiert, dann leugnen sie einfach alles ab. Häufig wird die Sache verharmlost, indem man sagt: »Soviel trinke ich doch gar nicht.« oder »Ich trinke nicht jeden Tag.« oder »Ich trinke immer erst abends.« Sehen Sie, was hier geschieht? Sehen Sie das Verhaltensmuster? Wenn man gar nicht so viel trinkt, wo liegt dann das Problem?

Warum müssen Sie die ganze Zeit lügen und ständig etwas ableugnen, wenn Sie es gar nicht tun? Die Wahrheit ist, daß Sie es ableugnen, weil Sie nicht damit aufhören wollen, denn möglicherweise sind Sie ja abhängig davon. Der emotionale Trost, den Ihnen der Alkohol spendet, treibt Sie dazu, sich weiter so zu verhalten; es ist also nicht nur der gesellschaftliche Aspekt. Was anfangs aussah wie Gesellschaftstrinken, ist nun zum Gewohnheitstrinken geworden, auch wenn man noch gar nicht so viel trinkt. Wie ich vorher schon sagte: Es kommt nicht auf die Menge an, die Sie trinken, das Problem ist vielmehr das Bedürfnis zu trinken. Es ist der Drang danach, der zählt. Es ist der Trost, den man bei dem Gedanken verspürt, daß der Alkohol da ist, wenn man ihn braucht, selbst wenn man noch nicht angefangen hat, ihn zu trinken.

Haben Sie schon mal gemerkt, wie Sie reagieren, wenn jemand zu Ihnen sagt: »Bitte hör´ jetzt auf zu trinken.« oder »Das ist das letzte Glas, dann ist Schluß!« oder »Ich hab´ die Flasche in den Ausguß geschüttet.«? Überlegen Sie mal, wie Sie dann reagieren. Vielleicht sind Sie zunächst ärgerlich und dann wütend. Warum sollten Bemerkungen wie diese ein Problem für Sie sein, wenn Sie mit dem Trinken keine Probleme haben? Abhängigkeit bedeutet, etwas zu *brauchen*, etwas zu wollen. Es bedeutet, die Kontrolle über seine Gefühle verloren zu haben, außer man benützt etwas, das diese Gefühle verändert. Sobald sich eine solche Abhängigkeit entwickelt hat, ist es schwer, sich wieder davon zu befreien. Es ist schwer, dem Teufelskreis Sucht zu entrinnen, aber es ist nicht unmöglich, und der erste Schritt hierzu ist zu verstehen, was eigentlich mit einem passiert. Ich hoffe, daß Ihnen die Lektüre dieses Buches dabei helfen wird, sich ein Bild davon zu machen, warum Sie sich so verhalten und nicht anders.

Ich kann Ihnen nicht beibringen, wie eine »Lady« oder wie ein »Gentleman« zu trinken, oder wie immer Sie gerne trinken möchten. Das kann ich Ihnen nicht zeigen, denn Sie sind einer jener Menschen, die nicht trinken können wie alle anderen. Wie war das, als Sie das letzte Mal zuviel getrunken hatten? Versuchen Sie sich zu erinnern, wie schlecht Sie sich gefühlt haben, körperlich, geistig und seelisch. Wissen Sie noch, was Sie getan oder wie Sie sich geschworen haben: »Nie wieder, das war das letzte Mal – ich werd´ weniger trinken oder ich hör´ ganz auf.«? Und als Sie dann das nächste Mal etwas tranken, fing alles wieder von vorne an?

Ich denke, es wird Ihnen inzwischen klar geworden sein, daß Sie Ihr Verhalten nicht einfach zurückdrehen können und alles wieder so sein wird wie zu der Zeit, als Sie anfingen zu trinken. Sie werden sich weiter verändern, aber nicht auf sehr positive Weise. Was als Gesellschaftstrinken begann, wird mehr und mehr zum Ventil – immer öfter trinken Sie, um sich Erleichterung zu verschaffen. Auch das wird mit der Zeit zur Gewohnheit: Der Alkohol wird Ihr Problemlöser. Sie vertragen auch immer mehr; Ihre Toleranzgrenze steigt, weshalb Sie auch immer größere Mengen trinken, ohne das Gefühl zu haben, so betrunken zu sein wie früher. Das erste Glas wird zur Notwendigkeit und das nächste zur unwiderstehlichen Versuchung. Sie können an nichts anderes mehr denken als an dieses nächste Glas, woher Sie es kriegen werden und wie, ohne durch die Tortur der Ihnen nun vertrauten Ausflüchte und Entschuldigungen anderen gegenüber gehen zu müssen.

Wenn Sie ein Auto besitzen, dann werden Sie höchstwahrscheinlich auch unter Alkoholeinfluß fahren. Sie haben Schuldgefühle wegen Ihres Trinkens, die Gedächtnislücken, die Blackouts, werden immer größer und treten immer häufiger auf, und Sie umgeben Ihr Trinken mit immer mehr Entschuldigungen. Das »Ich-tu´s-nie-wieder-Syndrom«, das ich schon an früherer Stelle in diesem Kapitel erwähnt habe, verursacht permanente Schuldgefühle bei Ihnen, die desto stärker werden, je fruchtloser Ihre Bemühungen, Ihr Trinken einzuschränken, sind.

Vielleicht stellen Sie fest, daß Ihre Stimmungsschwankungen immer intensiver und aggressiver werden. Wenn Sie sich diese Talfahrt betrachten, dann werden Sie erkennen, daß das Verhaltensmuster, in dem Sie gefangen sind, nur schlimmer werden kann. Zu diesem Zeitpunkt sind Ihre Versprechungen und Vorsätze bereits mehr und mehr zum Scheitern verurteilt, Sie verlieren das Interesse an anderen Dingen, Sie haben Probleme mit Ihrem Job und mit Ihrem Einkommen, Sie ernähren sich schlecht, und es fehlt Ihnen an Willenskraft. Vorbei sind die Tage, in denen Sie noch bestimmen konnten, ob Sie nun trinken werden oder nicht: Nun haben Sie keine Wahl mehr, Sie müssen es einfach tun. Ihre Toleranzgrenze für Alkohol wird weiter sinken, und dann treten Sie in die Phase des körperlichen Verfalls über. Vergessen Sie nicht, Alkohol ist nicht gerade gesundheitsfördernd. Er wird Ihr körperliches Wohlbefinden nicht verbessern, und auch Ihrem Aussehen ist er nicht gerade zuträglich. Permanenter Alkoholkonsum beeinträchtigt Ihr Denkvermögen und führt in vielen Fällen sogar zu geistigen Schäden.

Mit diesem Wissen im Hinterkopf erscheint es nun vernünftig, sich einmal die Möglichkeiten zu betrachten, die Sie mit Ihrem Trinken haben.

Die erste Möglichkeit besteht darin, so weiterzumachen wie bisher; in diesem Fall ist es wahrscheinlich, daß die oben geschilderten Folgen eintreten. Eine weitere

Möglichkeit ist der Versuch, Ihr Trinken zu kontrollieren. Ich verwende bewußt das Wort »Versuch«, denn das haben Sie bis zu diesem Zeitpunkt höchstwahrscheinlich ohnehin gemacht. Der Versuch, etwas unter Kontrolle zu bekommen, von dem man abhängig ist, ist enorm frustrierend und wirkt verheerend auf die Seele, denn sobald Sie am Alkohol einmal Geschmack gefunden haben, sobald Sie einmal das erste Glas intus haben, wollen Sie noch eins und noch eins und noch eins. Eins ist nicht genug und dreißig sind nicht zuviel. Es ist praktisch unmöglich, etwas kontrollieren zu wollen, das mehr und mehr außer Kontrolle gerät, aber ich nehme an, es sollte als eine Möglichkeit akzeptiert werden.

Sicherlich können Sie versuchen, Ihr Trinken zu kontrollieren oder einzuschränken – obwohl ich davon überzeugt bin, daß Sie das bereits probiert haben –, aber, wie schon die Kapitelüberschrift sagt, es ist nicht die Menge, um die es geht, es ist das Bedürfnis zu trinken – das ist das Problem, und wenn Sie diese Substanz in Ihren Körper einführen, dann wird dieses Bedürfnis weiter aufrechterhalten, und der Drang danach wird nie geringer. Das ist, wie wenn man Öl ins Feuer gießt – Alkohol weckt den Drang nach noch mehr Alkohol, und so wird das Feuer nie ausgehen.

Die gesündeste Möglichkeit, die ich kenne, ist Abstinenz. Bevor Sie nun anfangen, mich zu beschimpfen oder das Buch nach mir zu werfen, lassen Sie uns doch mal darüber reden. Das Wort »Abstinenz« bedeutet nicht nur »nicht trinken«: es umfaßt eine ganze Reihe von Verhaltensweisen. Das erste, was Sie tun sollten, ist einen ehrlichen Blick darauf zu werfen, was passieren wird, wenn Sie aufhören zu trinken (Sie können auch eine Liste machen). Ich möchte Ihnen ein paar simple Fragen stellen:

1. *Wird es mehr Geld kosten, wenn Sie aufhören zu trinken?*
2. *Werden Sie Ihren Job verlieren, wenn Sie aufhören zu trinken?*
3. *Werden Sie Ihren Führerschein verlieren, wenn Sie aufhören zu trinken?*
4. *Werden Sie Ihre Frau/Ihren Mann oder Ihren Freund/Ihre Freundin verlieren oder die Achtung Ihrer Kinder/Freunde/Berufskollegen/Chefs, wenn Sie aufhören zu trinken?*
5. *Werden Sie der Länge nach auf die Schnauze fallen, wenn Sie aufhören zu trinken?*
6. *Wird Ihre Denkfähigkeit beeinträchtigt, wenn Sie aufhören zu trinken?*
7. *Werden Sie weiterhin unter Gedächtnislücken und Schuldgefühlen leiden, wenn Sie nicht mehr trinken?*
8. *Werden Sie Ihren Sinn für Humor verlieren und nie wieder lachen und ein langweiliger Trauerkloß werden, nur weil Sie aufgehört haben zu trinken?*
9. *Werden Sie nie wieder Sport treiben oder irgendwelche anderen Interessen haben, nur weil Sie aufgehört haben zu trinken?*
10. *Werden Sie weniger lieben, nur weil Sie aufgehört haben zu trinken?*

Die Antwort auf all diese Fragen ist »Nein«.

Abstinenz vom Alkohol heißt auch Abstinenz von all den Folgen, unter denen Sie bisher zu leiden hatten. Machen Sie sich nur einen Moment lang klar, was dieser eine Satz bedeutet. Er bedeutet, daß wieder etwas Selbstachtung in Ihr Leben einkehrt und etwas Kontrolle über Ihre Handlungen. Und was noch wichtiger ist, Sie haben wieder eine gesunde Zukunft vor sich, ohne von allen möglichen undefinierbaren Ängsten geplagt zu sein. Stellen Sie sich einen Tag vor, an dem Sie nicht dauernd Lügen und Ausflüchte erfinden müssen. Stellen Sie sich einen Tag vor, an dem Sie sich nicht nach dem nächsten Glas sehnen müssen. Wenn Ihnen das alles als zu schwer erscheint, dann denken Sie daran, daß Sie ja nur aufhören, Alkohol zu trinken – alles andere ist weiterhin erlaubt.

Doch wir wollen die Dinge in aller Ruhe angehen. Lassen Sie uns also zum nächsten Kapitel weiterblättern, in dem ich Ihnen noch mehr Informationen über das geben werde, was mit Ihrem Leben passiert.

4
Wenn aus Entschuldigungen Lügen werden

Wem sein Trinken keine Sorgen macht, der braucht auch keine Entschuldigungen geschweige denn Lügen zu erfinden – Lügen darüber, ob man nun etwas getrunken hat oder ob nicht; darüber, ob man auf dem Heimweg von der Arbeit in einer Kneipe Station gemacht und sich nach dem harten Arbeitstag ein Glas genehmigt hat, oder ob man kurz am Supermarkt gehalten und ein paar Dosen Bier oder eine Flasche Wein für zu Hause besorgt hat. Wenn das alles für Sie kein Problem ist, dann dürfte es auch kein Problem sein, die Wahrheit zu sagen. Aber wenn etwas nicht stimmt, dann passieren auf einmal alle möglichen Dinge.

Wenn ich mit Leuten spreche, mit denen ich arbeite, dann beschreibe ich gewöhnlich folgende Szene: Es ist kurz vor neun Uhr morgens, und ein Mann ist auf dem Weg zur Arbeit. Er betritt einen Lift und trifft dort einen Freund aus seinem Büro. Auf dem Weg zum zehnten Stock sagt dieser Freund: »Du liebe Güte, du riechst so, als ob du etwas getrunken hättest.« Der Mann antwortet: »Stimmt. Ich hab´ gerade ein paar Freunde getroffen, die heute heiraten. Leider kann ich nicht zu ihrer Hochzeit kommen, weil ich zuviel zu tun habe. Also haben wir ein paar Gläser Wein getrunken und auf den großen Tag und ihr künftiges Glück angestoßen.«

Das ist in Ordnung. Hier spricht jemand, der damit kein Problem hat und dem es nichts ausmacht zuzugeben, Alkohol getrunken zu haben, weil seine Freunde heiraten. Das ist völlig legitim, also gibt es auch keinen Grund, sich zu entschuldigen oder etwas vorzulügen.

Wir wollen noch einmal zu diesem Lift zurückkehren, aber diesmal hat der Mann, der den Lift betritt, sehr wohl ein Problem mit Alkohol, und er will nicht, daß jemand erfährt, daß er auf dem Weg zur Arbeit etwas getrunken hat. Es ist traurig, aber der Mann mit dem Problem wird bis zum zehnten Stock Pfefferminz lutschen, denn er will nicht, daß sein Freund erfährt, daß er getrunken hat. Er wird sich außerdem abweisend und unfreundlich verhalten, damit er nicht sprechen muß und man ihn am Ende doch noch ertappt. Das ist dumm und kindisch, aber es ist auch traurig, denn er sitzt in der Falle.

Was können Sie sagen, wenn jemand Sie mit folgender Bemerkung konfrontiert: »Warum trinkst du schon morgens um diese Zeit?« – »Nun, weil ich´s satt habe, Kaffee zu trinken.«? – »Weil mir der Tee bis hier steht.«? – »Ich hab´ gedacht, ich gönn´ mir einfach ein paar doppelte Whiskys.«? Das tut man einfach nicht, und es ist auch wirklich nicht gut für Sie. Ganz wie von selbst verstricken Sie sich in ein Netz von Ausflüchten, Entschuldigungen und Lügen und wollen nicht sagen, was Sie wirklich machen.

Eins jedoch müssen Sie unbedingt haben, wenn Sie ständig Lügen und Entschuldigungen erfinden, und das ist ein sehr gutes Gedächtnis – je mehr Entschuldigungen, je mehr Lügen, um so dichter das Netz, und wenn Sie etwas vergessen, dann fällt das auf.

Das erste, was Sie empfinden, wenn Sie ertappt werden, ist Wut, und dieser Wut machen Sie Luft. Sie sagen zu den Leuten: »Laßt mich in Ruhe!« Warum läßt man Sie nicht in Ruhe? Worüber reden die denn überhaupt? Aber innerlich wissen Sie, daß Sie etwas Falsches tun, und Sie fragen sich: »Warum tue ich das nur? Warum muß ich mich so verhalten? Warum erzähle ich nur all diese Lügen?«

Wenn das so einfach zu beantworten und in Ordnung zu bringen wäre, dann wäre dies in der Tat ein ziemlich kurzes Buch. Aber sobald sich dieses Lügennetz einmal um Sie herum gebildet hat, ist es schwer – aber nicht unmöglich –, sich wieder daraus zu befreien.

R.D. Laing hat ein wundervolles Gedicht darüber geschrieben. Ich finde, es beschreibt den Begriff »Verleugnung« sehr gut. Mal sehen, was Sie davon halten:

Irgend etwas muß los sein mit ihm,
denn er würde sich nicht so verhalten,
wenn es nicht so wäre,
deshalb verhält er sich so,
weil etwas los ist mit ihm.
Er glaubt nicht, daß etwas los ist mit ihm,
denn,
eins der Dinge,
die los sind mit ihm,
ist, daß er nicht glaubt, daß etwas
los ist mit ihm
deshalb
müssen wir ihm helfen zu erkennen, daß
die Tatsache, daß er nicht glaubt, daß etwas
los ist mit ihm,
eins der Dinge ist, die
los sind mit ihm.

Alkohol schafft eine Illusion. Er scheint all Ihre Probleme in den Hintergrund treten zu lassen. Er hilft Ihnen, sich zu entspannen, und nimmt allen Streß und alle Sorgen von Ihnen. Doch während Ihr Netz aus Lügen immer größer wird, wird es zunehmend schwieriger für Sie zu erkennen, wieviele Ausflüchte und Lügen Sie benutzt haben, denn Sie wollen nicht wahrhaben, nicht sehen, wie Sie sich verhalten.

Wenn die Leute zu Ihnen sagen: »Warum tust du das? Warum hast du gesagt, daß du dort warst, wenn du es gar nicht warst?«, dann erwidern Sie: »Ich hab´ nicht gesagt, daß ich dort war. Das hab´ ich nie behauptet. Was meinst du mit: Warum tust du das? Was tun? Wo liegt das Problem? Immer hackst du auf mir rum. Warum läßt du mich nicht in Ruhe? Warum kann ich mich nicht ganz einfach entspannen und meinen Spaß haben wie alle anderen auch?«

Aber Sie sind nicht wie alle anderen, nicht wahr? Alle anderen rennen nicht herum und erfinden Lügen und Ausflüchte.

Fühlen Sie sich gut, wenn Sie sich so verhalten? Sicher nicht. Ich tat es jedenfalls nicht. Stellen Sie sich doch einmal folgende Frage: Haben Sie auch so viele Ausflüchte und Lügen erfunden, bevor Sie mit dem Trinken anfingen? Versuchen Sie, sich zu erinnern, und seien Sie wirklich ehrlich mit sich. Haben Sie sich wirklich so verhalten? Das bezweifle ich. Ganz plötzlich scheinen Sie in Ihrer Unehrlichkeit gefangen zu sein. Wenn die anderen doch nur wüßten, wie Sie sich fühlen ... Aber Sie können es ihnen nicht sagen, denn eins der Dinge, die passiert sind, ist, daß es immer schwieriger wird über das zu sprechen, was wirklich in Ihnen vorgeht, was Sie wirklich fühlen; Sie sprechen ja immer nur über das, was Sie *nicht* fühlen: daß Sie sich nicht eingesperrt fühlen und so, als ob Sie nichts trinken dürften; daß Sie nicht das Gefühl haben, mit Ihrem Trinken stimme etwas nicht. Sie sprechen ja mehr *um sich herum* als *über* sich. Ich nehme an, das ist fast so, als ob man Dr. Jekyll und Mr. Hyde wäre.

All das bringt ein schreckliches Gefühl der Einsamkeit und Isolation mit sich. Das Problem ist, daß die Leute das merken. Man kann es sehen – und Sie versuchen zu erzählen, daß alles okay ist, obwohl das ganz offensichtlich (und für jedermann sichtbar) nicht der Fall ist.

Sicher, für mich ist es leicht, hier an meinem Buch zu sitzen und zu sagen: »Es ist, als ob man in einer Flasche eingesperrt wäre«, aber das ist es wirklich: Sie sind in einer Flasche gefangen, und Sie können keine Botschaft nach draußen schicken, um es jedermann wissen zu lassen, denn wenn Sie das tun, dann haben Sie keine Wahl – Sie müssen sagen, was wirklich los ist.

Können Sie sich mit einigen dieser Dinge identifizieren? Wie fühlen Sie sich, wenn Sie das lesen? Sehen Sie, was geschieht? Ist Ihnen klar, wie sehr Sie schon in der Flasche gefangensitzen? Wie Sie am Anfang des Buchs gelesen haben, bin ich selbst jahrelang darin eingesperrt gewesen, ich weiß also, wie man sich fühlt, und ich weiß, wie Sie sich fühlen. Ich weiß außerdem, daß es einen Weg da raus gibt. Ich weiß, daß Sie das Gewohnheitsnetz von Lügen und Ausflüchten zerreißen können.

Schauen Sie doch mal zurück auf die vergangene Woche. Können Sie sich denken, wieviele Ausflüchte und Entschuldigungen Sie wegen Ihres Trinkens gemacht haben? Wieviele Lügen Sie erzählt haben? Denken Sie nach. Denken Sie gut nach. Zermartern Sie Ihr, ach so gutes, Gedächtnis. Sie müssen es nicht aufschreiben – denken Sie einfach nur darüber nach. Denken Sie an die

Gelegenheiten, bei denen Sie Ihren Lieben Ausflüchte und Lügen erzählt haben: Ihrer Frau oder Ihrem Mann, Ihrem Freund oder Ihrer Freundin, Ihren Kindern, dem Vater oder der Mutter. Vielleicht leben Sie ja allein, in diesem Fall sind es dann Ihr Chef oder Ihre Freunde. Vor allen anderen jedoch betrügen Sie *sich selbst*. Die Person, die Sie in Wirklichkeit belügen, sind nur Sie selbst. Sie und ich, wir wissen beide, daß man sich dabei ziemlich mies fühlt, denn dieses Verhalten liegt im Widerspruch zu dem guten, ehrlichen Menschen, der Sie in Wirklichkeit sind.

Damit einher geht jedoch noch eine andere Verhaltensweise, und hier meine ich Reizbarkeit, Wut. Sie sind ärgerlich auf die Menschen, die Sie lieben, denn Sie kommen der Wahrheit über Ihr Trinken ziemlich nahe (oder der Wahrheit, die hinter Ihrem Trinken steckt und von der Sie nicht wollen, daß man sie erfährt). Sie werden wütend auf sie. Vielleicht schreien Sie sie ja sogar an oder werden gewalttätig. Sie benehmen sich so, wie Sie sich nie zuvor benommen haben.

Sie müssen sich fragen, warum das alles mit Ihnen passiert. Wie kann etwas, das Sie so sehr lieben, Ihnen so viel Hickhack bereiten? Wie kann etwas, das Sie so sehr lieben, Sie zu so einem Benehmen veranlassen? Wie kann etwas, das Sie so sehr lieben, Sie so von den Menschen entfernen, die Ihnen am Herzen liegen – Sie sogar Ihrer Katze und Ihrem Hund entfremden? Ist Ihnen schon mal aufgefallen, wie sich Ihre Katze oder Ihr Hund verhalten, wenn Sie zur Haustür hereinkommen? Tiere haben auch ein Gespür für Stimmungen und Stimmungsschwankungen. Klingt dumm, nicht wahr? Achten Sie nächstens mal darauf. Wenn Ihr Haustier wegen der Stimmungsschwankungen nicht weiß, wer da nach Hause kommt, wie werden sich dann erst die Menschen fühlen, mit denen Sie leben? Sie sind sich nie sicher, wie Sie sich als nächstes verhalten werden; sie fragen sich, was für Lügen und Ausflüchte sie wohl heute Nacht zu hören bekommen werden.

Ist es in Ordnung, so weiterzumachen? Wenn das der Fall ist, dann los – machen Sie ruhig weiter so. Wenn nicht, dann halten Sie hier und jetzt inne und stellen Sie sich vor, wie sich das alles ändern wird und wie Sie aus dieser Falle herauskommen werden. Wie Sie eine völlige Kehrtwendung machen und das gute, positive Wertesystem wiederaufbauen werden, an das Sie früher mal glaubten und das Sie lebten. Stellen Sie sich vor, wie es ist, wieder ein ehrlicher Mensch zu sein. Es gibt nur einen Weg, das zu bewerkstelligen, und ich meine damit, Sie müssen bei *sich selbst* anfangen.

Bevor wir in dieser Richtung weitergehen, möchte ich Sie fragen, ob man Sie schon mal auf folgende Dinge angesprochen hat:

- Ihr Trinken?
- Ihr Verhalten?
- Was Sie tun und was nicht?
- Was Sie tun und nicht tun sollten und was Sie hätten tun sollen?
- Daß Sie weniger trinken beziehungsweise ganz damit aufhören sollten?
- Was Sie sich selbst und auch Ihrer Familie damit antun?
- Daß Sie, wenn Sie so weitermachen:
  - Ihren Job verlieren,
  - mit Ihrem Wagen einen Unfall bauen,
  - von einem Auto oder Lastwagen überfahren werden,
  - unter einen Bus kommen?

- Oder wie sehr Sie Ihrem Körper damit schaden – Ihre Hände zittern, die Augen sehen schrecklich aus, die Haut ist in einem schlimmen Zustand, Ihrer Leber und Ihren Nieren tun Sie schon gar keinen Gefallen damit, irgendwann werden Sie einen Herzanfall haben, Sie werden immer dicker ...?

Wahrscheinlich hat man Sie bereits auf einige oder mehrere dieser Dinge angesprochen. Doch all die Sorge nützt *überhaupt nichts*, solange Sie nichts dagegen tun *müssen*. Ich betone das Wort »müssen«, denn es ist nicht eine Frage des Wollens. Ich weiß, daß Sie nicht etwas aufgeben wollen, das Sie so gerne tun (oder zumindest glauben, es gerne zu tun) und das Sie als sozial, als gesellig betrachten. Wenn Ihnen einige dieser Dinge jedoch bekannt vorkommen, dann klingt das nicht so, als ob Sie sich sehr sozial verhalten würden, nicht wahr? So oder so – *Sie* müssen erkennen, daß sich etwas ändern muß. Es nützt nicht viel, wenn Sie sich von anderen dazu überreden lassen.

Zu vielen meiner Patienten habe ich gesagt: »Selbst der Papst, der Erzbischof von Canterbury, die Queen, Jesus Christus und auch ich können Ihnen sagen, daß Sie etwas unternehmen müssen, daß Sie etwas ändern müssen, aber wenn *Sie selbst* nicht das Gefühl haben, etwas tun zu müssen, dann werden Sie es auch nicht tun.« Wie gesagt, das Bedürfnis, die Einsicht, etwas ändern zu müssen, muß von Ihnen ausgehen.

Sie wollen also weitergehen? Sie möchten wieder einen Tag erleben, der nicht aus Entschuldigungen und Lügen besteht? Großartig! Machen Sie einen Plan für diesen Tag und halten Sie sich daran, egal was passiert. Schauen Sie, wie ehrlich Sie sich selbst gegenüber sein können und vergessen Sie nicht, erzählen Sie keinem davon – das hier betrifft nur Sie selbst.

Nehmen Sie einen Stift zur Hand und schreiben Sie einen Plan für diesen Tag auf (verwenden Sie den Plan auf der Seite 71 als Basis). Zum Beispiel:
Was wollen Sie heute wegen Ihres Trinkens unternehmen? Haben Sie vor zu trinken? Wenn ja, dann legen Sie fest, wieviel Sie trinken wollen und halten Sie sich daran. Treffen Sie Ihre Entscheidung. Ich spreche hier nicht davon, wie betrunken Sie werden wollen: Sie sollten das ernst nehmen – es ist nicht etwas, worüber man sich lustig macht.
Wann wollen Sie das erste Glas trinken? Falls Sie nicht so viel trinken wollen, dann wird Ihnen etwas Zeit übrigbleiben. Vielleicht können Sie diese Zeit ja nutzen, um etwas anderes zu tun, etwas das Sie schon lange nicht mehr getan haben. Haben Sie irgendwelche Hobbies, außer Trinken? Gehen Sie ins Kino oder ins Theater. Gehen Sie in ein Restaurant. Gehen Sie mit dem Hund spazieren (mal was anderes). Vielleicht können Sie ja etwas mit den Kindern unternehmen. Machen Sie einen Plan, eine Art Richtlinie für diesen Tag. Falls Sie arbeiten müssen, nun, dann ist der größte Teil des Tages ja schon verplant. Haben Sie angefangen, auch während der Arbeit zu trinken? Mal sehen, vielleicht schaffen Sie es ja, dies heute nicht zu tun. Wenn Sie vorhaben, auf dem Weg nach Hause einen Schluck zu trinken, dann nehmen Sie sich vor, daß dies heute der einzige ist. Machen Sie Ihren Plan und halten Sie sich daran.

Wenn Sie anfangen, für jeden Tag einen Plan zu machen, die Dinge anders zu tun und sich nichts vorzumachen oder vorzulügen, dann werden Sie natürlich auch den anderen nichts vormachen oder vorlügen.

MEIN PLAN

Datum

Heute habe ich folgende Entschlüsse gefaßt:
(siehe Seite 70)

....

....

....

Schreiben Sie alles möglichst genau und ausführlich auf; vergessen Sie nicht, es ist Ihre Entscheidung, ob Sie es jemand anderem erzählen. Wenn Sie sich nicht *durchgehend* an Ihren Plan halten können, dann verzweifeln Sie nicht, sondern lernen Sie aus dieser Erfahrung. Es wird Ihnen später mal nützlich sein.

Was plane ich sonst noch für diesen Tag?
Vergessen Sie nicht, Sie müssen sich etwas aussuchen. (Siehe Seite 70, dort sind einige Vorschläge, falls Ihnen selbst nichts einfallen sollte.)

....

....

Wie lief es?

....

Gibt es etwas, das ich morgen anders machen möchte?

....

....

Achten Sie auf die Reaktion der Leute. Es wird sofort auffallen. Wenn Sie damit weitermachen, dann werden die Veränderungen auch stattfinden. Sie werden Ihre Spuren nicht länger unter Entschuldigungen und Lügen verbergen müssen und andauernd ein schlechtes Gewissen haben. Schon sehr bald werden Sie aufhören, sich selbst zu betrügen, und Sie werden folglich auch viel zufriedener mit sich sein. Das ist außerdem eine ganz persönliche Bestätigung für Sie: daß Sie ehrlich mit sich sein *können*; daß Sie etwas gegen Ihr bisheriges Verhalten unternehmen *können*.

Der Vorteil, beziehungsweise der Gewinn, den Sie daraus ziehen, ist Ihnen sicher. Wie gesagt, das erste gute Zeichen ist die Reaktion der Leute – egal, ob Familie, Freunde, Kollegen oder sogar der Hund! Beobachten Sie deren Reaktionen und die Art, wie sich die Leute Ihnen gegenüber jetzt verhalten. Sie werden eine sehr positive Veränderung feststellen. Man wird Sie fragen und wissen wollen, was los ist, denn es ist etwas Positives, das geschieht; vielleicht sagt man aber auch nichts in der Hoffnung, daß es anhält. Wenn das der Fall ist, dann wissen Sie nun, wie sehr die Leute sich gewünscht haben, daß Sie etwas unternehmen.

Gut gemacht. Vergessen Sie nicht: Sie tun das alles für sich und niemand anderen. Aber alle anderen werden ebenfalls davon profitieren, und sie werden sich Ihnen gegenüber anders verhalten. Plötzlich werden Sie nicht mehr immer nur negative Kommentare zu hören bekommen oder was Sie tun oder nicht tun sollten – das, was Sie bisher immer auf die Palme gebracht hat, was Sie ärgerte und wütend machte, sind Sie nun los.

In dieser gesünderen Geistesverfassung werden Sie nun vielleicht darüber nachdenken wollen, was das Trinken bei Ihnen und den Leuten um Sie herum bewirkt hat. Wer weiß? – Vielleicht kommen Sie ja sogar zu der Überzeugung, ganz damit aufhören zu müssen.

5
Kann ich mich ändern? Aber natürlich!

Natürlich können Sie sich ändern, wenn Sie es wollen. Aber wenn Sie sich entschließen, Ihre Gefühle und Ihr Verhalten zu ändern, dann ist es wichtig, sich ein paar Fragen zu stellen:

1. Was bedeutet »Sich-ändern«?
2. Wovon verändere ich mich?
3. Bin ich es wert, mich zu ändern?
4. Werden mir die Veränderungen überhaupt gefallen?

Schauen wir uns zunächst Frage 1 an: Was bedeutet, »Sich-ändern«? Sich ändern bedeutet, etwas anders zu tun als bisher: an ein Problem, eine Situation, eine Verhaltensweise, ein Gefühl anders heranzugehen, und zwar so, daß diese Änderung eine positive Wirkung auf das tägliche Leben hat. Vor allem jedoch bedeutet sich ändern, sich selbst ein Versprechen zu geben und dieses Versprechen auch einzuhalten, egal wie schwer es fällt. Daran werden Sie sich sehr schnell gewöhnen, denn die Vorteile sind von Anfang an offensichtlich. Ich habe noch nie jemanden mit einem Alkoholproblem getroffen, der tief im Innern nicht mit Trinken hätte aufhören wollen, und zwar hauptsächlich deshalb, weil die Veränderungen, die der Alkohol im menschlichen Verhalten hervorruft, ein ständiges Unbehagen mit sich selbst bewirkt.

Was ich also wirklich meine, ist, sich um den Alkohol herum zu verändern, so daß der Mensch, der Sie wirklich sind, durchscheinen kann. Es sind nicht Sie selbst, der diese Stimmungsschwankungen verursacht: Der Alkohol ist für die Veränderungen in Ihrem Verhalten verantwortlich.

Wenn jemand, der Ihnen nahesteht, sagt, Sie verhalten sich wie Dr. Jekyll und Mr. Hyde, dann denken Sie mal für eine Sekunde darüber nach. Ist das der Fall, bevor Sie etwas trinken oder danach? Ich vermute, es passiert, nachdem Sie etwas getrunken haben, denn der Alkohol verändert Ihre Stimmung. Sie geraten außer Kontrolle, und das ist erschreckend, denn es bedeutet, daß Sie unter Einfluß von Alkohol nur das tun können, was der Alkohol Sie tun läßt.

Fragen Sie sich doch mal, wie oft Sie sich, wenn Sie nüchtern waren, geschworen haben: »Ich fahre nie wieder, wenn ich was getrunken habe.« Doch wenn Sie etwas getrunken hatten, dann setzten Sie sich doch immer wieder ans Steuer. Wie oft haben Sie sich schon gesagt: »Ich werde nicht mehr auf meinem Mann/meiner Frau/meinen Kindern herumhacken, wenn ich was getrunken habe«, und sehen Sie mal, was Sie dann doch immer wieder tun. Wie oft haben Sie sich schon gesagt: »Ich trink´ nur ein, zwei Gläser«, und es hat sich unweigerlich herausgestellt, daß Sie ein, zwei mehr hatten, als beabsichtigt.

Sehen Sie, worauf ich hinauswill? Egal, wie oft Sie sich schwören oder vornehmen, es nie mehr zu tun, sobald Sie etwas trinken, passiert es ja doch wieder.

Ich *glaube* Ihnen, wenn Sie sagen, daß Sie wirklich vorhatten, nur ein, zwei Gläser zu trinken, denn das war bei mir genauso, aber es läuft nie so, wie man es sich vornimmt, nicht wahr? Was bedeutet »Sich-ändern« also? Nun, wenn wir vom bisher Gesagten ausgehen, dann erhalten wir schon ein ziemlich genaues Bild von dem, was »Sich-ändern« bedeutet, wenn Sie trinken, und dieses Bild erscheint nicht besonders attraktiv. Lassen Sie uns also ein paar Minuten lang ehrlich mit uns selbst sein und zur nächsten Frage gehen: Wovon verändere ich mich?

Sind Sie glücklich über:

- die Art, wie Sie sich verhalten, wenn Sie trinken?
- die Art, wie Sie sich fühlen, wenn Sie trinken?
- die Art von Kontrolle, die Sie über die Mengen haben, die Sie trinken?
- die Art, in der Sie die Leute um sich herum behandeln?
- Ihr krankhaftes und seltsames Verhalten?
- den Verlust Ihres Gedächtnisses?
- Ihre Blackouts?
- das offensichtlich zerstörerische Verhalten sich selbst und anderen gegenüber?
- die Unfälle oder fast Unfälle, die durch Ihr Trinken verursacht werden?
- all die anderen gefährlichen Situationen, die der Alkohol verursacht?
- die physische Wirkung, die der Alkohol auf Sie hat?

Sie können diese Folgen allen anderen gegenüber abstreiten, aber dies hier bleibt ganz allein zwischen Ihnen und mir. Sich ändern wovon also? Was ist es, von dem man sich so schrecklich schwer trennen kann? Wenn wir uns das betrachten, wovon wir gerade gesprochen haben, dann würde man meinen, die meisten Leute würden sich auf der Stelle von so einem Verhalten distanzieren. Worauf warten Sie also noch? Wo liegt die Schwierigkeit? Haben Sie Angst, die Änderungen vielleicht nicht machen zu können? Vielleicht liegt es ja daran, daß Sie es schon so oft versucht haben und es immer auf dieselbe Art geendet hat – Sie taten immer genau das, was Sie nicht hatten tun wollen? Doch diesmal kann es anders sein. Diesmal muß nicht wie all die anderen Male sein, denn diesmal wollen Sie Ihr Leben wirklich ändern.

Schauen Sie doch einmal, wie Sie bis jetzt überlebt haben. Ist Überleben denn genug? Wollen Sie es wirklich so haben? Ist das wirklich das Beste, was Sie bekommen können? Ist das alles, was Sie wert sind? Was ist aus dem Menschen geworden, der etwas aus seinem Leben machen wollte? Was tun Sie mit all dem Talent, das Sie haben? Wollen Sie es auch weiterhin verschlossen und versteckt halten, damit es ja niemand sieht oder hört? Glauben Sie nicht, daß das sehr egoistisch und traurig ist? Vielleicht liegt es daran, daß Sie glauben, das alles gar nicht wert zu sein – was mich zu Frage 3 bringt: Bin ich es wert, mich zu ändern?

Natürlich sind Sie es! Natürlich sind Sie es wert, gute Dinge zu erfahren! Warum auch nicht? Mir ist es egal, was Sie getan haben, aber Sie verdienen etwas Besseres als das hier. Sie verdienen es, aus dieser Falle herauszukommen. Die Leute um Sie herum verdienen ebenfalls etwas Besseres als das. Die Menschen, die Sie lieben, verdienen etwas Besseres. Wenn Sie nicht glauben, daß Sie es schaffen können, dann lassen sie es mich für Sie glauben. Lassen Sie mich Ihnen ein wenig Mut machen. Die Tatsache, daß Sie schon so weit mit dem Buch gekommen sind, sagt mir, daß Sie mutig genug sind, einen Blick auf sich selbst zu werfen, daß Sie willens genug sind, sich ein paar Dinge anzuhören, die Sie nicht hören wollen, und daß Sie ehrlich genug sind, sich selbst zu fragen: »Ist das alles, was ich wert bin?« Nichts davon ist einfach, also sagt mir die bloße Tatsache, daß sie schon so weit gekommen sind, daß Sie das Zeug zu Veränderungen haben und daß Sie diese Veränderungen wert sind. Das wiederum bringt mich zu Frage 4: Werden mir die Veränderungen überhaupt gefallen?

Nun, wenn das nicht der Fall sein sollte, dann können Sie ja immer noch dahin zurückkehren, wo Sie aufhörten. Diese Wahl wird Ihnen tatsächlich immer offenstehen. Aber ich bezweifle, daß Sie, nachdem Sie ein paar positive Veränderungen in Ihrem Leben vorgenommen haben, je wieder so werden wollen, wie Sie waren. Der Grund, weshalb ich so sehr davon überzeugt bin, ist der, daß ich schon so viele Leute gesehen habe, die sich entschlossen haben, die notwendigen Veränderungen in bezug auf Ihr Trinken vorzunehmen. Ich habe gesehen, wie sehr Ihnen diese Veränderungen gefallen haben, wie sehr Sie sich über Ihre Entscheidung gefreut haben.

Natürlich wird da ein Teil von Ihnen sagen: »Ach, kümmere dich nicht drum. Das ist alles bloß Unsinn. Du kannst so weitermachen wie bisher. Es ist alles halb so schlimm. Hör nicht auf die anderen.« Solche Botschaften werden Sie besonders dann hören, wenn Sie sich nach einem Drink sehnen, und all die schlimmen Zeiten werden Ihnen dann gar nicht mehr so schlimm erscheinen, denn Sie werden sich sagen, daß alles okay ist, nur damit Sie noch einen Schluck trinken können. Aber Sie wissen genausogut wie ich, daß sich die schlechten Zeiten nicht verändert haben werden, wenn Sie diesen Schluck trinken. Sie haben sich doch vorher auch nicht geändert, warum sollte es also diesmal so sein? Sie müssen achtgeben auf diese Stimme in Ihnen, die Ihnen diese wirklich negativen Botschaften vermittelt und die jede Veränderung, die Sie vorhaben, sabotieren will (ganz zu schweigen von dem Genuß, den Sie aus den Änderungen ziehen).

Die simple Antwort auf die Frage: »Werden mir die Veränderungen überhaupt gefallen?« ist *ja*. Tatsächlich werden Sie Ihnen so sehr gefallen, daß Sie damit gar nicht mehr aufhören können. Die wichtigsten Veränderungen, die Sie machen, sind Veränderungen hin zur Freiheit, weg von der Dunkelheit und Verzweiflung, in der Sie bisher gelebt haben. Sie müssen sich nicht auf mein Wort allein verlassen. Ich habe einige der Leute, mit denen ich gearbeitet habe, gebeten, über einen Tag in ihrem Leben mit dem Alkohol und wie sie dieses Leben empfunden haben zu schreiben. Ich möchte, daß Sie die Geschichten von diesen Leuten lesen, von Leuten, deren Trinken sie in die tiefsten Tiefen der Verzweiflung gestürzt hat, die jedoch die Entscheidung trafen, zurückzukommen und ein paar positive Veränderungen vorzunehmen, um ein ganz normales Leben zu führen.

Während Sie diese Geschichten lesen, werden Sie vielleicht denken: »Aber so schlimm ist es bei mir doch gar nicht. Diese Art Folgen habe ich nie erlebt. Die Dinge habe ich nie gemacht.« – »Noch nicht«, kann ich da nur sagen; denn wenn Sie zurückblicken, dann werden Sie sehen, wie weit Ihr Trinken Sie schon geführt hat, und es gibt keinen Grund anzunehmen, daß es nicht weiter bergab geht, wenn wir nicht etwas daran ändern.

Sams Geschichte

Er wollte die Augen gar nicht aufmachen. »Wo bin ich?« dachte er. »Riecht nicht wie in einer Gefängniszelle. Das ist zumindest etwas.« Zögernd öffnete er dann doch die Augen. Graues Licht strömte durch ein vorhangloses

Fenster. »Ist es früh am morgen oder früh am abend?« dachte er. Er hatte seine Uhr vor ein paar Wochen versetzt, konnte also nicht sagen, wie spät es war. Ihm war kalt; er brauchte was zu trinken. Er lag völlig bekleidet auf dem Boden eines kleinen Raums, eine dünne Decke über sich gebreitet. In der Ecke stand ein Regal, sonst war da nichts. Plötzlich erkannte er, daß er sich im Hinterzimmer der Wohnung eines Freundes befand, aber er konnte sich nicht erinnern, wie er hierhergekommen war. Er mußte an seine erste Frau denken. Er versuchte, den Gedanken an sie rasch wieder abzuschütteln. Er fühlte sich einsam und ängstlich. Er brauchte einen Drink.

»Ist das eine Flasche da beim Kamin?« dachte er. Er erhob sich ächzend vor Schmerzen und griff danach. Die Flasche mit billigem Sherry war leer. Sein Kopf dröhnte, und ihm war schwindlig. Seine Zunge fühlte sich an wie gekochte Leber. Er nahm die Flasche mit in die Küche und füllte sie mit Wasser. Seine Hände zitterten, und die Flasche klapperte gegen den Wasserhahn. Er fühlte sich sehr schwach und wankte zurück ins Hinterzimmer. Er kroch wieder unter die Decke und würgte ein wenig von dem Wasser hinunter. Um den kalten Kamin herum lagen jede Menge Zigarettenkippen, und er suchte sich die längste davon heraus und zündete sie an. Sofort begann sich sein Magen zu verkrampfen. Er hatte nicht mal die Zeit, zum Badezimmer zu kommen, bevor das Wasser wieder hochkam. Auch nachdem er alles erbrochen hatte, würgte er weiter, schnappte weiter nach Luft.

Nachdem die Krämpfe vorbei waren, durchsuchte er seine Taschen, um zu sehen, ob er noch irgendwo Geld fand: Er brauchte wirklich dringend etwas zu trinken. Er fand 3 Mark. »Genug für eine Dose Bier«, dachte er – »Spitze!« Er ging wieder zurück durch das Zimmer seines Freundes und warf einen Blick auf den Wecker. Es war 7.30 Uhr. Sein Freund schnarchte auf dem Sofa. Er sah, daß es wohl Morgen sein mußte, und der nächste Schnapsladen öffnete nicht vor 8.30 Uhr.

Er ging also zurück ins Hinterzimmer und kroch wieder unter die Decke. Er zitterte, fröstelte und schwitzte. Er hatte das Gefühl, als ob sein Herz jeden Moment zerspringen würde. »O Gott«, dachte er, »ich hab` nicht mal genug Kraft, um zu dem Laden zu gehen.« Als er glaubte, daß es Zeit sei, verließ er dann doch die Wohnung. Er fühlte sich schwindlig und desorientiert. Der Gehsteig schien sich zu bewegen und unter ihm hin- und herzuschwanken. Sein Blick war wie benebelt. Der Laden lag nur ein paar hundert Meter entfernt, doch ihm kam es vor wie eine Ewigkeit.

Er betrat den Laden und schaffte es, mit aufkeimender Panik, zwei Dosen Bier in seine Jackentasche zu schmuggeln. Er griff nach einer dritten und bezahlte sie an der Kasse. Seine Hände zitterten. Langsam ging er aus dem Laden, doch sobald er draußen war, beschleunigte er seine Schritte.

Zurück in der Wohnung, marschierte er stracks wieder ins Hinterzimmer und öffnete die erste Dose. Er ärgerte sich über den Schaum, der sich zwischen ihn und das Starkbier drängte. Anfangs nahm er nur kleine Schlucke, damit ihm nicht wieder schlecht wurde; dann begann er, das Bier in großen Schlucken hinunterzustürzen. Nachdem er die zweite Dose geleert und die dritte geöffnet hatte, war das Zittern abgeklungen. Seine Hände waren nun ruhig genug, um sich aus den Kippen, die um den Kamin herum verstreut lagen, eine Zigarette zu drehen. Im Magen wurde es ihm langsam warm, und die Krämpfe waren verschwunden. Er hatte das Gefühl, nun klar denken zu können, doch er wußte auch, daß er schon sehr bald mehr Alkohol brauchen würde.

Er hörte, daß sein Freund im Nebenzimmer aufgewacht war. »Er hat sein Geld vom Sozialamt gestern gekriegt«, dachte er, »da könnte ich ihn doch fragen, ob er mir nicht einen Zehner leiht.« Sein Freund sagte: »Okay«, und mit dem Zehner ging er zurück zu dem Schnapsladen an der Ecke und kaufte eine Viertelliterflasche Wodka. Danach nahm er einen Bus in die Stadt. Als der Bus die Stadt erreicht hatte, war die Wodkaflasche leer, und er war nun bereit, sich den Rest seiner Ration mit Betteln zu verdienen. Er bettelte ungefähr eineinhalb Stunden lang in der Unterführung und hatte dann genug Geld beisammen, um sich eine große Flasche billigen Wein aus dem nahegelegenen Supermarkt zu kaufen. Er ging zurück zu seinem Platz und war erleichtert, daß ihn inzwischen kein anderer besetzt hatte. Er trank den Wein und bettelte noch ein paar Stunden. Schließlich besaß er genug Geld für ein paar Biere in der Kneipe. Seine Stimmung hob sich.

In der Kneipe traf er einige seiner Freunde und ein paar andere Säufer. Sie tranken, bis seine Freunde wieder zur Arbeit mußten. Sie hatten das meiste bezahlt. »Wie kann ich jetzt weitertrinken?« dachte er. »Was soll ich den restlichen Tag über nur tun? Ich werd` irgendwo was klauen müssen.«

Er ging noch einmal in den Supermarkt und schritt scheinbar ziellos durch die Regale, bis er sicher war, daß ihn niemand beobachtete; da griff er nach ein paar Flaschen Whisky und schob sie unter seinen Mantel. Er nahm eine Zeitung aus dem Ständer und ging zur Kasse. Er fühlte sich gar nicht wohl in seiner Haut und fing an zu schwitzen. Er spürte, wie sein Herz unter dem Mantel hämmerte. »Oh Gott, ich hoffe, daß mich niemand aufhält. Ich hoffe, es hat keiner was gemerkt.« Er zitterte heftig. Er dachte, er würde jeden Moment den Whisky fallenlassen. Er war sicher, die Leute konnten die Flaschen aneinanderklappern hören, so sehr zitterte er. »Gottseidank, die Kassiererin scheint gar nicht aufzupassen.« Tatsächlich sah sie ihn nicht einmal an, und er kam sich vor wie durchsichtig oder unsichtbar. »Ist es also schon so weit gekommen?« dachte er. »Sehe ich schon so schlimm aus?« – »Ja«, sagte eine andere Stimme in seinem Kopf. Er streckte die Hand nach seinem Wechselgeld aus. Seine Hände waren schmutzig; die Fingernägel hatten dicke Trauerränder. »So war´s nicht immer«, dachte er. Doch diesen Gedanken verdrängte er rasch aus seinem Bewußtsein.

Er entfernte sich eilig vom Supermarkt und machte sich auf den Weg zu seinem Zimmer (wenn man es so nennen konnte – er lebte in einer billigen Absteige). Er öffnete das einzige Schränkchen in dem Zimmer und fand ein paar Kapseln, die er von einem Doktor während eines seiner vergeblichen Versuche, sein Trinken unter Kontrolle zu bekommen, erhalten hatte. Er nahm drei davon mit dem ersten Schluck Whisky und trank dann weiter. Wie immer in diesen Momenten mußte er an seine Frau denken. Er war einsam. Er fing an zu weinen, dann schluchzte er. Die Erinnerungen verblaßten; schließlich wußte er gar nichts mehr.

An diesem Punkt befand sich Sam, als er seine Entscheidung traf; bis dahin hatte er so ziemlich alles in seinem Leben verloren. Er entschied, daß sich etwas ändern mußte, daß er aufhören würde zu trinken. Er wußte nicht wie; alles, was er wußte, war, daß es etwas Besseres geben mußte als dies, und daß er es wert war zu leben. Es war ein hartes Stück Arbeit, aber er schaffte es. Er bat um Hilfe, nahm den Rat an, den man ihm gab, und machte die Veränderungen durch, die notwendig waren, damit er wieder er selbst sein und mit beiden Beinen im

Leben stehen konnte. Lange Zeit hatte er lediglich funktioniert und nicht gelebt. Heute ist er ein völlig anderer Mann, er ist erfolgreich und hat es geschafft, den Alptraum hinter sich zu lassen, für heute und jeden Tag neu.

Sie müssen gar nicht so weit abstürzen wie er oder wie ich, was das betrifft. Wenn Ihnen Ihre derzeitige Situation unangenehm genug ist, dann ist jetzt die Zeit, etwas zu tun. Dann ist jetzt die Zeit, eine Entscheidung zu treffen und sich ein paar Änderungen vorzunehmen. Können Sie sich ändern?

Michaels Geschichte

Er erwachte beim ersten Licht des Tages. Er war völlig ausgetrocknet und wurde zudem von Schuldgefühlen gepeinigt. Er wußte nie, was von beiden schlimmer war; aber wenn er so darüber nachdachte – dem Wassermangel konnte abgeholfen werden: mit einem Drink. Für die Schuldgefühle aber gab es keine Heilung, denn er wußte noch nicht, was »Sich-ändern« bedeutete.

Als erstes mußte er einmal seine Brille finden. Das war gar nicht so leicht, wie Sie vielleicht denken. Er legte sie immer so nahe wie möglich bei sich ab, und das war wichtig, denn er wußte nie, wo er am nächsten Tag aufwachen würde, ob zu Hause oder in der Wohnung von jemand anderem oder sonstwo. Als er seine Brille gefunden hatte, konnte er Ruth im Bett neben sich liegen sehen, und da wußte er, daß er es nach Hause geschafft hatte.

Er kroch also leise aus dem Bett und hin zu dem Stapel Bücher am Boden. Dahinter fand er eine halbvolle Flasche. Er trank ein wenig und schaffte es dann gerade noch bis zur Toilette, bevor er sich übergab. Ans Erbrechen hatte er sich mittlerweile gewöhnt, denn er hatte ein Magengeschwür und ohnehin einen sehr empfindlichen Magen. Mit dem Trinken hatte das natürlich überhaupt nichts zu tun – er hatte eben einfach einen schwachen Magen. Trotzdem kehrte er wieder zurück und trank etwas mehr, um das zu ersetzen, was er gerade erbrochen hatte. Dann versuchte er wieder ins Bett zurückzukriechen, ohne Ruth aufzuwecken und ohne noch mehr Schuldgefühle wachzurufen. Da lag er dann, zitterte und tat, als ob er schliefe, bis sie schließlich resigniert aufstand und sich für die Arbeit fertigmachte.

Ihr Bruder holte sie ab, um sie zur Arbeit zu bringen. Ihr Abschiedsgruß, den sie zurück ins Haus rief, war ziemlich laut, damit ihr Bruder auf jeden Fall merkte, daß Michael zu Hause war, denn ihr Bruder sorgte sich um sie, und sie wollte die Fassade aufrechterhalten. Sie trieb das sogar so weit, daß sie ihr »Tschüs« oft in eine leere Wohnung rief, nur damit ihr Bruder dachte, daß Michael da sei, zur Arbeit gehen und abends wieder zu Hause sein würde, denn manchmal schaffte sie es nur so durch den Tag.

So war es also am Morgen bei den beiden.

Sobald sie das Haus verlassen hatte, stählte er sich, denn es blieb ihm nichts anderes übrig, wenn ihn der Teufel ritt, und der Flaschenteufel trieb ihn ganz schön, kein Zweifel. Er nahm einen Bus in die Stadt und war bis zirka 9.00 Uhr dort. Da, wo er wohnte, machten die Kneipen um halb elf auf, doch er verschwand in einer Seitengasse und schlüpfte durch eine Hintertür. Er kam ganz gut an in der Kneipe (dachte er jedenfalls). Er vertrieb sich die Zeit zusammen mit dem Kneipenbesitzer und versuchte, sich bei ihm einzuschmeicheln, was ihm auch gelang, denn er bekam nicht nur seinen Drink vor Öffnung des Lokals, er bekam ihn auch auf Kredit.

Ungefähr eine Viertelstunde später betrat Joe die Bar. Joe war auf der Suche nach einem morgendlichen Drink, um sich Mut zu machen für den Steuerprüfer. So übernahm Michael also seine übliche Rolle: er ernannte sich zu Joes Steuerberater – gegen Gebühr natürlich. Bis zehn Uhr war der Deal über die Bühne, und er hatte nun 30 Mark in der Tasche: die Gebühr von Joe. Um halb elf war die Kneipe dann offiziell geöffnet, und die Stammkunden begannen hereinzuströmen. Eine Zeitlang fühlte Michael nun keine Schmerzen mehr, und seine Stimmung hob sich ein wenig, während der Morgen seinen Gang nahm.

Ungefähr eine Stunde später war ein Ortswechsel angesagt, und ab ging´s in die Kneipe auf der anderen Straßenseite. Im Zickzack arbeitete er sich so bis zur Stadtmitte vor, ließ dabei nie eine Kneipe aus, natürlich bis auf jene, bei denen er Lokalverbot hatte – und an die mochte er gar nicht gerne denken. Die Schuld traf unweigerlich den Besitzer: alle waren sie Schweinehunde. Er bemühte sich, seinen Grips beieinander zu halten, während er die Straße entlangschritt; denn in einer Kleinstadt wie dieser bestand immer die Wahrscheinlichkeit, daß er Leute traf, denen er Geld schuldete – beispielsweise für einen Job, den er versprochen hatte zu erledigen, für den er im voraus bezahlt worden war, den er dann aber nie gemacht hatte; oder Geld, das er jemandem schuldete, an den er die Arbeit weitergegeben hatte, die zu tun er nicht mehr in der Lage gewesen war, und das er gleich vertrunken hatte, so daß er denjenigen, der die Arbeit gemacht hatte, nicht mehr bezahlen konnte. Das geschah gar nicht selten. Ganz abgesehen von der Peinlichkeit wußte er genau, daß er so eigentlich nicht leben wollte, daß er so nicht vor den Leuten dastehen wollte, daß er sich so nicht benehmen wollte; aber der Alkohol war wichtiger als alles andere.

Später am Nachmittag fand er sich in der Gesellschaft einiger äußerst trinkfester Seeleute wieder. Das war die Art Gesellschaft, die er mochte, denn er konnte sie mit dem bißchen Wissen beeindrucken, das er in seinem Leben so angesammelt hatte. Er hatte das Glück gehabt, eine etwas bessere Ausbildung zu erhalten als sie, und das nutzte er, so gut er konnte. Es beeindruckte sie außerdem, daß er imstande war, die Arbeit zu machen, die sie auch machten, und daß er nicht zögerte, an ihrer Seite zu kämpfen und das Leben zu leben, das sie im allgemeinen lebten. Die Tatsache, daß er all das aus schierer Verzweiflung tat, verbarg er äußerst geschickt vor ihnen; er haßte jede einzelne Minute, und die meiste Zeit seines Lebens war erfüllt von Furcht. Die Angst, daß man ihm seine Angst anmerken könnte, war wohl die größte Furcht in seinem Leben, und das war es, was ihn immer wieder dazu trieb zu beweisen, daß er ebenso gut war wie jeder andere, auch wenn er im Grunde selbst nicht daran glaubte.

Die Sauferei zog sich hin bis zum Abend. Einige der Leute verschwanden, denn obwohl man sie als starke Gesellschaftstrinker bezeichnen konnte, besaßen sie nicht die Art totaler Besessenheit vom Alkohol wie er. Um zirka 19.00 Uhr war er allein mit dem harten Kern: den Leuten, mit denen er sich am wohlsten fühlte. Das war die Art von Leuten, die jeden Exzeß tolerierten und rechtfertigten, denn sie saßen im selben Boot wie er, und keiner von ihnen konnte sehen, daß es bereits sank. Also kämpften sie alle mehr oder weniger tapfer, um auf Kurs zu bleiben.

Um 20.00 Uhr rief Ruth an, und er wies den Barmann an, ihr zu sagen, daß er nicht da sei. Danach wechselte er das Lokal für den Fall, daß sie ihn suchen kam. Er versuchte, nicht daran zu denken, wie er die Menschen behandelte, die sich um ihn sorgten; aber es gelang ihm nicht, also trank er weiter.

Um 21.30 Uhr erwachte er ruckartig in einer anderen Bar; er konnte sich nicht genau erinnern, wie er hierher gekommen war. Die Bar war voll von Leuten, die ihren Feierabendschluck genossen, und es fiel ihm schwer, sich dazugehörig zu fühlen, denn er hatte zu diesem Zeitpunkt immerhin schon mehr als zwölf Stunden lang getrunken. Ihr fröhliches Geplauder irritierte ihn; mit ihrer guten Laune kam er schwer zurecht. Er selbst hatte wahrhaftig keinen Grund zur Fröhlichkeit; als er daher zur Bar stolperte und das Glas eines anderen dabei umstieß, verfiel er sofort in die Rolle des Angreifers. Statt sich zu entschuldigen, warf er dem Mann vor, ihm im Weg gestanden zu haben. So lief es nun mal. So lief es immer. Als der Mann, dessen Drink verschüttet worden war, sich aufregte, bedrohte Michael ihn. Da er im Ruf stand, ziemlich gewalttätig zu sein, zog sich der andere sofort zurück, und für einen Moment war Michael glücklich darüber, sich in jeder Situation so gut halten zu können. In Wahrheit jedoch war sein Verhalten für ihn ebenso unakzeptabel wie für die anderen. Die Schuldgefühle kamen wieder hoch und wollten nicht mehr verschwinden, also trank er weiter.

Um 22.00 Uhr, als die Sperrstunde für Kneipen näherrückte, wechselte er in eine der Diskotheken über. Die Disko war ziemlich heruntergekommen und schäbig, mit heruntergekommener, schäbiger Kundschaft und heruntergekommenem, schäbigem Personal. Das war ihm alles wohlbekannt, denn er hatte hier schon mal gejobbt und auch getrunken. Er wußte, daß der Barmann auf wackligem Posten saß und erpreßte ihn daher klammheimlich, ihm die Getränke umsonst zu geben – er freilich bezeichnete es als Kredit. Beiden jedoch war klar, daß er dafür nie bezahlen würde. Nach einiger Zeit, er war schon wieder am Einnicken, kam jemand herein und meinte, es gäbe eine Party oben in der Stadt. Sofort besorgte er sich eine Flasche vom Barmann und begleitete die anderen ungefragt.

Obwohl er mittlerweile schon so betrunken war, daß er kaum mehr etwas mitbekam, bemerkte er dennoch den Ausdruck offensichtlichen Mißfallens auf dem Gesicht der Gastgeberin, als sie ihn erblickte. Und wer konnte ihr das verübeln? Gerade diesen Säufer an der Türschwelle erscheinen zu sehen war für die meisten Leute in dieser kleinen Gemeinde eine nicht eben angenehme Erfahrung – außer man war zufällig einer der Zechgenossen dieses Säufers; dann konnte man es nämlich mit so ziemlich jedem aushalten, das wußte er selbst nur zu gut. Andere, die seine Krankheit nicht teilten, wußten, daß sie sich in Gesellschaft eines launischen, unberechenbaren und manchmal gewalttätigen Menschen befanden, der in diesem Stadium außerdem unerbittlich morbid wurde. Die Freude schien schon vor geraumer Zeit aus seinem Trinken verschwunden zu sein, und nun war nichts außer Einsamkeit und Schmerz übriggeblieben: Gefühle, die er gewöhnlich dadurch zu verdrängen und zu unterdrücken suchte, daß er andere Leute attackierte. Oft waren diese Attacken nur verbal, aber er war durchaus imstande, mit seinen Fäusten ebensoviel Schaden anzurichten wie mit seiner Zunge, und er wußte, daß man ihn oft nur deshalb auf Parties dieser Art duldete, weil die Gastgeber Angst hatten ihn abzuweisen und nicht etwa, weil er willkommen war. Also ging er immer wieder hin.

Er brauchte nicht mal zwei Minuten, um eine Frau zu entdecken, die am anderen Ende des Raums stand und die seine Trinkgewohnheiten teilte; er hatte mal eine kurze Affäre mit ihr gehabt. Er ging also direkt auf sie zu, denn er wußte, daß sie ihm weder Vorwürfe machen würde, weil er schon so viel getrunken hatte, noch würde sie ihn davon abhalten wollen weiterzutrinken. Sie war richtig froh, ihn zu sehen – wahrscheinlich aus ziemlich denselben Gründen –, und die nächsten paar Stunden verbrachten die beiden damit, sich gegenseitig etwas vorzumachen, sich Lügen darüber zu erzählen, wie gut es ihnen doch ging und wie toll es in letzter Zeit für sie lief. Tatsächlich jedoch konnte sich keiner von beiden an sehr viel von dem erinnern, was in letzter Zeit passiert war, geschweige denn an die »tollen Zeiten«, und selbst wenn sie es gekonnt hätten, selbst wenn sie absolut aufrichtig gewesen wären, dann hätten sie höchstens zugeben müssen, daß die Zeiten für sie kaum erträglich gewesen waren, ganz zu schweigen von »toll«. Sie unterhielten sich darüber, wer kürzlich in den Knast gekommen, wer in Schwierigkeiten war, wer mit wem schlief, wer sich schlecht benahm – alles, nur um nicht über das sprechen zu müssen, was sie in Wirklichkeit aus ihrem eigenen Leben machten und wie schlimm es mit ihnen gekommen war. Für Michael war dies ein seltsam beruhigender Moment an diesem seinem Tag, denn endlich war er mit jemandem zusammen, der genau dort war, wo er sich selbst auch befand, und mit dem er dieses Spiel von ganzem Herzen spielen konnte.

Er mußte wieder eingenickt sein, denn er kam nach ungefähr einer Stunde mit einem Ruck zu sich, und sie war verschwunden. Die Party lief immer noch, aber inzwischen waren nur noch ein paar Hartgesottene übrig. Er hatte das überwältigende Bedürfnis, sich zu übergeben, und er schaffte es gerade noch rechtzeitig bis zum Badezimmer. Das mußte das fünfte Mal sein, daß er sich heute übergab, aber er hatte schon vor langer Zeit aufgehört zu zählen; für ihn war das schon längst zur Normalität geworden. Also ging´s wieder zurück zur Party und zu einem weiteren Drink, und plötzlich war er wieder weg, eingeschlafen oder bewußtlos, verkrochen in seinem Innern.

Etwas brachte ihn wieder zu sich. Offensichtlich hatte ihn jemand mit einem Eimer Wasser überschüttet. Er hatte eine Zigarette fallen lassen, und als es angefangen hatte zu brennen, hatte man nicht lange gefackelt. Seine erste Reaktion war, dem Übeltäter mit dem Eimer eins überzuziehen, und das tat er dann auch – es war nicht ungefährlich, den guten Samariter bei ihm zu spielen. An diesem Punkt forderte ihn der Gastgeber auf zu gehen, was er natürlich sofort übelnahm. Er wurde ziemlich ausfallend, ging am Ende aber doch. Immerhin hatte er es vorher geschafft, sich heimlich eine Flasche in die Jackentasche zu stecken, damit er sich nicht ganz ohne auf den Heimweg machen mußte.

Inzwischen war es früh am Morgen, und er dachte flüchtig daran heimzugehen, entschied jedoch, daß er zu betrunken dazu war. Er wohnte ein ganzes Stück außerhalb der Stadt und hatte kein Geld für ein Taxi, also würde er einfach bei der Frau, mit der er sich zuvor unterhalten hatte, vorbeischauen, vielleicht hatte sie ja einen Schlafplatz für ihn ...

Von diesem Zeitpunkt an schien der Tag zu verschwimmen, schien sich die Nacht zu vernebeln. Er wußte nicht mehr, ob er weitergetrunken hatte oder nicht, oder ob er mit der Frau geschlafen hatte oder nicht, denn alles war wie weggepustet – Blackout. Das erschien ihm zu dem Zeitpunkt jedoch eher wie eine Erlösung.

Heute ist Michaels Leben ganz anders. Er ist nüchtern, glücklich und hilft den anderen auf eine Art, die er noch vor sechs Jahren nie für möglich gehalten hätte.

Joans Geschichte

Es war Mittwochmorgen und Joan war schon seit dem letzten Freitag nicht mehr zur Arbeit gewesen. Sie hatte sich am Montag krankgemeldet und es nicht der Mühe wert gefunden, am Dienstag noch mal Bescheid zu geben. Als sie um 7.30 Uhr aufstand, hatte sie Kopfschmerzen, und ihr Mund war trocken, aber das schlimmste war das Gefühl in ihrem Bauch – ein Gefühl absoluter Leere. Schon wenige Sekunden, nachdem sie aufgewacht war, kamen ihr einige der Dinge, die sie gestern gemacht hatte, in den Sinn, aber sie verdrängte sie rasch wieder, denn sie wollte lieber nicht mehr an das denken, was passiert war. Heute würde es anders sein. Sie würde zur Arbeit gehen und sich mehr Mühe geben, denn sie merkte langsam, was die Kollegen über sie dachten. Lange genug hatten sie sie unterstützt, aber nun wurden sie langsam ungeduldig. Immer öfter fing sie diese langen Seitenblicke auf, die sagten: »Diese Frau kommt mit ihrer Arbeit nicht mehr zurecht. Was sollen wir bloß mit ihr tun?«

Sie ging in die Küche und dachte, sie würde sich erst einmal Frühstück machen. Doch sobald sie den Kühlschrank geöffnet hatte, fühlte sie, wie Übelkeit in ihr hochkam, also schloß sie ihn rasch wieder. Ein Zittern lief durch ihren Körper, und sie wußte, wenn sie heute aus dem Haus gehen wollte, dann brauchte sie unbedingt etwas zu trinken, einen kleinen Schluck nur. Sie goß sich ein wenig Brandy ein und trank ihn sehr langsam. Die Übelkeit verschwand; Wärme breitete sich in ihrem Körper aus. Ohne zu überlegen, schluckte sie ein paar Beruhigungstabletten und trank etwas mehr Brandy. Sie zwang noch eine Tasse Kaffee hinunter, zog sich an und ging hinaus in die Kälte.

Als sie schließlich im Büro ankam, hatten der morgendliche Brandy und die Pillen das Quantum von gestern eingeholt. Sie fühlte sich schwindlig und wie benebelt. Alles drang wie aus weiter Entfernung zu ihr – die Stimmen der Leute klangen undeutlich, die Gesichter waren verschwommen.

Ihr Chef fragte sie etwas, und offensichtlich hatte sie nicht geantwortet – obwohl sie sich nicht erinnern konnte, nicht geantwortet zu haben –, denn er stellte die Frage erneut. Sie erwiderte ihm, was ihr gerade in den Sinn kam, doch es war offenbar nicht zufriedenstellend. Sie saßen alle im Konferenzzimmer, wieder mal eins dieser Meetings, die immer in letzter Sekunde stattfanden und in denen neuerliche Einsparungsmöglichkeiten besprochen wurden. Im Raum wurde es still, und die Leute rutschten unbehaglich auf ihren Stühlen hin und her. Sie fragte sich, warum. Dann gingen die Gespräche wieder weiter, und sie konnte erneut ihre Gedanken schweifen lassen. Wenn sich die Dinge doch nur ändern würden. Wenn ihr Mann sie doch nur nicht verlassen hätte. Wenn sie die Familie doch nur wieder zusammenbringen könnte. Wenn sie doch nur nicht in diesem einsamen, engen kleinen Apartment leben müßte, das in einer Gegend von London lag, die sie nicht einmal mochte. Wenn sie doch nur ein wenig Geld hätte.

Irgendwie schaffte sie es bis zur Mittagspause, und ihr Arbeitskollege fragte sie, ob sie mit ihm essen gehen wollte – nur sie beide. Obwohl das nicht ungewöhnlich war, fühlte sie sich ein wenig unwohl dabei. Sie saßen in einem ruhigen Eckchen in einem italienischen Restaurant, und Paul fing an, von sich selbst zu reden, von seinen Familienproblemen, von seinem übermäßigen Trinken. Joan versuchte, das Richtige zu sagen, versuchte, hilfreich zu sein, versuchte zuzuhören, aber alles erschien so durcheinander, so zusammenhanglos. Sie merkte, daß ihre Hand leicht zitterte, als sie sich ein großes Glas Wein einschenkte. Um 15.30 Uhr meinte Paul, daß es Zeit wäre zu gehen und fragte Joan dann beiläufig, was denn mit ihr los sei. Joan sprach ein bißchen über ihre Ehe, aber das brachte Paul wieder aufs Thema, und er fing erneut an, über seine eigene zu reden. Sie waren auf dem Rückweg zum Büro, als Joan meinte, sie müsse noch etwas einkaufen, und sie trennten sich.

Joan ging in die nächstgelegene Bar und trank ein paar Whiskys. Danach war sie einigermaßen betrunken und ziemlich verzweifelt. Den Rest des Nachmittags über versuchte sie, sich möglichst von den Leuten fernzuhalten, aber als es dann schließlich 17.30 Uhr wurde, verspürte sie keine Lust mehr, nach Hause zu gehen. Was erwartete sie dort schon? Ein leeres Apartment, der Versuch, sich etwas zu Essen zu kochen, das sie wahrscheinlich ohnehin bloß wieder stehenlassen würde. Manchmal gingen sie und Paul auch noch einmal in dasselbe Restaurant und saßen dort den Abend über zusammen, aber Paul hatte heute abend schon etwas vor.

Joan fand einige Ausreden, um noch ein wenig im Büro herumzuhängen, aber schließlich fiel ihr nichts mehr ein, und um 18.45 Uhr machte sie sich dann doch auf den Heimweg. Sie dachte daran, kurz in der Bar vorbeizuschauen, aber eigentlich mochte sie Bars gar nicht, also war es wohl besser, nach Hause zu gehen – da gab es jedenfalls reichlich zu trinken, falls sie Lust dazu hatte. In der U-Bahn merkte sie, wie die Leute leicht von ihr abrückten. Ihr Atem mußte wohl sehr stark riechen. Sie nickte ein und wachte drei Haltestellen zu spät wieder auf. Eine irrationale Welle des Ärgers stieg ganz plötzlich in ihr hoch, aber wozu das alles? Niemand wußte es. Keinen kümmerte es. Einen Dreck scherten sie sich um sie.

Um 20.30 Uhr kam sie dann schließlich nach Hause, und sie wünschte, sie hätte es nicht getan. Da saß sie dann, und die Stille des Apartments erdrückte sie. Sie dachte daran, ihre Kinder anzurufen, aber dann übermannte sie das Selbstmitleid. Sie fühlte, wie Tränen in ihr hochstiegen, aber ihre Augen blieben trocken. Sie goß sich ein großes Glas Whisky ein und griff nach der Pillenschachtel. Sie versuchte gar nicht erst, sich etwas zu essen zu machen: Sie wußte, daß sie es ohnehin nicht runterbringen würde. Manchmal stand der Teller dann nur herum, manchmal gab sie nach der Hälfte auf; gewöhnlich warf sie das Ganze einfach in den Abfall. Als sie sich das zweite Glas Whisky einschenkte, wußte sie, daß es eins zuviel war, aber es scherte sie nicht.

Zwei Minuten später erbrach sie sich. Sie hatte es nicht geschafft, bis zum Bad zu kommen und ließ Spuren des Erbrochenen hinter sich, es spritzte auf ihre Kleidung, auf den Teppich, ja sogar auf die Wände, bis sie schließlich beim Klo ankam. Sie versuchte, sich etwas zu säubern, aber es war kein sehr erfolgreicher Versuch. Sie legte Musik auf – Mahler. Als die Lichter im gegenüberliegenden Haus eins nach dem anderen ausgingen, saß sie da und wünschte sich, sie hätte den Mut, all dem ein Ende zu bereiten. Dann mußte sie wieder an ihre Kinder denken, und ihr fiel ein, daß sie ja versprochen hatte, sie heute abend anzurufen. Wieder ein Versprechen, das sie nicht gehalten hatte. Sie zog die stinkenden Kleider aus und ging ins Bett. Morgen würde sie saubermachen.

Nicht lange danach machte Joan tatsächlich sauber. Heute ist sie der tüchtige Mensch, der sie immer schon sein wollte, und sie versucht, die verlorene Zeit mit ihren Kindern wieder wettzumachen.

Marys Geschichte

Mary erwacht an einem sonnigen Samstagmorgen mit einer Verzweiflung im Herzen, die sich wie ein Gewicht auf ihren Magen legt. Sie hat das lange, endlos scheinende Wochenende vor Augen, jede einzelne leere Minute sieht sie vor sich: keine Pläne, keine Verpflichtungen, keine Freunde. Sie kriecht aus dem Bett. Ohne die Vorhänge aufzuziehen, geht sie durch ihr sauberes und ordentlich aufgeräumtes Apartment in die Küche. Sie öffnet ein Fenster. Die Straße draußen liegt so ruhig da, daß es schon fast beängstigend ist. Sie vermutet, daß jeder zu einer glücklichen Familie gehört, die an Samstagen zum Einkaufsbummel geht und keine Geräusche zurückläßt, außer Marys eigenen, um ihr Gesellschaft zu leisten. »Natürlich die und nicht ich«, murmelt sie.

Sie blickt auf die große Flasche Wein in ihrem Kühlschrank. Sie lächelt. Eine ruhige, warme Welle durchströmt ihren Körper. Sie kann sich ja jederzeit ein Glas Wein einschenken. Ihr Vater kommt ihr in den Sinn und wie er immer liebevoll zu ihr sagte: »Wie wär´s mit einem Glas Wein?« Plötzlich scheint alles wieder in Ordnung zu sein, im Moment zumindest, und sie setzt Teewasser auf. Sie überlegt, was sie wohl mit der Zeit anfangen soll, die verstreichen muß, bis sie sich ein Glas verdient hat. Die ganze vergangene Woche über hatte sie überhaupt nichts getrunken, und es war eine schwere Woche gewesen: die erste Woche in ihrem neuen Job.

Heute abend ist Samstagabend und sie kann tun, was immer sie will. Während sie ihr Frühstück ißt (eine kleine Schüssel Müsli), macht sie eine Liste von Erledigungen: Waschen, Bügeln, Saubermachen, Einkaufen … Ihre Gedanken schweifen ab. Sie denkt an die vergangene Woche. Sie mag ihre neue Chefin nicht, die sehr befehlshaberisch, rücksichtslos und unberechenbar ist; ja, sogar grob und unverschämt, wenn man es genaunimmt.

»Ich bin kaum eine Woche dort, da will sie mir schon vorschreiben, wie ich meine Arbeit tun soll. Wenn sie alles besser weiß, warum tippt sie ihre Briefe nicht gleich selbst?« Mary fühlt, wie heiße Wut in ihr hochkommt. »Ich wette, sie ist ´ne alte Jungfer. Ich wette, sie lebt allein in Hampstead, nur sie und ihre Katze, die sie von vorne bis hinten verhätschelt, und keiner, der mit ihr redet. Hat sie weiß Gott verdient, die dumme Kuh.«

Mary erblickt zufällig ihr Gesicht im Spiegel: ein verkniffenes, sauertöpfisches Gesicht – das Gesicht, das sich hinter der Maske von Lächeln und Charme und freundlicher Hilfsbereitschaft verbirgt. »In mir stecken zwei Menschen«, denkt sie, »und ich mag keinen von beiden.« Sie ertappt sich dabei, wie sie erneut vor dem Kühlschrank steht und auf ihre Weinflasche blickt, als plötzlich das Telefon klingelt. Sie zögert, geht dann aber doch nicht ran. Sie hört zu, wie sich ihr Anrufbeantworter einschaltet und ihre Schwester eine freundliche Nachricht für sie hinterläßt. Mary steht stocksteif da und starrt ins Leere. Alles verschwimmt, das Hier und Heute verschwindet im Nebel.

Vor ihrem geistigen Auge sieht sie die nächsten fünfzig Jahre vorbeirinnen. Sie sieht sich selbst, allein, ungeliebt, unliebenswert, das Gesicht verhärtet und säuerlich, vor der Zeit gealtert; immer noch erwacht sie in der Stille ihrer leeren Samstage nach einer Woche harter, unbefriedigender Arbeit. Sie sieht sich selbst an Weihnachten und an Geburtstagen, immer die Außenseiterin, die Alleinstehende, während ihre hübsche Schwester ihren Kindern einen Gutenachtkuß gibt. Sie stellt sich vor, arm zu werden oder krank, daß ein schreckliches Unglück über sie hereinbricht und daß sie all das ganz alleine ertragen muß, ohne jemanden, der sich um sie kümmert. Sie hat das Gefühl, eine Last zu sein, wo immer sie auch hingeht.

Das rote Blinklicht auf ihrem Anrufbeantworter reißt Mary heraus aus diesem Tagtraum und sie fühlt Panik in sich aufsteigen – ein Gefühl schrecklicher Vorahnung ihr ganzes restliches Leben betreffend. Sie hat das Gefühl, daß jeder noch so kleine Triumph in ihrem Leben unweigerlich von der Außenwelt zertrümmert werden wird.

Ihr Triumph hatte dazu geführt, daß sie die ganze Woche über nicht einen Tropfen Alkohol angerührt hatte. Sie hatte gekündigt, weil sie einen besser bezahlten Job gefunden hatte. Ihre Schwester hatte sie angerufen und ihr erzählt, daß sie schwanger sei und daß ihr Mann liebe Grüße an seine Schwägerin (die alte Jungfer) ausrichten ließe. Auf einmal haßt sie sie. Sie haßt sie alle. Sie fühlt sich von allen betrogen. Sie denkt an ihre Weinflasche, *ihren* Wein, ihren verläßlichen Freund, ihre kühle, frische Flasche Wein. Sie rennt in die Küche hin zum Kühlschrank und greift hastig nach der Flasche, doch sie rutscht ihr aus den Händen und zerkracht auf dem Boden.

»Nein!« schreit sie. Ihr Herz hämmert vor Angst. Sie darf nicht an morgen denken und an die Schreckensbilder, die sich vor ihr hochtürmen; sie muß sie auslöschen, allesamt.

Hastig zieht sie sich die Kleider von gestern über, die in einem unordentlichen Haufen auf dem Boden liegen, so wie sie sie gestern abend abgestreift hat. Sie packt ihre Handtasche und eilt aus dem Haus. Auf der ruhigen, verlassenen Straße rennt sie wie eine Verrückte zum nächsten Getränkemarkt. Als sie dort ankommt, ist noch geschlossen, und leise vor sich hinfluchend hetzt sie weiter zum Supermarkt. »Der muß ja wohl offenhaben«, murmelt sie und stößt dabei so heftig mit einer alten Frau zusammen, daß diese das Gleichgewicht verliert.

Im Supermarkt wartet sie ungeduldig wippend in der Schlange und seufzt entnervt, als ein alter Mann nach dem richtigen Wechselgeld für einen Laib Brot in seiner Tasche herumsucht.

Mary hat einen Fünfliterkarton Weißwein gekauft, denn das ist preiswerter und kann außerdem kaum auf ihrem Küchenfußboden zerschellen. Sie stürmt zur Haustür herein und rennt in die Küche. Sie gießt sich hastig ein Glas Weißwein ein und kippt es auf einmal hinunter. Sie schenkt sich noch eins ein und trinkt etwas langsamer – ja, diesmal hat sie sogar Zeit, ein paar Eiswürfel hineinzutun.

Langsam fühlt sie die Angst schwinden, so wie die Leere in ihren Eingeweiden schwindet. Sie blickt auf die Liste der Erledigungen und wirft sie lachend in den Mülleimer. Sie zündet sich eine Zigarette an und sinkt in den Sessel vor ihrem Fernseher. Alles ist wieder in Ordnung. Sie weiß, daß sie sich morgen schlecht fühlen wird – vielleicht sogar schon heute nacht –, aber jetzt, in diesem Moment, ist alles in Ordnung. Sie fühlt sich gut. Erleichtert seufzt sie auf.

»Wäre es nicht schön, jetzt einen Mann und Kinder zu haben, die mit mir zusammen fernsehen und einfach bei mir sind?« Stattdessen schenkt sie sich ein drittes Glas ein.

Hoffentlich wird Mary sich bald entschließen, die Hilfe zu suchen, die sie so dringend braucht.

6
Sie sind kein schlechter Mensch

Schauen Sie doch mal ein Foto von sich als Kind an. Sehen Sie das unschuldige, kleine Gesichtchen? Fragen Sie sich selbst: Haben Sie das gewollt? Wollten Sie, daß das aus Ihnen wird? Wollten Sie sich so benehmen? Haben Sie je gedacht, daß Ihr Leben so sein würde? Haben Sie je gedacht, daß Sie so enden würden?

Ich nehme an, die Antwort auf all diese Fragen ist »nein«, und ich bin davon überzeugt, daß Sie, als Sie anfingen zu trinken, keine Ahnung hatten, welche Wirkung der Alkohol einmal auf Sie ausüben würde: daß Sie einmal so davon abhängig sein würden, daß Sie wie ein Fisch an der Angel zappeln würden oder wie immer Sie es nennen möchten. Was ist mit Ihren Träumen, Ihren Ambitionen? Irgendwie scheinen sie auf der Strecke geblieben zu sein. Sie drehen sich offenbar immer nur im Kreis. Die Dinge werden nicht besser: sie scheinen immer nur schlechter zu werden.

Ich denke, an dieser Stelle ist es wichtig, Ihnen zu helfen, Ihr Verhalten, wenn Sie trinken, von Ihrem Verhalten, wenn Sie nicht trinken, zu unterscheiden. Würden Sie beispielsweise die Art von Dingen tun, über die wir gesprochen haben, wenn Sie nicht getrunken haben? Würden Sie sich so verhalten, wenn Sie nüchtern sind? Das bezweifle ich. Es scheint doch vielmehr so, daß Sie sich nur dann seltsam benehmen oder Dinge tun, die Sie normalerweise nicht tun würden, wenn Sie etwas getrunken haben. Folglich fühlen Sie sich schlecht, sobald Sie nüchtern geworden sind und Ihnen einfällt, was passiert ist, als Sie das letzte Mal betrunken waren. Sie glauben, Sie selbst sind schlecht, aber das sind Sie nicht. Es ist der Alkohol, der diese negative Veränderung in Ihnen auslöst. Es ist der Alkohol, der Ihnen Ihr Wertsystem zu nehmen scheint und Sie in einen Menschen verwandelt, der Ihrem wahren Ich fremd ist. Wenn Sie unter Alkoholeinfluß stehen, dann haben Sie keine Möglichkeit mehr, Ihr Verhalten zu steuern.

Sehen Sie sich doch noch einmal das Schema auf der Seite 45 an. Können Sie sich die Stimmungsschwankungen vorstellen? Kommt nach dem Normalzustand immer noch eine positive Wandlung, oder sehen Sie, was passiert, wenn Sie trinken? Sie bewegen sich immer weiter nach links, und die Gefühle ändern sich, und je mehr negative Gefühle in Ihnen aufsteigen, desto negativer wird auch Ihr Verhalten. Sehen Sie nun den Unterschied? Was ursprünglich als sehr geselliges Verhalten begann, zieht nun mehr und mehr negative, ganz und gar nicht soziale Verhaltensweisen und Folgen nach sich. Können Sie nun sich selbst in den Ausflüchten, Entschuldigungen, den Rationalisierungsversuchen, den Schuldzuweisungen, den Verharmlosungen entdecken, die Sie wie einen Zaun um sich herumgebaut haben? Können Sie sich den Teufelskreis vorstellen, in den Sie geraten sind und über den ich gesprochen habe? Können Sie sehen, wie wichtig es für Sie ist, da herauszukommen?

Ich will Ihnen eine Aufgabe stellen, damit Sie sehen, was ich meine:

Schreiben Sie eine Liste mit allen Ihren charakterlichen Vorzügen.

Wir wollen sie einmal näher betrachten. Hat man diese Vorzüge Ihnen gegenüber kürzlich erwähnt oder sagen die Leute nicht vielmehr, und das immer öfter, daß sie früher *wie folgt waren:*

- *besonders nett*
- *pünktlich*
- *mitfühlend*
- *anspruchsvoll*
- *verläßlich*
- *freundlich*
- *hilfsbereit*
- *gewissenhaft*
- *selbstlos*
- *jemand, mit dem man gern zusammen ist*
- *lustig*
- *begabt*
- *kreativ*
- *warmherzig*
- *sanftmütig*
- *jemand, bei dem man sich geborgen fühlt*
- *vertrauenerweckend*
- *jemand, dem man seine Sorgen anvertrauen kann*

Was sagen die Leute sonst noch zu Ihnen? Äußern Sie Sorge darüber, wie sehr Sie sich verändert haben? Seien Sie ehrlich und schreiben Sie auf, was man zu Ihnen sagt, und vergleichen Sie es mit dem, was früher zu Ihnen gesagt wurde.

Wie erklären Sie sich diese Veränderungen? Was ist passiert? Glauben Sie, daß das mit Ihrem Trinken zusammenhängt? Wären Sie gerne wieder so, wie man Sie früher geschildert hat? Würden Sie gerne wieder Bestätigungen dieser Art hören?

Wir wollen uns einmal Ihr Wertsystem anschauen. Wie haben Sie früher über folgende Dinge gedacht:

1. *Alkohol am Steuer*
   Wissen Sie noch, wie Sie Leute, die so etwas taten, immer verurteilt haben? Wissen Sie noch, wie es war, wenn Sie eine Zeitung aufgeschlagen und darin gelesen haben, daß ein Kind oder eine alte Frau von einem Betrunkenen überfahren wurden? Wissen Sie noch, wie Sie gesagt haben, wie schrecklich das doch sei, ein Leben so zu verschwenden, nur weil jemand sich nicht beherrschen konnte und sich betrunken ans Steuer gesetzt hat?

2. *Lügen*
   Wissen Sie noch, wie es war, als Sie noch nicht so oft gelogen haben? Als es noch nicht so notwendig war, zu lügen? Wissen Sie noch, wie Sie sich gefühlt haben, wenn andere Sie angelogen haben, obwohl Sie genau wußten, daß sie logen und sie es trotzdem immer wieder getan haben? Wissen Sie noch, wie Sie sich dann dachten: »O Mann, was ist bloß los mit dem? Warum tut er das nur immer wieder?«

3. *Selbstbedienung*
Hat Sie schon mal jemand besucht, der sich dann einfach einen Drink eingeschenkt hat, ohne Sie zu fragen? Hatten Sie je das Gefühl, daß jemand hauptsächlich gekommen ist, um zu trinken, und weniger, um Sie zu sehen? Wie haben Sie sich dabei gefühlt? Wie würden Sie sich fühlen, wenn man Sie so behandeln würde?

4. *Untreue und Promiskuität*
Ist es in Ordnung, in einer festen Beziehung Affären zu haben? Ist es okay, speziell in dieser Zeit, den Menschen, den man liebt, in Gefahr zu bringen?

5. *Lügen darüber, wieviel man für Alkohol ausgibt*
Wie lange geht das schon, und warum Lügen erzählen über etwas, das kein Problem ist?

6. *Mangelndes Interesse an Ihrem Job, der früher eins der wichtigsten Dinge in Ihrem Leben war*
Früher, da waren Sie mal gewissenhaft, und es war wichtig für Sie, etwas zu erreichen, vorwärts zu kommen.

Also noch mal: Wie erklären Sie sich diese Veränderungen? Was ist passiert? Geschehen all diese Dinge, weil Sie bewußt entschieden haben, daß sie geschehen sollen?

Ich bezweifle, daß es Ihr Wunsch war, Ihr Wertsystem derart dramatisch zu verändern. Ich bezweifle, daß Sie sich so verhalten wollen. Warum sollten Sie auch? Was gewinnen Sie schon aus so einem Verhalten? Wie ich vorher schon sagte, Sie werden sich nur immer weiter schlecht fühlen, und ihr schlechtes Gewissen wird nicht aufhören, Sie zu plagen, und das wird Sie mehr und mehr von den Leuten entfernen, die Sie lieben.

Wenn man Sie auf Ihr Verhalten anspricht oder mit einer bestimmten Situation konfrontiert, wird es zunehmend schwieriger für Sie, das alles »wegzuerklären«. Es wird immer schwieriger, Entschuldigungen zu finden, und viele davon haben Sie schon öfter benutzt. Und während Sie das tun, wächst in Ihrem Innern die Abscheu vor sich selbst, denn all das steht im Widerspruch zu dem, woran Sie in Wirklichkeit glauben, also müssen Sie sich zwangsläufig schlecht fühlen.

Was ich Ihnen damit sagen will, ist, Sie sind kein schlechter Mensch. Sie sind kein Lügner, Dieb oder Betrüger, keiner der manipuliert. Sie sind jemand, der in einem Netz von Verhaltensweisen gefangen ist, die ihm eigentlich fremd sind und auch gar nicht zu ihm passen. Fragen Sie sich also noch einmal: »Würde all das auch passieren, wenn ich nicht trinken würde?« Ich glaube, die Antwort darauf ist klar, aber was Sie entscheiden müssen, ist, ob das, was passiert, schlimm genug ist, um etwas dagegen zu unternehmen.

Wir befinden uns nun im Kapitel 6 dieses Buches, und bis jetzt haben Sie jede Menge Informationen erhalten. Sie sind immer noch dabei und lesen immer noch weiter, und das sagt mir, daß Sie sich mit dem Erzählten identifizieren. Tatsache ist – und das sollten Sie niemals vergessen –, daß das, was mit Ihnen passiert, nicht die Person widerspiegelt, die Sie in Wirklichkeit sind. Offensichtlich sind Sie nicht mehr verantwortlich für Ihr Tun, wenn Sie etwas getrunken haben – und das ist an sich schon erschreckend, denn wir sprechen hier darüber, daß Sie nach dem ersten Drink völlig macht- und haltlos sind. Sie können keine Garantien dafür abgeben, was passieren, oder wie Sie sich verhalten werden oder wie jede auch immer geartete Situation ausgehen wird, sobald Sie etwas getrunken haben. Denken Sie doch mal kurz darüber nach. Wie fühlen Sie sich dabei? Klingt das wie soziales Trinken? Wenn ja, dann sollten Sie besser ein Wörterbuch zur Hand nehmen und die Definition des Wortes »sozial« nachschlagen. Ich glaube nicht, daß diese Definition irgendeine der Folgen miteinschließt, über die ich gesprochen habe. Sie und ich, wir beide müssen ganz schnell begreifen, was hier vor sich geht, denn je länger es dauert, desto schwieriger wird es, herauszukommen, und man weiß nie, was inzwischen passieren kann. Ich will damit nicht sagen, daß es keinen Ausweg gibt: Was ich sagen will, ist, daß Sie anfangen müssen, sich Gedanken darüber zu machen, wie tief Sie bereits drinstecken, um einen Ausweg aus der Mauer der Verleugnung finden zu können, die Sie um sich und um einen Großteil dieses Verhaltens herum errichtet haben; denn wenn Sie nicht glauben, daß etwas schiefläuft, dann werden Sie auch nichts gegen das unternehmen, was, wie alle sagen, nicht mit Ihnen stimmt. Dann werden Sie die Dinge nie so sehen, wie andere sie sehen.

Ich nehme an, eine Methode, sich all dem zu stellen, ist, sich zu fragen, ob die Menschen, denen Sie nahestehen, die Sie lieben und die um Ihr Wohlergehen besorgt sind, Sie wirklich anlügen würden? Würden diese Menschen all die Dinge über Ihr Verhalten einfach erfinden? Würden sie das wirklich tun? Natürlich nicht. Diese Menschen machen sich Sorgen. Sie müssen zusehen, wie jemand, den sie lieben, langsam verfällt. Bei Ihnen ist das in vieler Hinsicht ähnlich, bloß daß Sie es nicht zugeben wollen (oder können). Die einzige Möglichkeit, hier einen Anfang zu finden, ist, einen Blick auf das zu werfen, was mit Ihnen und um Sie herum passiert, und sich dann zu fragen: »Ist es das, was ich will? Ist es das, was ich brauche? Finde ich so das Glück in meinem Leben?« Ist es das, was der kleine Junge oder das kleine Mädchen auf dem Foto sich von ihrem Leben erhofften? Ist es das, wovon sie träumten, was Sie in ihrem Leben erreichen wollten?

Das klingt vielleicht so, als ob ich hart zu Ihnen wäre, aber das bin ich nicht. Der Hauptzweck dieses Buches ist, Ihnen erkennen zu helfen, was wirklich vorgeht, und Sie aus dem Netz von Verhaltenweisen herauszulotsen, das Sie um sich herum gewebt haben: Ich möchte Ihnen heraushelfen aus der Falle, in der Sie gefangensitzen und die Sie glauben macht, daß Sie ein schlechter Mensch seien, und ich möchte Ihnen dabei helfen, wieder der gute Mensch zu werden, der Sie in Wirklichkeit sind.

7
Eine Liebesaffäre

Haben Sie je daran gedacht, daß das Trinken in Ihrem Leben einem Liebesverhältnis gleichkommt? Einem richtig ernsten, festen Liebesverhältnis mit dem Alkohol?

Lassen Sie mich Ihnen ein wenig auf die Sprünge helfen. Wissen Sie noch, wie es war, als Sie sich zum ersten Mal so richtig verliebt hatten? Als Sie Ihre erste Verabredung hatten? Den ersten Schwarm Ihrer Schulzeit? Wissen Sie noch, wie schwer es war, sich auf etwas anderes zu konzentrieren, und wie wichtig diese Person für Sie war? Wissen Sie noch, wie verstört Sie waren, wenn etwas Ihre Beziehung trübte oder wenn etwas falsch lief? Diese Person war das Wichtigste in Ihrem Leben, und Sie wollten so viel Zeit wie möglich mit ihm oder ihr verbringen.

In vielen Punkten scheint das auch mit Ihrem Trinken so zu sein. Mehr und mehr Dinge in Ihrem Leben werden auf den zweiten, dritten, vierten oder fünften Platz verdrängt. Ihr Trinken steht ganz oben auf der Liste. Wir müssen uns diese »Liebesaffäre«, die Sie mit dem Alkohol haben, einmal ein wenig näher betrachten. Wir müssen uns ansehen, was Sie diese Affäre in emotionaler Hinsicht kostet.

Was kommt an erster Stelle? Sie? Ihre Familie? Ihre Kinder? Ihr Job? Die Frau? Der Mann? Hobbys? ... Oder Ihr Trinken?

Wenn es das Trinken ist, dann stimmt etwas nicht, denn die anderen Dinge, die ich erwähnt habe, sind ein wichtiger Bestandteil Ihres täglichen Lebens und ein wichtiger Bestandteil des menschlichen Wertesystems. Alkohol paßt gewöhnlich nicht in diese Kategorie, und er steht bestimmt auch nicht ganz oben auf der Liste. Was ich meine, ist: Alkohol paßt *gewöhnlich* nicht in diese Kategorie, aber wenn er zum Problem geworden ist und die Gedanken ständig um ihn kreisen, dann steht er sehr wohl an erster Stelle.

Welchen Preis müssen Sie also bezahlen? Nun, wenn der Alkohol wichtiger ist oder immer wichtiger als alles andere *wird*, dann gibt es jede Menge Probleme: Die Leute um Sie herum (Ihre Frau/Ihr Mann, die Kinder, Freunde und Berufskollegen) sind alles andere als glücklich. Ihre Besessenheit vom Alkohol verdrängt sie an die zweite oder dritte Stelle.

Fragen Sie sich doch selbst: Möchten Sie gerne an zweiter Stelle kommen? Möchten Sie gerne jener kleine Junge sein, der gern fußballspielen oder seine Spielzeugeisenbahn zusammensetzen möchte? Möchten Sie gerne das kleine Mädchen sein, das sich wünscht, seine Mama würde mehr Zeit mit ihr verbringen und ihr die so ersehnte Zuwendung schenken? Wenn der Alkohol an erster Stelle steht, dann passieren all diese »ganz normalen« Dinge nicht, und Ihre Frau/Ihr Mann/Ihre Kinder werden vernachlässigt und bekommen weder Liebe noch Zuwendung.

Ich frage mich, wie sich wohl Ihr Arbeitgeber fühlt, wenn er Ihnen ein gutes Gehalt zahlt, und Sie die Arbeit nicht ordentlich erledigen können. Guter Geschäftssinn ist das jedenfalls nicht. Die Leute *wollen* etwas von Ihnen, und wenn Sie bis zum Hals in Ihrer Alkoholaffäre stecken, dann kriegen sie eben nur das Verhalten eines Alkoholabhängigen. Das ist einem guten Arbeitgeber-Arbeitnehmer-Verhältnis ganz bestimmt nicht förderlich.

Mit das Schlimmste an dieser Affäre ist die ständige Beschäftigung damit. Von dem Moment des Erwachens an geht sie Ihnen nicht mehr aus dem Sinn. Auch wenn Sie sagen: »Aber vormittags trinke ich doch nicht«, so spielt das keine Rolle – daß Alkoholiker zwangsläufig morgens trinken müssen, ist einer der Mythen, Alkohol betreffend, auf die ich später nochmals zu sprechen komme. Es spielt gar keine Rolle, ob Sie zur Zeit morgens trinken oder nicht, denn höchstwahrscheinlich denken Sie daran. Vielleicht schauen Sie ja ständig auf die Uhr, um zu sehen, wann es endlich Zeit ist, in die Kneipe zu gehen, oder wann Sie sich einen heimlichen Schluck aus der Flasche in Ihrer Jackentasche genehmigen können. Oder vielleicht haben Sie ja Alkohol im Auto oder in der Schreibtischschublade versteckt.

Kann sein, daß sie nur darauf warten, daß der Arbeitstag zu Ende geht, damit Sie sich endlich Ihr wohlverdientes Glas genehmigen können – oder besser gesagt Ihre Gläser, denn eines ist kein Problem, nicht wahr? Das »Ein-bißchen-mehr« ist es, das eine Glas, das unweigerlich zum nächsten führt ... und zum nächsten ... und zum nächsten. Selbst wenn Sie das so nicht geplant haben, läuft es doch offenbar immer nach demselben Muster ab.

Kann sein, daß Ihre Gedanken immer nur um den nächsten Schluck kreisen und woher Sie ihn bekommen und was Sie dafür tun müssen. Für viele ist das ein nur allzu vertrautes Gefühl. Möglicherweise überlegen Sie ja dauernd, wie Sie eine Situation herbeiführen können, in der Sie sich möglichst unauffällig den nächsten Schluck genehmigen können.

Und natürlich darf keiner wissen, daß man getrunken hat, und wenn es noch so lästig ist, es immer wieder verbergen zu müssen – ständig aufpassen zu müssen, daß keiner deine Fahne riecht; das kleine bißchen aufrechter gehen und auf seine Worte achten zu müssen; sich überlegen zu müssen, wo man gewesen sein könnte, obwohl man es nicht war. Wissen Sie noch, was ich in Kapitel 4 über das gute Gedächtnis gesagt habe, das man haben muß, wenn man Ausflüchte und Lügen erzählt? Und wie ist es damit, daß Sie sich immer wieder ans Steuer setzen, obwohl Sie die besagten Gläser intus haben? Vielleicht macht Ihnen das ja klar, wie ernst diese Affäre ist: Sie nehmen es in Kauf, das Leben anderer zu gefährden, wenn Sie sich betrunken ans Steuer setzen.

Man ist so einsam, nicht wahr? Natürlich ist man einsam. Der Alkohol ist eine eitle Geliebte, die keine Nebenbuhler duldet. Da gibt es nur Sie und Ihren Alkohol – was brauchen Sie mehr? Was wollen Sie noch? Also werden Sie überdies zum *einsamen* Trinker. Sie haben das Gefühl einer tief im Innern sitzenden Einsamkeit, das nicht weicht, selbst wenn Sie noch so viel trinken. Es verschwindet nie wirklich. Wenn Sie das nächste Mal in einer Bar sind, oder wo immer Sie zum Trinken hingehen, dann schauen Sie sich doch einmal um und sehen Sie, wieviele einsame Trinker es gibt.

Ich kann kein vollständiges Bild von dem zeichnen, was mit Ihnen geschieht; wenn also ein paar Details fehlen, dann müssen Sie sie hinzufügen. Aber ich bin sicher, daß Ihnen inzwischen klar geworden ist, daß Sie nicht trinken wie jeder andere. Offenbar kommen Sie kaum mehr in den Genuß der geselligen Aspekte des Trinkens, denn um diese genießen zu können, müßten Sie den restlichen Tag über selbst in vielerlei Hinsicht geselliger sein, und auch wenn Sie den Großteil des Tages nicht trinken, so kreisen zumindest Ihre Gedanken ständig darum.

Und was bedeutet das alles? Es bedeutet ganz einfach, daß Sie sich selbst und den anderen gegenüber nicht eingestehen wollen, was los ist, und daß diese Verleugnung des Problems immer heftiger wird.

Die Leute merken das natürlich. Diese Liebesaffäre, diese vollkommene Besessenheit bleibt natürlich nicht lange verborgen. Wenn Sie sich jedoch in einem Stadium befinden, in dem Sie Ihr Trinken beschützen wollen, dann werden Sie die besagte Affäre natürlich bestreiten. Das macht das Ganze nur noch verrückter. Machen wir uns nichts vor: Gesunde Liebesbeziehungen leugnet man doch nicht ab, oder?

Diese Art von Verhalten führt nur dazu, daß Sie und Ihre Liebe am Ende ganz alleine dastehen. In diesem Spiel gewinnt keiner, denn mit Alkohol kann man *nicht reden*. Man kann ihn nicht *umarmen*. Man kann ihn nicht um Rat fragen, und er spendet weder dauerhaften Trost noch Liebe. Alles, was Sie von ihm kriegen, ist dieses beharrliche, nagende Gefühl der Einsamkeit.

Ihr Umfeld verurteilt Ihr Tun. Und wen wundert´s? – Oder kennen Sie jemanden, der seine Liebschaft unter dem Bett versteckt oder im Gartenschuppen, der Löcher in den Garten buddelt, um seine Liebschaft zu vergraben und sie dann später wieder herauszuholen, der sie in der Mantel- oder Brieftasche versteckt oder unter dem Spülbecken, in Teekannen oder auf Garderobenständern, unter dem Herd, hinterm Kühlschrank, im Bad oder auf der Toilette? Dort versteckt man nämlich gewöhnlich seinen Alkohol, wenn man nicht will, daß die anderen merken, daß man trinkt.

Natürlich gibt es da auch immer die andere Seite: Leute, deren Einstellung es Ihnen erleichtert, Ihre Affäre fortzuführen. Leute, die Ihr Verhalten lustig finden und originell. Ich muß oft an folgende Geschichte denken:

Es ist 10.30 Uhr am Morgen, und die Mädchen in einem Großraumbüro tippen fleißig. Ganz vorne sitzt eine Frau mittleren Alters. Sie ist schon seit Jahren in der Firma und mit Sicherheit eine der erfahrensten Sekretärinnen im Büro. Sie steht auf, um zur Toilette zu gehen und greift nach ihrer Handtasche. Sie sieht ein wenig zerknittert und nervös aus, hält sich jedoch aufrecht. Verstohlene Blicke begleiten sie auf ihrem Weg, die meisten der Mädchen stupsen sich an und kichern, denn sie wissen, daß sie zur Toilette geht, um zu trinken.

Die Frau schließt die Tür hinter sich, öffnet ihre Handtasche, nimmt eine Viertel- oder Halbliterflasche heraus und trinkt.

Daran ist nichts Liebenswertes, stimmt´s? Nichts daran ist gesellig – nur eine einsame Frau mittleren Alters, die morgens auf einer Toilette sitzt und trinkt. Fragen Sie sich selbst: Ist das normal? Ich glaube nicht. Und trotzdem lachen die Leute über sie, während sie sich umbringt, denn sie wird sich schließlich umbringen, wenn sich nichts ändert.

Es gibt also Leute, die Ihnen Ihre Affäre ermöglichen, aber ich würde sie nicht als »gute Freunde« oder »Menschen, mit denen man gern zusammen ist« bezeichnen.

Und wo bleiben Sie in all dem?

- Kreisen Ihre Gedanken ständig um das eine?
- Verstecken und beschützen Sie Ihren Alkoholvorrat?
- Ist Alkohol das Wichtigste in Ihrem Leben?
- Sind Sie ein einsamer Trinker?
- Verstricken Sie sich mehr und mehr in der Ableugnung Ihres Trinkens?

- Haben Sie die zuvor beschriebene Wirkung auf Ihre Umgebung?
- Spüren Sie langsam einige der physischen Auswirkungen? Ihr Körper kommt nämlich nicht ungeschoren davon, denn ständiger Alkoholkonsum tut Ihren Nieren, Ihrem Herzen, Ihrer Leber und Ihrem Zentralnervensystem bestimmt keinen Gefallen – zumindest habe ich noch nirgends gesehen, daß er für die Erhaltung der Gesundheit empfohlen wird.

Also, um was für eine Affäre handelt es sich hier? Ist es:

a) eine *Liebes*affäre oder

b) eine *verhängnisvolle* Affäre?

Diese Frage müssen Sie sich stellen. Wenn Sie nun behaupten, daß Ihnen die meisten der Dinge, über die ich in diesem Kapitel gesprochen habe, nicht passiert sind, dann fügen Sie ruhig ein »noch nicht« hinzu, denn wenn nur einige davon bereits passiert sind, dann ist es nur wahrscheinlich, daß auch der Rest folgen wird. All das kann nur böse enden, wenn Sie die Affäre nicht rechtzeitig beenden. Wenn Sie es Ihrer Liebe, dem Alkohol, überlassen, dann wird er Sie eine lange, dunkle Straße hinunterführen und Sie irgendwo sitzenlassen, wo Sie nicht bleiben wollen. Und falls Sie Pech haben, dann sind nicht mehr genug Leute da, die die Trümmer wieder aufsammeln könnten.

Das muß aber nicht so sein, wirklich nicht. Sie können diese Affäre jederzeit beenden, indem Sie einfach das Glas oder einfach die Flasche abstellen. Sie können das alles vollkommen unter Kontrolle haben. Es ist ja nicht so, als ob aus dieser Affäre irgendwelche Nachkömmlinge entstanden wären. Nun, vielleicht doch! Vielleicht haben Sie ja irgendwo noch eine ungeöffnete Flasche versteckt. Tja, es ist ganz einfach: Machen Sie sie nicht auf – verschenken Sie sie. Ich bezweifle, daß Sie die Flasche zerbrechen oder ihren Inhalt in den Ausguß kippen werden, aber Sie können sie ja verschenken.

Was ich meine, ist, Sie sollten diese Affäre beendigen, ein für allemal; denn das alles führt Sie nirgendwohin, außer an Orte, wo Sie sich nie hätten vorstellen können je zu landen; in einen Zustand, den jemals zu erreichen Sie vehement abgestritten hätten. Wir sprechen hier über Scheidung oder zumindest eine Trennung auf Probe. Wollen Sie nicht einen Versuch wagen? Oder wollen Sie weiter diese lange, dunkle Straße hinuntergehen? Wenn nicht, dann schauen wir mal, wie wir Sie da herausbekommen.

Hier ist noch eine kleine Aufgabe:

Denken Sie mal über Ihre Besessenheit mit dem Alkohol nach:

- *Wann fangen Sie an, daran zu denken? Wie lange im voraus planen Sie den nächsten Drink?*
- *Streiten Sie ab, Alkohol im Haus, in Hose, Jacke oder Mantel, im Büro etc. zu haben, wenn es dennoch der Fall ist?*
- *Wie oft am Tag ertappen Sie sich dabei, wie Ihre Gedanken um den Alkohol kreisen? Glauben Sie, daß dies Ihr tägliches Leben stört?*

Fragen Sie sich doch mal, wie rasch Sie auf eine Einladung eingehen, auf der Alkohol serviert wird und auf eine Einladung, auf der es keinen gibt?

Fragen Sie sich doch mal, wie oft Sie während des Tages versuchen, Ihren Alkoholkonsum zu kontrollieren, indem Sie beispielsweise so beginnen: »Nun, ich werde nur ein Glas trinken ... na, ja, vielleicht zwei – aber keinesfalls mehr«, nur um dann wieder festzustellen, daß Sie doch mehr tranken, als ursprünglich in Ihrer Absicht lag.

Schreiben Sie auf, wie oft Sie sich in den letzten paar Tagen verspätet oder wieviele Verabredungen Sie nicht eingehalten haben.

Wie oft sind Sie in dieser Woche zu spät nach Hause gekommen?

Wie oft sind Sie unter Alkoholeinfluß Auto gefahren?

Denken Sie daran, wie oft Sie sich schon am Morgen geschworen haben: »Heute wird alles anders – heute mache ich´s besser.«

Während wir uns durch dieses Buch arbeiten, werde ich Ihnen noch verschiedene andere Aufgaben stellen. Bitte versuchen Sie alle ein wenig im Auge zu behalten, damit Sie sich immer wieder ein Bild von den Situationen machen können, über die ich hier spreche. Und während dieses Bild immer mehr an Schärfe und Klarheit gewinnt, können Sie auch immer deutlicher erkennen, welche Wirkung das Trinken auf Ihr Leben ausübt.

8
Das Haus in unserem Innern

Mit das Schwerste für uns ist es wohl, über unsere Gefühle zu sprechen – oder zumindest scheint es so. Wenn ich mit Patienten arbeite, dann ist eins meiner vorrangigen Ziele der Versuch, ihnen bei der Erforschung ihrer Gefühle zu helfen, und das möchte ich hier und jetzt auch mit Ihnen versuchen.

Was tun wir mit unseren Gefühlen? Wo bleiben sie? Wenn wir Gefühle ausdrücken, heißt das, daß wir sie dann nicht mehr haben – daß sie überwunden und sozusagen »ausgefühlt« sind? Vielleicht drücken wir sie ja auch gar nicht aus und verschließen sie stattdessen in unserem Innern. Und was passiert dann? Überlassen wir es den anderen, unsere Gefühle für uns zu definieren? Überlassen wir es anderen zu sagen, wie wir uns fühlen, und stimmen ihnen zu, nur um einem Streit aus dem Weg zu gehen – schließlich wollen wir ja niemanden verärgern, wir wollen, daß man uns mag – oder vielleicht auch, weil wir nicht sagen wollen, wie wir uns wirklich fühlen? Vielleicht sind wir verletzt oder ängstlich, voller Scham, fühlen uns isoliert, sind traurig oder haben ein schlechtes Gewissen. Vielleicht reicht unser Vertrauen in andere auch nicht so weit, daß wir ihnen unsere Gefühle mitteilen könnten.

Seine Gefühle ausdrücken zu können bedeutet sehr viel, denn es steht sehr viel auf dem Spiel. Sobald wir einmal angefangen haben, über unsere Gefühle zu sprechen und zu enthüllen, wie wir uns fühlen, legen wir unser Inneres bloß. Irgendwie liefern wir uns wohl dem Zuhörer aus; wir wissen nicht, was er mit dem Gehörten anfangen wird. Ich spreche hier jedoch nicht über Alltagssituationen wie diese:

»Guten Morgen, wie geht´s?«
»Ach, ganz gut.«

Oder wie bei der Frau, die in den Laden kommt und sagt:
»Hallo, Mrs. Browne. Wie laufen die Dinge zu Hause?«
»Ach, recht gut. Alles ist in Ordnung. Der Garten ist einfach wundervoll. Dem Hund geht´s gut. Die Vögel zwitschern.«

Oder:
»Hallo, Mr. Smith. Wie geht es Ihnen?«
»Ach, Sie wissen ja ...«

Was bedeutet das alles von der Gefühlsebene aus betrachtet? Nicht viel, denn diese Art von Eröffnungen oder Bemerkungen ist sehr oberflächlich. Auf diese Weise jedoch scheinen die Menschen größtenteils miteinander umzugehen – auf sehr oberflächlichem Niveau nämlich: »Guten Morgen«, »Guten Abend«, »Gute Nacht«, »Wie geht´s?«, »Schönes Wetter heute«, »Sauwetter heute«.

Ich möchte hier aber über unsere *inneren* Gefühle sprechen. Über die tiefsitzenden Gefühle. Die Gefühle, die in Wahrheit unsere Stimmung beeinflussen. Vielleicht hat man schon mal zu Ihnen gesagt: »Mein Gott, bist du heute miesgelaunt.« Was wäre, wenn diese Äußerung folgendermaßen lauten würde: »Mein Gott, du *fühlst* aber heute wieder.«? Stellen Sie sich das mal vor: Wie wäre es, wenn jemand zu Ihnen sagt: »Du fühlst aber heute wieder. Sprich mit mir darüber!«? Was würden Sie tun? Was würden Sie sagen? Eine Ihrer Reaktionen könnte sein: »Sei nicht albern. Hör auf, so zu reden. Was ist los mit dir? Sicher hast du irgend so ein dummes Buch gelesen.«

Also wird in vielerlei Hinsicht gar nicht erst über Gefühle gesprochen. Man spricht *darum herum.* Wenn einem eine Sache am Herzen liegt, dann wird heftig darüber diskutiert. Ist Ihnen je aufgefallen, was bei einem heftigen Meinungsaustausch passiert? Alle sprechen auf einmal. Wie kann irgend jemand zuhören, wenn alle auf einmal reden? Nun, die Antwort lautet: Niemand hört zu. Wie verschafft man sich also Gehör? Wie kann man seine Gefühle ausdrücken? Nun, wohl gar nicht, und für Leute wie Sie und mich, die jede Menge Gefühle haben, aber keine Möglichkeit, sie auszudrücken oder Unterstützung dabei zu bekommen, ist ein Weg, damit umzugehen, diese Gefühle zu betäuben.

Und genau das tun wir, wenn wir Alkohol trinken. Es gibt bestimmte Gefühle, über die wir nicht reden wollen, also wollen wir sie ändern. Also trinken wir. Tatsache ist jedoch, daß sich diese Gefühle nicht ändern: Ich glaube, was sich ändert, ist lediglich die Art, wie wir unsere Gefühle *ausdrücken.*

Ist Ihnen je aufgefallen, was passiert, wenn Sie wütend oder ärgerlich sind und diesen Ärger, statt ihm Luft zu machen, mit ein paar Gläsern hinunterspülen? Sobald die paar Gläser einmal gewirkt haben, genehmigen Sie sich noch ein paar und dann kommen Wut und Ärger auf recht unschöne Weise hoch. Ich glaube nicht, daß Sie sich so benehmen wollten, aber das unterliegt nicht länger Ihrer Kontrolle, denn der Alkohol hat die Führung übernommen – der Alkohol ist nun der Steuermann Ihrer Gefühle und bestimmt, wie Sie diese ausdrücken.

Das ist, wie wenn Sie morgens aufwachen, und der erste Gedanke, der Ihnen durch den Kopf schießt, ist: »O Gott, habe ich wirklich …? O Mann, das muß wohl ein Alptraum gewesen sein.« Aber das war es nicht. Sie haben sich wirklich so benommen, und nun schaudern Sie bei dem Gedanken, den Leuten wieder unter die Augen treten zu müssen, denn ganz plötzlich ist Ihnen klar geworden, was passiert ist: wie Sie sich benommen haben, wie Sie Ihren Gefühlen Ausdruck verliehen haben. Aber das waren gar nicht Sie – das war der Alkohol, denn der Alkohol war es, der die Führung übernommen hatte.

Ich verwende in diesem Zusammenhang oft den Ausdruck »das Haus in unserem Innern«. In unserem Innern existiert ein »Haus der Gefühle«, wo wir unsere Emotionen aufbewahren, und mir scheint es so, nicht zuletzt aufgrund meiner beruflichen Erfahrung in der Therapiearbeit, daß wir unsere Gefühle alle an ein und demselben Platz aufbewahren. Wir sammeln all jene Gefühle in einem einzigen Raum und halten die Tür zu diesem Raum fest verschlossen, und nur wir besitzen den Schlüssel oder die Zahlenkombination, die diese Tür öffnen könnte. Manchmal öffnen wir sie tatsächlich – ganz allein, in der Privatsphäre unseres Inneren. Wir betreten diesen Raum, und er ist dunkel, denn jene Gefühle sind ebenfalls dunkel, und wir fürchten uns, denn es gibt so viele davon dort drinnen. Also schließen wir sehr schnell wieder die Tür hinter uns.

Das ist, wie wenn unerwartet Besuch kommt. Ihr Wohnzimmer ist ein wenig unordentlich, also schieben Sie rasch die Zeitungen unter die Sofakissen oder Sie verstecken schnell ein paar der herumliegenden Sachen in Schränken und Schubladen – Sie rennen also herum und räumen dies und das fort. Das ist es nämlich, was wir tun. Wir räumen all diese Gefühle zur Seite, verstauen sie irgendwo, und dann vergessen wir sie. Und manchmal sind wir dann deprimiert oder launisch, fühlen uns seltsam und wissen nicht warum, aber im Grunde liegt es an all diesen verdrängten Dingen und Gefühlen, über die wir nie sprechen und auch noch nie gesprochen haben.

Wenn Sie eine Schublade voll mit alten Papieren aufräumen wollen, dann müssen Sie die Papiere durchsehen, um entscheiden zu können, was Sie behalten wollen und was nicht. Mit unseren Gefühlen ist das genauso: wir müssen sie erforschen; wir müssen sie uns ansehen, um zu wissen, ob sie nun zu uns gehören oder nicht – ob diese Gefühle der Scham, der Reue, der Schuld, der Wut und der Trauer von außen kamen oder ob wir dies alles *wirklich fühlen*. Das ist äußerst wichtig – ja, es ist der Schlüssel zu wahrer innerer Freiheit. Ich kann gar nicht oft genug betonen, wie wichtig es ist, die inneren Gefühle zu betrachten und zu verstehen, wie sie uns und unsere Stimmungen beeinflussen.

Vielleicht haben Sie bisher noch nie an so etwas gedacht, und das ist auch in Ordnung: Woher sollten Sie auch? Im allgemeinen tun die Leute, was sie tun müssen, und alles Weitere bekümmert sie nicht. Aber wenn Sie in Ihrem Leben etwas tun, das Ihnen offensichtlich Probleme und Kummer bereitet und die anderen dazu veranlaßt, Besorgnis zu äußern, dann ist es vielleicht an der Zeit, nach dem *Grund* hierfür zu fragen. Der schnellste Weg zur Ursache ist, einen Blick auf seine Gefühle zu werfen und darauf, wie wir Alkohol als Dämpfer für eine ganze Reihe von emotionalen Problemen benutzen. Und wir müssen uns ansehen, wie Alkohol diese Gefühle verzerren kann.

Ist Ihnen je aufgefallen, wieviel leichter es ist, wütend zu werden, wenn man getrunken hat? Oder wieviel leichter es einem erscheint, ehrlich zu sein – oder was Sie unter Ehrlichkeit verstehen –, wenn man unter Alkoholeinfluß steht? Der Empfänger dieser Wut oder dieser sogenannten »Ehrlichkeit« empfindet diese in Wahrheit jedoch als ziemlich bedrohlich und extrem verletzend.

Wissen Sie noch, wie ich an früherer Stelle darüber gesprochen habe, wie es wäre, wenn wir unsere Gefühle ändern würden? Wenn Sie ständig Alkohol zu sich nehmen, dann sind Ihre Gefühle früher oder später in dem Verhaltensmuster gefangen, das der Alkohol hervorruft. Vergessen Sie nicht: Alkohol macht die Dinge nicht klarer; er verzerrt vielmehr alles. Er verzerrt Ihre Wahrnehmung und Ihre Empfindung. Er verzerrt Ihre Gedanken. Ganz einfach gesagt: Er macht aus einer Mücke einen Elefanten.

Lassen Sie uns doch einmal einen Blick auf die Ängste werfen, von denen Sie offensichtlich dauernd geplagt werden. Eine gute Freundin hat einmal gesagt: »Angst steht für ›unwahre Tatsachen, die als wahre Tatsachen erscheinen‹.« Ich sagte: »Was meinst du damit?« Sie antwortete: »Tja Beechy, hat man dich je gebeten, etwas zu tun, was du noch nie zuvor getan hast? Vielleicht vor einer ganzen Menge von Leuten aufzustehen und eine Rede zu halten, oder ein Seminar zu leiten, und du bist total nervös und hattest schon Alpträume deswegen. Das alles verfolgt dich ständig, und du stellst dir alle möglichen Arten vor, auf die du versagen könntest: wie die Leute aufstehen und rausgehen, wie sie dich ausbuhen oder was sie im schlimmsten Fall mit dir machen würden. In der Nacht davor hast du kein Auge zugetan. Als es dann soweit ist, bist du voller Panik und total nervös, aber du stehst es durch und hast es sogar sehr gut gemacht. Nichts von dem, wovor du Angst hattest, ist tatsächlich passiert. Dann, ganz plötzlich, denkst du: ›Worüber habe ich mir eigentlich die ganze Zeit solche Sorgen gemacht? Wozu die ganze Angst? Woher kamen nur all diese unwahren Tatsachen, dieser falsche Anschein?‹ Er erschien uns wahr, denn *wir sind es*, die all die Ängste erschaffen.« Wir sagen uns, daß wir es nicht schaffen werden, und sofort haben wir auch das Gefühl, es nicht zu schaffen, sind überzeugt davon, es nicht schaffen zu können. Der Alkohol hilft uns dabei, diese Ängste zu verringern, aber mit äußerst negativen Folgen.

Das ist, wie wenn man jemandem sagen will, daß man wütend über ihn ist, es aber nicht tun kann, weil man Angst hat (aus welchem Grund auch immer). Aber ist Ihnen schon mal aufgefallen, was passiert, wenn Sie ein paar Gläser intus haben? Dann sagen Sie dem- oder derjenigen Bescheid, aber ordentlich – leider jedoch nicht in der Art und Weise, wie Sie dies vielleicht in Wirklichkeit beabsichtigten. Was herauskommt, klingt ziemlich wütend und verzerrt, und Sie fühlen sich gar nicht gut dabei. Sie *glauben* vielleicht, daß Sie sich in dem Moment gut fühlen, aber wenn Sie wieder nüchtern sind, dann haben Sie ganz gewiß kein gutes Gefühl, wenn Sie an das denken, was geschehen ist, und Sie haben außerdem noch mehr Probleme mit dieser Person als vorher.

Wenn Sie sich nun dieselbe Situation vorstellen, und zwar wie Sie nüchtern damit umgehen würden, dann sähe das alles schon ganz anders aus. Denken Sie mal darüber nach. Sie hätten dann zwar immer noch die Angst vor dem, was passieren könnte, aber Sie würden sich nicht auf dieselbe Art und Weise verhalten. Sie haben ein

Recht auf Ihre Gefühle und ein Recht darauf, Sie selbst zu sein. Sie haben das Recht, Wut zu empfinden und dieser Wut auch Luft zu machen und wie ein Erwachsener behandelt zu werden. Es ist auch in Ordnung, Fehler zu machen und seine Meinung zu ändern. Warum sollte es auch falsch sein, zu sagen, daß man anderer Meinung ist oder dies und jenes nicht versteht oder daß es einem eigentlich ziemlich schnuppe ist? Sie haben das Recht, Ihre Gefühle zu äußern, und Sie haben darüberhinaus die Fähigkeit, dies ohne die Hilfe von Alkohol zu tun. Wenn Sie zurückdenken an frühere Situationen, dann werden Sie sehr schnell merken, daß Sie nie wirklich ausdrükken, was und wie Sie sich fühlen.

Wütend zu sein erscheint doch immer so viel leichter, nicht wahr? Für mich ist Wut wie ein Vorhang – wie der Vorhang im Theater, der sich für den ersten Akt öffnet. Hinter diesem Vorhang liegen all die Gefühle der Scham verborgen. Gefühle der Einsamkeit, der Schuld, der Unzufriedenheit, der Mutlosigkeit, des Hin- und Hergerissenseins, des Verlassenseins, des Trotzes, der Verzweiflung, des Verlorenseins, der Hilflosigkeit, der Leichtgläubigkeit, immenser Verletzlichkeit und nie endenwollender Gefühle der Unzulänglichkeit – alle sind sie da. Oder die Wut ist wie ein Schleier, der die dahinterliegenden wahren Gefühle verbirgt und vor dem Blick der Außenwelt schützt.

Es ist einfach leichter, wütend zu werden, statt sich mit jenen anderen Gefühlen zu befassen, denn dann sieht man sie nicht – keiner merkt, wie verletzt man wirklich ist, denn Wut hält die Leute auf Abstand. Wut vermittelt die Botschaft: »Laßt mich in Ruhe. Ich werd´ allein damit fertig.« Wenn uns doch nur klarwerden würde, wie sehr wir uns mit diesem Verhalten isolieren und immer stärker isolieren.

Wissen Sie noch, als ich meinte, Alkohol wirke wie Benzin, das man ins Feuer schüttet? Nicht nur, daß der Drang nach noch mehr Alkohol dadurch geschürt wird, auch Wut und Rage werden entfacht und vervielfacht – wie auch das Gefühl von Einsamkeit und Isolation. Das dunkle Zimmer, in dem Sie all diese Gefühle versteckt halten, erwacht dann auf einmal zum Leben, aber es ist keineswegs ein gesundes Leben, das sich da entwickelt – es sind Gefühlsstürme, die innerhalb dieser Mauern wüten. Da gibt es weder Sonne noch Frieden. Alle Gelassenheit ist dahin, und der Mut, den Sie tatsächlich besitzen, ist hinter einem Schleier von Schmerz verlorengegangen. Wo ist Ihre verspielte und friedvolle Seite? Ihre Liebe, Loyalität und Ihr Mitgefühl für andere? Die Ermutigung, die Sie anderen immer vermittelten, wo ist die hin? All diese Qualitäten sind sozusagen ertränkt worden. Sie sind abgeschnitten, isoliert von allem Positiven und hängen fest am Negativen.

»Warum geht es nicht jedem so, der trinkt?« mögen Sie vielleicht fragen. Nun, ganz einfach, weil diese Leute nicht so sind wie Sie und ich. Nur der kleine Prozentsatz von Leuten, der Alkohol trinkt, Drogen nimmt, eßsüchtig ist oder sich sonstwie zwanghaft verhält, fühlt so wie Sie und ich. Sie können neidisch sein auf jene Leute und eine Wut auf sie haben, aber Sie werden, was das betrifft, nie so sein wie sie. Aber wenn Sie aufhören, Alkohol zu sich zu nehmen, dann werden auch die Konsequenzen aufhören, die Ihr Trinken nach sich zieht. Ihr Leben wird seine Höhen und Tiefen haben, denn jedes Leben ist ein dauerndes Auf und Ab; aber, was immer Sie derzeit aufgrund Ihrer Trinksucht erleiden müssen, wird aufhören. Lassen Sie die Hände vom ersten Glas und es wird *nicht* geschehen. Man muß kein Albert Einstein sein, um das zu kapieren, nicht wahr?

Nur weil Sie aufhören zu *trinken*, bedeutet das noch lange nicht, daß Sie auch aufhören zu *fühlen*. Zu lernen, seine Gefühle zu akzeptieren und mit ihnen fertig zu werden, das ist der Schlüssel zu dauerhafter Nüchternheit, und nicht auf die Hilfe der Krücke Alkohol zurückgreifen zu müssen, um mit den Gefühlsstürmen, denen man ausgesetzt ist, umzugehen. Es ist möglich, ohne Alkohol ein glückliches und erfülltes Leben zu leben. Es ist möglich, das Leben von Herzen zu genießen, selbst auf einer Party, einer Hochzeit, einer Taufe oder an Weihnachten oder zu Ostern. Bei jeder nur erdenklichen Gelegenheit ist es möglich, sich auch ohne Alkohol zu amüsieren.

Was Sie erfahren werden, ist das Gefühl von *Freiheit*: die Freiheit, Sie selbst zu sein, der Falle entkommen zu sein, wieder die Wahl zu haben, statt völlig hilf- und machtlos im Leben herumzuschlingern. Sie werden wieder Herr sein über Ihre Gefühle und Emotionen. Sie werden wieder fühlen und diese Gefühle auch zu jeder Zeit ausdrücken können – Sie werden Höhen und Tiefen fühlen, Freud und Leid, Liebe und Schmerz. Im Grunde genommen werden Sie wieder die Realität, *das wirkliche Leben* fühlen können, Sie werden sich wieder wie ein ganzer Mensch fühlen – körperlich, geistig, seelisch und sozial. Sie werden langsam wieder echte Beziehungen aufbauen können, nicht nur solche, die auf nicht eingehaltenen Versprechungen beruhen oder einseitig sind, wie das früher immer der Fall war. Sie werden wieder lieben können und geliebt werden, und Sie werden Ihre Bedürfnisse befriedigen können, ohne dafür Alkohol zu brauchen.

Stellen Sie sich das nur mal vor. Sie werden physisch in der Lage sein, das Beste aus sich zu machen, das Maximum aus sich herauszuholen, und Sie werden anfangen, Ihren Körper mit mehr Sorge und Respekt zu behandeln. Was Ihre Kleidung und Ihr Aussehen betrifft, werden Sie völlig umdenken. Sie werden sich anders ernähren und sich gut behandeln. Ihr innerer Wille wird nicht länger destruktiv sein – er wird sich vielmehr extrem positiv äußern. Sie werden in der Lage sein, für sich selbst die Verantwortung zu übernehmen: Sie können sich entscheiden, etwas zu tun oder es nicht zu tun; Dinge zu erreichen und Werte zu besitzen. Ihre geistigen Fähigkeiten werden sich erweitern. Sie werden lernen, zu wachsen, sich zu integrieren, zu verändern und ganz besonders, sich an Ereignisse und Gedanken aus der Vergangenheit zu erinnern. Überlegen Sie nur, wie schwer das früher immer war. Sie werden wieder in der Lage sein, Pläne zu machen, Visionen und Träume für die Zukunft zu haben, statt in einem dauernden Alptraum leben zu müssen.

Und hier ist eine Aufgabe für Sie:

Schauen Sie die nachstehende Liste von Gefühlen durch. Versuchen Sie, in den folgenden Wochen zu erkennen, was und wie Sie sich fühlen, und versuchen Sie, sich dieser Gefühle und wie sie Sie beeinflussen, bewußter zu werden. Wenn Sie jede Menge Wut zu erkennen glauben, dann versuchen Sie, hinter diese Wut zu blicken – das wird Ihnen ganz sicher helfen zu erkennen, wie Sie besser damit umgehen können. Schauen Sie sich auch die Liste der Abwehrmechanismen an und machen Sie hier dasselbe. Seien Sie ehrlich mit sich selbst und erkennen Sie, wie Sie sich verhalten – erkennen Sie, was Sie fühlen. Vergessen Sie nicht, Gefühle müssen keineswegs negativ sein – und wenn sie es sind, dann gibt es einen Ausweg, und dieser Ausweg besteht darin, etwas gegen sie zu tun.

Gefühle

abgewiesen	*allein*	*ambivalent*
ängstlich	*apathisch*	*aufgeregt*
ausgeschlossen	*bange*	*beschämt*
besiegt	*besorgt*	*betrogen*
dankbar	*defensiv*	*dumm*
ehrfürchtig	*eifersüchtig*	*eifrig*
einsam	*elend*	*energiegeladen*
entmutigt	*erfolgreich*	*erfrischt*
erschöpft	*feige*	*feindselig*
freudig erregt	*friedlich*	*fröhlich*
frustriert	*furchtsam*	*gefangen*
gehemmt	*gelangweilt*	*gelassen*
geschlagen	*glücklich*	*hilflos*
hoffnungslos	*irrational*	*kalt*
liebevoll	*mißbraucht*	*mißtrauisch*
mitfühlend	*müde*	*natürlich*
neidisch	*nervös*	*provoziert*
respektvoll	*reuig*	*rücksichtsvoll*
ruhig	*schmerzvoll*	*schnippisch*
schuldig	*selbstmitleidig*	*selbstsüchtig*
sicher	*stolz*	*stur*
taub	*trotzig*	*überglücklich*
überlegen	*ungeduldig*	*unglücklich*
unsicher	*unterlegen*	*unternehmungslustig*
verlassen	*verlegen*	*verletzt*
verspielt	*verstanden*	*verwirrt*
warm	*wertlos*	*wertvoll*
wütend	*zögerlich*	*zornig*
zufrieden	*zuversichtlich*	

Abwehrmechanismen

Ausflüchte	*Geschwätzigkeit*	*Hin-und Herrutschen*
»ich weiß nicht«	*Intellektualisieren*	*»Ja, aber ...«*
Konformität	*Nachgiebigkeit*	*Rechtfertigen*
Schweigen	*Verallgemeinern*	*Wankelmütigkeit*
Widersprechen	*Zustimmen*	

9
Leere Flaschen, leere Versprechungen

Wie wäre es wohl, wenn Sie sich in einer Situation wiederfänden, in der Ihnen ständig jemand versicherte, daß etwas Bestimmtes nie wieder passieren würde: Sie haben dieses Versprechen schon mal gehört, das stimmt, aber Sie lassen sich trotzdem nochmal darauf ein. Doch was Sie hofften, das es *nicht* passieren würde, ist dennoch passiert, und nichts hat sich geändert. Würde Ihnen das etwa nichts ausmachen? Würde es Sie etwa nicht stören, weil Sie genau das erwartet haben? »Na ja, es ist schließlich nicht das erste Mal ...« Oder wären Sie verletzt? Verletzt von der Tatsache, daß dieses Versprechen jedes Mal mit großer Überzeugung und Gefühlsintensität gemacht wurde? Tatsächlich schien es mehr zu sein als ein bloßes Versprechen: Es kam Ihnen vor wie eine Verpflichtung – eine Verpflichtung, die belegte, daß Sie ein Mensch sind, der im Leben eines anderen Menschen eine sehr große Rolle spielt. Vielleicht fühlten Sie sich ja verraten, im Stich gelassen oder unterschätzt. Vielleicht lassen Sie sich in Zukunft ja wieder auf ein Versprechen oder eine Verpflichtung ein, nur daß Sie nun tief im Innern wissen, daß es ja doch nichts ändern wird.

Überlegen Sie mal, wie es wäre, damit täglich leben zu müssen. Wieviel Vertrauen gäbe es da noch in einer Beziehung? Sie kennen ja den alten Vorwurf: »Wenn du mich wirklich lieben würdest, dann würdest du das nicht tun.« Es scheint, als ob jedes Versprechen, das aus Liebe gemacht wurde, zerbrechen würde, weil immer irgend etwas dazwischenkommt. Etwas geschieht, das dieses Verhalten verursacht, und dieses Etwas ist der Alkohol.

Der Alkohol verursacht wahrscheinlich mehr Beziehungsprobleme als jede andere Substanz, denn er zieht sehr viele andere Probleme nach sich, Probleme, die alle auf unsoziales Trinken zurückzuführen sind. Wie könnten Sie auch eine Beziehung auf leeren Flaschen und leeren Versprechungen aufbauen?

Überlegen Sie doch mal:

- Wann haben Sie zuletzt *nicht* mehr getrunken, als Sie vorhatten?
- Wann sind Sie zuletzt um die versprochene Zeit nach Hause gekommen?
- Wann haben Sie zuletzt eine Arbeit pünktlich beendet?
- Wann haben Sie zuletzt die Dinge erledigt, die Sie sich vorgenommen hatten?

Wenn Sie sich, während Sie dies lesen, denken: »Aber das passiert doch nur hin und wieder«, dann gibt es trotzdem noch etwas, das Sie sich überlegen sollten: Der Alkohol bereitet Ihnen nach wie vor Probleme. Und diese Probleme werden nicht einfach verschwinden: sie werden nur immer schlimmer. Ist Ihnen je aufgefallen, daß leere Versprechungen immer paarweise auftreten – die eine, bevor Sie zum Glas greifen und die andere, wenn Sie bedient sind? Zum Beispiel: »Heute trinke ich nur ein Glas«, oder »Nach zwei Gläsern ist Schluß.« Fragen Sie sich doch selbst: Wann hatten Sie zuletzt nur dieses eine Glas oder wann haben Sie zuletzt nach zweien Schluß gemacht? Und dann, wenn Sie Ihr letztes Glas geleert haben, dann kommt der zweite Vorsatz, das zweite Versprechen: »Jetzt ist Schluß. Das war der letzte Schluck. Ich werde nie wieder trinken. Beim nächsten Mal ist alles anders.«

Gebrochene Versprechen bedeuten erschüttertes Vertrauen; und das, was wir doch alle wollen, ist, daß man uns vertraut. Aber wie ist das möglich, wenn wir dieses Vertrauen permanent enttäuschen? Sie können es noch so sehr wollen, es noch so sehr versuchen, es wird doch immer wieder passieren. Ich will damit nicht sagen, daß Sie ein Lügner sind, ein Betrüger oder Dieb; alles, was ich sagen will, ist dies: Versprechen und Alkohol, das scheint fast immer schiefzugehen. Und das bedeutet, daß das Vertrauen, das man in Sie hat, zerstört wird. Das betrifft sowohl die Familie, als auch den Arbeitgeber: wie könnte man sich auch auf Sie verlassen? Wie könnten Sie auch ein verläßlicher Mitarbeiter sein? Wie könnte man Ihnen auch die Verantwortung übertragen, die notwendig ist, um Ihre Arbeit ordentlich zu erledigen und um ein Vorbild zu sein? Sie halten Termine nicht ein, Sie fallen zurück, und vielleicht sind Sie ja der König der Blaumacher, derjenige mit den meisten Krankheitstagen, was nichts anderes heißt, als daß Sie einen zuviel hatten. Wenn Sie selbst der Chef sind, wie gut werden Ihre Leute dann arbeiten, wenn sie sehen, daß Sie Termine nicht einhalten und die Verantwortung dafür, was in Ihrer Firma geschieht oder geschehen soll, nicht übernehmen können? Nicht eingehaltene Versprechen ziehen darüberhinaus den Verlust von Respekt nach sich, und wenn Sie in verantwortlicher Position sind und die Erwartungen der Leute nicht erfüllen können, dann verlieren Sie den Respekt der anderen. Leere oder nicht eingehaltene Versprechen beeinträchtigen also nicht nur Ihr Familienleben, sondern auch alle anderen Bereiche.

Und was bewirkt das alles bei Ihnen selber? Nun, Sie mögen vielleicht zu jemandem sagen: »Ich verspreche, es nie wieder zu tun. Du kannst dich auf mich verlassen: das war das allerletzte Mal«, aber noch während Sie dies sagen, hören Sie eine andere Stimme in Ihrem Kopf, die meint: »Das sollte genügen. Damit habe ich mir etwas Luft verschafft. Das sollte sie für eine Weile ruhigstellen.« Ist es nicht ironisch, daß Sie, obwohl Sie diese Dinge sagen, im Grunde das Gegenteil denken? Wie fühlen Sie sich dabei?

Ich weiß noch, daß ich mich dabei immer sehr schlecht gefühlt habe. Ich kam mir vor wie ein Betrüger, besonders, wenn ich die andere Person dabei anblickte und sah, daß sie mich anblickte und daß diese Person mir wirklich glauben wollte. Sogar zu meinen Kindern habe ich gesagt: »Ich werde mit euch spielen, Ehrenwort. Der Papa wird gleich da sein.« Das war ich natürlich nie. Ich hatte auch nie die Absicht, denn der Alkohol war wichtiger geworden als alles andere. Meine Frau versuchte, mir klarzumachen, wie sehr mein Trinken unsere ganze Ehe in Mitleidenschaft zog, und ich sagte dann immer: »Ja, ich verstehe. Es wird nie wieder passieren; ich verspreche es. Ich werde etwas dagegen unternehmen. Ehrenwort«, doch ich wußte, daß ich es nicht tun würde. Tief im Innern kam ich mir immer vor wie ein Betrüger, ein Aussätziger.

Wenn ich so zurückblicke, dann sehe ich jemanden vor mir, der keine Entscheidungen treffen konnte, weil er vollkommen machtlos war, sobald er den ersten Schluck intus hatte. Jemanden, der sein Leben nicht mehr meistern konnte, weil er nach dem ersten Schluck einfach nicht mehr aufhören konnte, zu trinken.

Jedes Mal, wenn Sie ein Versprechen brechen, dann brechen Sie auch ein Gesetz in Ihnen. Die Falle, in die Sie durch Ihr Trinken geraten sind, scheint Ihnen jedoch keine Alternative zu bieten. Es ist schon ironisch, daß Sie mit denselben alten Sorgen und Problemen erwachen, nur daß zusätzlich ein weiteres nicht eingehaltenes Versprechen auf Ihrem Schuldkonto zu verbuchen ist.

Als ich mich wegen meines Trinkens einer Therapie unterzog, befand ich mich einmal in einer Familiensitzung mit meiner damaligen Freundin Josephine, die jetzt meine Frau ist. Die Therapeutin fragte nach Versprechen, die gebrochen wurden, und nach Situationen, in denen ich gemeint hatte, ich würde dies und jenes tun und es dann doch nicht getan hatte. Sie sagte: »Kannst du dich an Gelegenheiten erinnern, Beechy, wo du dir Dinge vorgenommen, aber nicht eingehalten hast?«, und ich antwortete sehr defensiv: »Na gut, das mag wohl ein paarmal passiert sein, aber wirklich nicht oft.« Ich war immer ziemlich ehrlich ihr gegenüber. Und da zog Josephine ein dickes Heft aus der Tasche – es sah aus wie *Krieg und Frieden* –, und darin standen, genau aufgelistet, die Gelegenheiten und Daten, zu denen ich Dinge versprochen und nicht eingehalten hatte; Zeiten, zu denen ich versprochen hatte, zu Hause zu sein und dann doch nicht zu Hause war; Zeiten, zu denen ich gesagt hatte, ich würde in einer halben Stunde wieder da sein und wo ich dann zwei Tage später erst wieder aufgetaucht war; Versprechen über Versprechen über Versprechen, die ich gebrochen hatte. Um ehrlich zu sein, ich konnte mich nicht an sie erinnern. Ich saß da, wie vom Blitz getroffen. Während Josephine diese vielen Vorfälle laut vorlas, schossen mir Erinnerungsblitze durch den Kopf; irgendwie klang das, was sie sagte, vertraut. An die Situationen selbst konnte ich mich nicht erinnern, aber sie *fühlten* sich vertraut *an*, und ich wußte, daß sie die Wahrheit sagte. Ich saß bewegungslos da, während Josephine weiter all die gebrochenen Versprechen aufzählte. Sie weinte, während sie las, und ich war wie erstarrt. Die Therapeutin fragte mich, wie ich mich fühlte, und ich sagte, ich sei wie betäubt. Sie meinte: »Löst das, was du hörst, denn keinerlei Gefühle oder Emotionen in dir aus?«, und ich muß ehrlich sagen, daß ich ganz einfach nicht erklären konnte, wie ich mich fühlte. Es war, als ob sich eine Wolke über mir geöffnet hätte und es auf mich herabregnete, aber es war nicht wirklich Regen: Es waren all die Versprechen, die ich gemacht und nicht gehalten hatte.

Ich bin mir sicher, daß diese Sitzung mit Arlene Kelman (der Therapeutin) und mit Josephine einen der Wendepunkte in meinem Leben darstellt, denn die ganze Enormität der Lügen und der Dinge, die ich gesagt hatte, war mir damals erst richtig klargeworden.

Während ich so im Garten sitze, die Sonne auf mich herabscheint und ich dieses Kapitel schreibe, bin ich wirklich froh, daß ich keine Versprechungen mehr machen muß, die ich nicht einhalten kann. Heute habe ich zumindest die Wahl in bezug auf die Versprechungen, die ich machen will, und ich kann sie erfüllen, wenn ich will.

Das Ironische an Leuten wie Sie und ich ist, daß wir alle ursprünglich die richtigen Absichten hatten, doch all diese Absichten verlieren sich schon sehr bald in den Wirkungen des Alkohols. Wenn Sie zum Beispiel sagen, daß Sie nur ein Glas trinken werden, dann mag es schon sein, daß es Ihnen damit ernst ist; aber sobald Sie dieses Glas getrunken haben, bestellen Sie noch eins; und wenn die Wirkung sich langsam einstellt, dann ist das, was Sie ursprünglich beabsichtigten, sehr schnell vergessen. Ja, ich stimme Ihnen zu, wenn Sie mir versichern: »Aber ich habe wirklich gemeint, was ich sagte. Mein Versprechen war ernstgemeint, aber dann ist etwas dazwischengekommen.« Ich weiß, daß etwas dazwischengekommen ist, das ist es ja, worüber ich hier rede. Jedes Mal, wenn Sie mehr getrunken haben, als sie wollten, dann ist etwas passiert, das Sie ursprünglich gar nicht beabsichtigten. Das zeigt doch recht deutlich, daß Sie keine Versprechungen darüber machen können, was passieren wird und was nicht, wenn Sie etwas getrunken haben.

Die Auswirkungen dieses Verhaltens auf Familien oder Partner kann verheerend sein. Wenn Sie keinen Partner haben, dann sind da zumindest Menschen, denen etwas an Ihnen liegt, und diese Menschen leiden unter denselben Gefühlen der Ablehnung, und das bereitet ihnen Sorgen. Aber ich möchte hier nicht zu sehr ins Detail gehen, denn das nächste Kapitel ist ohnehin ausschließlich der Familie gewidmet.

Falls Sie Schwierigkeiten haben, sich mit dem vorliegenden Kapitel zu identifizieren, dann wäre es vielleicht eine gute Idee, wenn Sie sich hinsetzen und eine Liste der Aufgaben erstellen würden, die Sie sich vorgenommen haben und der Versprechen, die Sie sich selbst gegeben haben. (Ich meine hier nicht Versprechen, die Sie gemacht haben, während Sie getrunken haben oder betrunken waren, denn diese Versprechen werden nur sehr selten gehalten.) Stellen Sie die, die Sie gehalten haben, denen gegenüber, die Sie gebrochen haben. Vielleicht können Sie ja dann anfangen, über die Versprechen nachzudenken, die Sie Ihnen nahestehenden Personen gemacht haben – Ihrer Familie, den Kindern, guten Freunden. Dann erweitern Sie den Radius noch mehr und sehen Sie sich die Versprechen an, die sie anderen gegenüber abgelegt haben. Verschaffen Sie sich ein Bild darüber, was geschieht.

Machen Sie eine Aufstellung der Versprechen, die Sie während einer Woche gehalten und nicht gehalten haben, damit Sie sehen können, worüber wir hier sprechen. So hat eine meiner Aufstellungen in der Zeit, in der ich noch getrunken habe, ausgesehen:

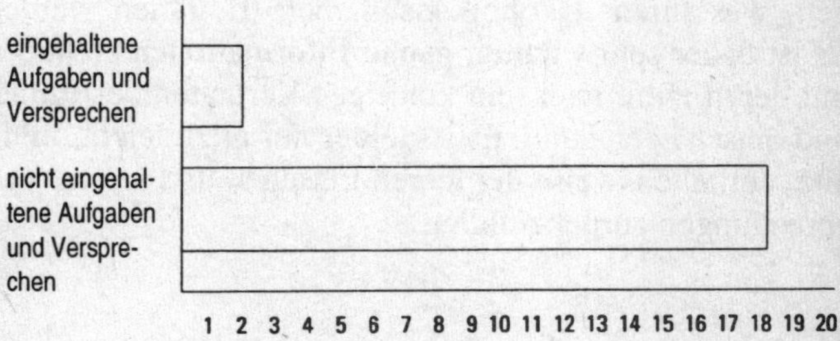

Das zeigte mir das Chaos, das das Trinken in meinem Leben verursachte.

Wenn Sie Ihre Liste gemacht haben, dann betrachten Sie sich die Situationen, die Sie notiert haben, und suchen Sie nach dem Muster, das darin verborgen liegt. Sehen Sie sich an, was zwischen Sie und Ihre Versprechen gekommen ist. Wenn Sie sich an die Entschuldigungen erinnern können, die Sie wegen der Nichteinhaltung Ihrer Versprechen abgegeben haben, dann schreiben Sie sie ebenfalls auf. Dann werden Sie sicher ein Bild von Ihrem Verhalten bekommen. Behalten Sie bitte diese Listen, denn ich denke, es ist wichtig, jede Ihrer Aufgaben aufzubewahren, damit Sie sie später immer mal wieder durchsehen und sich an Ihr Verhalten erinnern können. Dann können Sie hoffentlich die Veränderungen sehen, die sich langsam bei Ihnen durchsetzen. Das ist sehr nützlich zur Selbsteinschätzung und zur Feststellung eventueller Fortschritte.

Vergessen Sie nicht, daß Sie, während Sie dieses Buch lesen, möglicherweise einige sehr wichtige Entscheidungen, was Ihren Alkoholkonsum betrifft, fällen werden. Es ist daher sehr wichtig, genug Informationen zu haben, mit deren Hilfe man sein künftiges Verhalten bestimmen und einschätzen kann. Es ist leider nur allzu leicht, in die alte Verhaltensweise der leeren Flaschen und leeren Versprechungen zurückzufallen.

10
Die Familie

Dies ist ein Kapitel, das Sie möglicherweise nicht werden lesen wollen, aber es ist einfach notwendig. Bevor Sie nicht wirklich verstanden haben, was tatsächlich um Sie herum vorgeht, werden Sie auch nicht genügend motiviert sein, mit dem Trinken aufzuhören.

Mindestens fünf Leute sind es, die unter Ihrem Trinken leiden. Diese fünf könnten leicht Ihr Chef sein, Ihre Angestellten oder Ihre Freunde, meist jedoch ist es Ihre Familie.

Sie sehen, Sie stehen nicht alleine da. In diesem Stück gibt es auch Nebendarsteller. Vielleicht können wir das Ganze ja wie ein Theaterstück, wie ein Drama betrachten. Wir befinden uns mehr oder weniger im letzten Akt, und nur wenige von denjenigen, die Alkohol mißbrauchen, spielen ihre Rolle ganz allein. Ich glaube, daß Sie, blind und unwissend, eine ganze Reihe von Nebendarstellern mit sich hinabziehen.

Jeder, dessen Leben mit dem Ihren in Berührung kommt, ist auf die eine oder andere Weise von Ihrer Trunksucht betroffen. Für Ihren Boß ist es nicht schwer, Sie zu entlassen, und Ihre Angestellten können ebenfalls einfach gehen. Ihre Freunde können sich von Ihnen entfernen oder sagen, daß sie Sie nie wiedersehen wollen oder daß sie Sie nie mehr einladen wollen, solange Sie sich nicht besser benehmen. Aber was kann Ihre Familie tun? Ihre Familie kann nicht so einfach jemandem den Rücken kehren, den sie liebt. Ihre Lieben wählen die einzige Alternative, die sie zu erkennen glauben: dableiben und sich Ihrem alkoholkranken Verhalten anpassen.

Ich spreche hier über Ihre Frau oder Ihren Mann, über Ihre Freundin oder Ihren Freund. Wenn Kinder darin verwickelt sind – sie haben überhaupt keine Wahl: Sie müssen sich mit dem abfinden, was immer ihr Papa oder ihre Mama entscheiden. Und da fängt der eigentliche Schaden an, denn es gibt keine gesunde Methode, sich jemandem anzupassen, der Alkohol mißbraucht.

Ich weiß, daß es schmerzlich für Sie sein wird, das hier zu lesen, und ich werde jede Menge Gefühle aufrühren, aber wir müssen nun mal den Dingen ins Auge sehen, die in Wirklichkeit um Sie herum passieren.

Das erste, was Ihre Lieben tun, ist eine Reihe von Regeln zu Ihrem Schutz zu ersinnen, während sie gleichzeitig versuchen, Sie weiterhin vom Trinken abzuhalten. Das mag verrückt klingen, aber das ist es nun mal, was Ihre Familie tun muß; denn vergessen Sie nicht, sie weiß nicht wirklich, was vorgeht, außer daß sich Mama oder Papa nicht normal verhalten. Also beginnt die Familie das Unakzeptable zu akzeptieren.

Regel Nummer eins für dieses unakzeptable Verhalten ist, daß der Alkohol und sein Gebrauch durch den Trinker das Wichtigste im Leben der Familie darstellt. Während Sie davon besessen sind, Ihren Alkoholvorrat nie ausgehen zu lassen, ist Ihre Familie davon besessen, ihn abzuschneiden. Während Sie die Flaschen verstecken, wird Ihr Mann, Ihre Frau oder Ihr Lebenspartner danach suchen. Während Sie Vorräte anhäufen, schütten Ihre Lieben den Schnaps in den Ausguß.

Aber da ist immer noch etwas übrig. Ein aktiver Trinker sitzt nie wirklich auf dem Trockenen. Es gibt immer einen Weg, um an den nächsten Drink heranzukommen. Es gibt immer jemanden, der einem den nächsten Drink spendiert. Es gibt immer irgendwo Geld, nur daß dieses Geld vielleicht nicht für Alkohol gedacht war. Es könnte Geld sein, das für Lebensmittel oder Rechnungen vorgesehen war oder für Kleidung und Schuhe für die Kinder. Es könnte Geld sein, das für schlechte Zeiten zur Seite gelegt worden war (und nicht für eine feuchtfröhliche Zeit in der Kneipe). Wenn das gemeinsame Geld auf diese Weise ausgegeben wird, dann ist das ein Zeichen für den Grad der Abhängigkeit: daß Alkohol das Wichtigste im Leben eines Trinkers ist.

Der Trinker und seine Familie werden wie zwei Fußballmannschaften: Die Ziele liegen in entgegengesetzter Richtung, aber sie spielen alle dasselbe Spiel. Es geht um das Trinkverhalten des Alkoholsüchtigen.

In Regel Nummer zwei geht es darum, wie die Familie mit der Schande des Alkoholmißbrauchs umgeht. Das erste, was die Familie sagt, ist, daß die Ursache der Probleme nicht im Alkohol liegt. Sie bestreitet, daß Sie Alkohol mißbrauchen, und später bestreitet sie dann, daß Sie davon *abhängig* sind. Warum? Wegen der Schande. Familien sind Systeme, und sie mögen es nicht, wenn andere Leute erfahren, was in ihrem System vorgeht. Sie wollen nicht, daß die Nachbarn Bescheid wissen. Aber die Nachbarn wissen dennoch Bescheid, denn wenn es Streit und Auseinandersetzungen gibt, dann hören sie das natürlich. Wenn Sie abends spät nach Hause wanken oder mit quietschenden Bremsen vor der Garage parken und an Türen hämmern, dann wird das natürlich bemerkt. Man kann nicht anders, als es zu bemerken, denn es ist kein normales Verhalten. Wenn Ihre Kinder mit den Nachbarskindern zur Schule gehen, dann erzählen sie Kleinigkeiten, die wiederum deren Eltern zu

Ohren kommen. Aber die Schande ist es, die für Ihre Familie sehr bedrohlich werden kann. Ihr Mann oder Ihre Frau wollen nicht, daß andere Leute wissen, was genau vorgeht. Wenn ihnen die Alkoholabhängigkeit schließlich direkt ins Gesicht starrt, dann leugnen sie, daß das die Wurzel der Probleme ist, für die sie Hilfe suchen.

Ist es nicht komisch, wie Sie genau jene behandeln, die versuchen, Sie zu beschützen? Obwohl dieser Schutz Ihrem Trinken noch förderlich ist, schreien Sie Ihre Familie an und behandeln sie, als ob sie Ihre Feinde wären – komisch nicht?

Wenn Kinder darin verwickelt sind, besonders kleine Kinder, und sie sehen, wie sich ihre Eltern die ganze Zeit streiten und ein Elternteil dauernd in die Kneipe geht, zu Hause trinkt und abweisend ist, was glauben Sie, was diese Kinder denken? Natürlich denken sie, daß es ihre Schuld ist: Es muß daran liegen, daß sie etwas falsch machen. Und das wiederum zieht jeden Teil ihres kindlichen Lebens in Mitleidenschaft.

Sehen Sie, was passiert? Sehen Sie, wie Ihr Verhalten langsam in das System Ihrer Familie hineinsickert? Manchmal, wenn ich Vorträge vor Familienangehörigen halte, dann vergleiche ich die Familie gern mit einem Zentralheizungssystem. Da sind der Boiler, der Thermostat und außerdem die Heizkörper, die übers ganze Haus verteilt sind. Wenn Sie darüber nachdenken, dann ist der Boiler meist der Vater, der Thermostat die Mutter, die versucht, den Frieden zu bewahren, und die Heizkörper sind die Kinder. Wenn der Boiler versagt, dann ist der Thermostat machtlos, und die Heizkörper leiden darunter. Wenn der Thermostat nicht mehr funktioniert, dann funktioniert auch der Boiler nicht mehr richtig und somit auch die Heizkörper nicht.

Sobald einmal der Alkoholmißbrauch seinen Einzug gefunden hat, kann eine Familie nicht mehr richtig funktionieren. Die Familie funktioniert vielleicht auf eine bestimmte, aber sehr dysfunktionale Weise. Und das bringt mich zu Regel Nummer drei: Die Familie versucht, das Irrationale zu rationalisieren.

Der Problemtrinker ist immer der Ansicht, daß andere an seinen Schwierigkeiten, welcher Art auch immer, schuld sind – jemand, der abhängig ist, versucht der eigenen Schuld gewöhnlich dadurch auszuweichen, daß er oder sie einer anderen Person die Schuld zuschiebt. Der Sündenbock können der Ehemann/die Ehefrau, die Kinder, der Job, die Arbeitskollegen, der Chef, die Ehe – alles oder jeder sein, nur um die Gefühle von Wertlosigkeit und Schuld loszuwerden.

Haben Sie sich je gefragt, wie es für jemanden sein muß, die Schuld für etwas zugeschoben zu bekommen, was er nicht versteht, aus dem er sich überhaupt keinen Reim machen kann? Sie sehen, Ihre Familie erträgt Ihr unakzeptables Verhalten und versucht gleichzeitig, es zu rationalisieren. Aber wie kann man eine irrationale Situation rationalisieren? Ganz einfach, es geht nicht. Da muß man sich ja langsam verrückt vorkommen, denn die Abwehr, die Ableugnung des Offensichtlichen ist so stark geworden, daß man all die Schuldgefühle, die Scham und Wut auf die Familie überträgt, und die Familie fängt an, sich selbst die Schuld zu geben.

So geht es weiter, bis keiner mehr sagt, was er wirklich fühlt, und das ist Regel Nummer vier. Jeder um sie herum geht auf Zehenspitzen, und die emotionale Pein, in der Sie sich befinden, ist so groß, daß Sie mit den schmerzlichen Gefühlen Ihrer Familie nicht mehr fertig werden.

Stellen Sie sich vor, es ist Freitagabend: Ihre Frau ist zu Hause mit den Kindern und bereitet das Abendessen vor. Sie weiß nicht, wann Sie nach Hause kommen, aber sie hofft, daß es bald ist: daß dieser Freitagabend nicht wie jeder andere Freitagabend in den letzten Wochen sein wird, welcher wiederum als Beispiel für jeden beliebigen anderen Abend gelten könnte. Alles läuft ab wie immer: Sie sagt den Kindern, sie sollen auf ihre Zimmer gehen, still sein und nicht zuviel Lärm oder gar Musik machen. »Laßt den Papa in Ruhe zu Abend essen und stellt ihm keine dummen Fragen. Wenn er einschlafen will, dann laßt ihn schlafen, denn ihr wißt, was los ist, wenn ihr ihn stört.« Die Angst ist bereits da, bevor Sie noch nach Hause gekommen sind. »Stört ihn nicht. Macht keinen Lärm. Redet nicht mit ihm.« Die *Kinder* verstehen natürlich, was damit gemeint ist. Was glauben Sie, was sie denken? Was können sie schon denken außer: »Also, wenn wir nicht mit ihm reden oder irgendwelchen Lärm machen, dann ist alles in Ordnung. Also muß es unsere Schuld sein, und wir sind der Grund für die ständige Streiterei.« Und so kommt niemand dazu zu sagen, was er fühlt.

Das geht immer so weiter und weiter, bis das ganze Szenario eine totale Verzerrung und Verdrehung der Realität darstellt. Jeder hofft, daß sich etwas ändert, daß Sie eines Tages direkt nach Hause kommen und es nicht wieder dieselbe alte Geschichte sein wird. Aber das geschieht nicht. Die kleinen Dinge werden zum großen Problem für Sie: morgens aus dem Bett zu kommen, zur Arbeit zu gehen oder eine Arbeit überhaupt zu behalten, einkaufen zu gehen. Sie sind immer müde. Scham und Schuldgefühle bewirken, daß Sie sich immer mehr in sich selbst zurückziehen, das wiederum führt zu immer mehr Schuldgefühlen und immer größerer Scham, bis

Ihre Familie nur noch eine Hülle vor sich hat – das Überbleibsel dessen, was einst eine gesunde, starke und liebenswerte Person war. Können Sie sich vorstellen, wie das ist – der Selbstzerstörung eines Menschen, den man liebt, zusehen zu müssen? Egal, wie oft man etwas sagt, egal, was man tut, egal, wie sehr man versucht, es dieser Person recht zu machen, für sie zu lügen oder Dinge zu vertuschen, nichts ändert sich. Es wird nur immer schlimmer. Können Sie sich den Schmerz vorstellen, den Ihre Familie fühlen muß? Ich nehme an, es ist nicht ganz realistisch von mir, Sie das zu fragen, aber ich denke, es ist an der Zeit, darüber nachzudenken. Wenn Sie nicht anfangen, darüber nachzudenken und einige Dinge zu ändern, dann werden Sie Ihre Familie früher oder später verlieren, denn sie wird diese Art von Verhalten nicht länger dulden können. Wenn Sie das lesen und denken: »Solche Dinge habe ich nie gemacht, solche Probleme habe ich nie verursacht, so benehme ich mich doch nicht«, dann denken Sie sich am besten gleich ein »noch nicht« dazu. So weit sind Sie schließlich bereits gekommen: Was gibt Ihnen Veranlassung zu glauben, nicht über die ganze Distanz gehen zu müssen, wenn Sie Ihr Leben nicht ändern?

Wenn ich über den Schmerz spreche, den Ihre Familie empfindet, dann muß ich an die unzähligen Familiensitzungen und -gruppen denken, an denen ich beteiligt war. Eine davon werde ich nie vergessen. Da war ein sehr erfolgreicher Geschäftsmann, der ein wenig Hilfe bei Streßproblemen suchte. Er glaubte nicht, daß etwas mit ihm nicht stimmte, außer daß er zu hart arbeitete und daß der Streß am Arbeitsplatz und der Erwartungsdruck, dem er ausgesetzt war, ihn dazu brachten, ein wenig zu trinken. Nicht viel, nur ein bißchen. Er wehrte geschickt alles ab, was das Team und ich ihm anzudeuten versuchten.

Wir holten also seine Familie dazu: seine Frau und seine drei Kinder. Auch sie wehrten recht geschickt alles ab. Sie spielten nach den Familienregeln, die ich vorher erwähnt habe: »Es ist der Arbeitsstreß. Was können wir schon von ihm erwarten? Er kann nicht mehr tun, als er ohnehin tut«, und es war jedermanns Schuld außer seiner eigenen.

Das ging so weiter, ungefähr drei oder vier Wochen lang. Dann, mitten in einer unserer Gruppensitzungen, es waren ungefähr vierzig oder fünfzig Leute anwesend, wendete er sich an seine Frau und sagte: »Das ist alles Zeitverschwendung. Ich brauche das nicht. Ich muß nicht in einer Gruppe von Leuten sitzen und über Probleme sprechen, die ich gar nicht habe. Ich bin ein Gesellschaftstrinker. Es ist der Streß, unter dem ich leide – nichts anderes.« Während er so weiterredete über Probleme, die er angeblich gar nicht hatte, erhob sich sein jüngster Sohn (er war ungefähr sechs Jahre alt) von dem Platz, auf dem er saß, und preßte sich zwischen seinen älteren Bruder und seine Schwester. Der Junge sah mich an und blickte dann auf seine Eltern. »Ich muß was sagen«, meinte er. Als ich den kleinen Kerl so sah, wie er zwischen seine Geschwister gequetscht dasaß, kam mir der Gedanke, daß er gleich etwas riskieren würde, und das tat er tatsächlich.

Der Junge sagte seinem Vater, daß er zum Schnapsladen gegangen sei. Stellen Sie sich einen sechsjährigen Jungen vor, der zum Ladentisch hochblickt. Er hatte zu dem Verkäufer gesagt: »Bitte verkaufen Sie meinem Papa keinen Alkohol mehr. Er kommt nämlich immer heim und schreit meine Mama an, und dann schreit er mich an, und dann haut er manchmal meine Mama, und manchmal haut er mich.« Die Stille im Raum war greifbar. Es war, als ob die Zeit stillstünde. Vater und Sohn sahen sich an, und die Mutter blickte zu Boden. Bruder und Schwester hielten den Jungen an den Händen. Die Augen des Vaters füllten sich mit Tränen, und er begann zu weinen, und der kleine Junge löste sich von seinen Geschwistern und ging hinüber zu seinem Vater. Ich kann Ihnen versichern, in dem ganzen Raum war kein Auge, das trocken blieb. Ich muß zugeben, daß wir trotz all der Therapie und des Professionalismus wahrscheinlich nicht weitergekommen wären, wenn nicht der kleine Junge eingegriffen hätte. Sein Vater würde dann vielleicht immer noch trinken und sich verhalten wie bisher, und er würde vielleicht sich und seine Familie damit zerstört haben.

Ich bin glücklich, sagen zu können, daß der betreffende Mann nun ein äußerst nüchternes Leben führt und die Beziehung zu seiner Frau und seinen Kindern wieder in Ordnung gebracht hat.

Das ist jedoch nur eine von zahllosen Familien, die unter dem Unakzeptablen leiden müssen. Bitte hören Sie, was ich Ihnen sage: Sie sind nicht der einzige, der unter all dem zu leiden hat. Wenn Sie durch eine emotionale Hölle gehen, dann geht Ihre Familie mit. Natürlich geht sie mit – sie ist ja von Ihnen abhängig! Sie liebt Sie und sorgt sich um Sie. Das muß anders werden. Schluß mit der Geheimnistuerei, Schluß mit den krankhaften Regeln. Kann die Familie überleben? Ja, das kann sie, aber der erste Schritt muß von Ihnen ausgehen. Sie haben den Schlüssel zur Rettung Ihrer Familie in der Hand, aber Sie haben auch den Schlüssel zur Zerstörung Ihrer Familie in der Hand. Was ich damit meine, ist folgendes: Wenn Sie etwas gegen Ihr Trinken tun, dann werden Sie überleben, und dann wird auch Ihre Familie überleben. Aber wenn Sie sich auf Teufelkommraus selbst zerstören wollen, dann wird Ihre Familie, wenn sie bei Ihnen bleibt, dasselbe Schicksal erleiden. Wenn sich also überhaupt etwas ändern soll, dann müssen Sie den Anfang machen. Sie sitzen in dieser Sache am Steuer, und in Ihrer Hand liegt es, die Regeln zu ändern, die Ihre Familie aufgestellt hat.

In diesem Stadium des Stücks braucht Ihre Familie mehr als nur Versprechungen. Sie braucht mehr als Phrasen wie: »Das war der letzte Schluck. Nie wieder. Ab morgen ist Schluß. Ich werde weniger trinken. Ich trinke keine harten Sachen mehr. Kein Schnaps mehr für mich! Ab morgen trinke ich nur noch Wein.« Na, kommen Sie! Wie oft haben Sie das schon gesagt? Wenn Sie wirklich ehrlich sind, dann müssen Sie zugeben, daß Sie, wenn Sie für jedes dieser Versprechen einen Zehner bekommen hätten, jetzt schon auf ein stattliches Vermögen blicken könnten. Es ist Zeit für ein paar ehrliche Taten und ein paar positive Veränderungen.

Lieben Sie Ihre Familie? Fragen Sie sich das doch mal. Lieben Sie sie genug, um einen Schritt zurückzunehmen und sich anzusehen, was los ist? Wenn Sie das Gefühl haben, es nicht zu können, dann fragen Sie Ihre Lieben. Vielleicht zeigen Sie ihnen dieses Buch. Schauen Sie, ob sie sich damit identifizieren können. Ganz schön riskant, wie? Aber ist das wirklich zuviel verlangt? Wir sind schon halb durch – nun müssen einfach ein paar Taten folgen. Sie und ich, wir beide können darüber reden, bis die Kühe heimgetrieben werden. Das ist wie Politisieren in der Kneipe: Man kommt nie zu irgendeinem Ergebnis – jeder versucht seine Meinung an den Mann oder die Frau zu bringen, aber ändern tut sich nie irgendwas und bewegen schon gar nichts. Ganz im Ernst – es geht hier darum, wie Ihre familiäre Situation zu retten ist.

Wenn Sie nach einem Weg suchen, wie Sie mit Alkohol diese Situation retten können, dann sollten Sie sich lieber ein anderes Buch suchen, denn ich spreche hier darüber, was Ihr wirkliches Ich will, nicht darüber, was die Sucht in Ihnen will. Wenn Sie dieser zerstörerischen Seite in Ihnen nachgeben, dann werden Sie alles verlieren. Für die Menschen, die Ihnen nahestehen, gibt es dann nichts mehr, das sie halten könnte, das sie zum Bleiben veranlassen könnte: Sie haben buchstäblich nichts mehr zu geben.

Wenn Sie sich ansehen, was wir bis jetzt besprochen haben, dann müßten Sie bereits ein gewisses Bild vor Augen haben. Was können Sie Ihrer Frau, Ihrem Mann oder Ihren Kindern denn tatsächlich bieten? Was können Sie Ihnen bieten in bezug auf Sicherheit, Glück, Erfüllung und eine positive Zukunft? Legen Sie das Buch jetzt nicht gleich weg – so weit sind Sie ja immerhin schon gekommen, und wir müssen uns dem Schmerz zuerst stellen, bevor der Heilungsprozeß beginnen kann. Falls nötig, lesen Sie dieses Kapitel noch einmal. Ich wünsche Ihnen nicht, daß Sie all das verlieren, was ich selbst verloren habe. So schmerzvoll es auch sein mag, es ist auch ein erster Schritt vorwärts auf dem Weg zur Versöhnung mit Ihrer Familie, mit den Menschen, die Sie lieben, in welcher Beziehung Sie auch immer zu Ihnen stehen mögen. Mit ihrer Liebe und Unterstützung können Sie ausbrechen, können Sie dieser täglichen Hölle, in der Sie leben, entkommen und sich auf den Weg machen, das Glück und die Erfüllung zu finden, die Sie, Ihre Familie und die Menschen, die Sie lieben, so sehr verdienen.

Es liegt an Ihnen. Wenn Sie im Moment noch der Ansicht sind, keine Wahl zu haben, dann lesen Sie einfach das nächste Kapitel.

11
Sie haben die Wahl

Wenn Sie die Wahl hätten zwischen einem Scheck über zwanzig Mark und einem Scheck über hundert Mark, dann bin ich sicher, daß Sie sich für den Hundertmarkscheck entscheiden würden, denn hundert Mark sind mehr wert als zwanzig Mark.

Die Wahl in bezug auf Ihren Alkoholkonsum zu treffen, ist fast dasselbe, als ob Sie andere Entscheidungen darüber, was das Beste für Sie ist, fällen würden. Wir wissen, daß übermäßiger Alkoholkonsum nicht gut für Sie ist, weder physisch noch psychisch, und der Versuch, weniger als »zuviel« zu trinken, mag sich als sehr schwierig erweisen und Ihnen Probleme verursachen; oder vielleicht verursacht das Trinken an sich Ihnen ja bereits Probleme und Schwierigkeiten. Also bedeutet, eine Wahl in bezug auf Alkohol zu treffen, im Grunde, Entscheidungen darüber zu fällen, was gut für Sie ist und was nicht.

Es ist sehr wichtig, Wahlmöglichkeiten in seinem Leben zu haben. Es gibt nichts Schlimmeres, als gesagt zu bekommen: »Tu das nicht«, »Tu dies nicht«, »Das kannst du nicht tun«, »Das darfst du nicht tun.« Bei den meisten Menschen weckt dies den Widerspruchsgeist. Wenn Sie einem Kind sagen, daß es dies oder jenes nicht tun darf, dann tut es das manchmal trotzdem. Ich glaube, Kinder verhalten sich so, um zu lernen, warum sie dies oder jenes nicht tun dürfen oder was passiert, wenn sie es dennoch tun. Das Gleiche gilt für Ihr Trinken.

Sie kennen nun wahrscheinlich bereits die Grenzen, die Ihnen Ihr Trinken setzt. Kann sein, daß Sie diese Grenzen nicht akzeptieren wollen, aber darum geht es hier gar nicht: Ich will sagen, sie haben die Konsequenzen inzwischen durch die Reaktionen und Bemerkungen der Leute über Ihr Trinken lernen müssen. Die Wahlmöglichkeiten, über die ich in diesem Kapitel mit Ihnen sprechen möchte, sind die, die Sie treffen *müssen*, nicht die, die Sie treffen *wollen*. Es ist ein großer Unterschied zwischen dem, was man will, und dem, was man tun muß. Ich habe nicht den Wunsch, Ihnen Ihre Wahlmöglichkeiten zu nehmen, dazu habe ich weder das Recht noch die Macht. Alles, was ich will, ist Ihnen zu helfen, die richtige Wahl zu treffen, sich für das zu entscheiden, was gut und richtig für Ihre Zukunft ist.

Die erste Wahl, die Sie haben, ist die, so zu bleiben, wie Sie sind. Wenn Sie glücklich sind mit Ihrem Trinken und den Konsequenzen, die es nach sich zieht, okay, schön für Sie; aber denken Sie dann bitte nicht, daß es Zeitverschwendung ist, dieses Buch zu lesen. Das ist es keineswegs. Vielleicht haben Sie ja einen Freund, Verwandten oder jemanden, der Ihnen nahesteht und zuviel trinkt, und Sie erkennen dessen oder deren Verhalten anhand dieses Buches wieder. Dann geben Sie es an denoder diejenige weiter.

Wenn Sie jedoch nicht glücklich sind mit Ihrem Trinkverhalten und dessen Folgen, dann haben Sie die Wahl, etwas dagegen zu tun. Tatsächlich stehen Ihnen verschiedene Wahlmöglichkeiten offen:

1. Sie können sich dafür entscheiden, Ihren Alkoholkonsum zu reduzieren.

2. Sie können sich dafür entscheiden, nicht jeden Tag oder jeden Abend zu trinken.
3. Sie können sich dafür entscheiden, nur an Wochenenden zu trinken.
4. Sie können sich dafür entscheiden, nur zu bestimmten Feierlichkeiten wie Weihnachten, Ostern, Hochzeiten, Geburtstagen, Parties etc. zu trinken.
5. Sie können sich dafür entscheiden, eine Zeitlang gar nichts zu trinken, um zu sehen, welche positiven Wirkungen dies auf Sie haben kann – auf Ihre Gesundheit zum Beispiel, auf Ihr Verhalten, auf Ihre Finanzen und auf Ihre familiären Beziehungen.

Wenn Sie sich diese Wahlmöglichkeiten ansehen, denken Sie dann, daß etwas daran nicht stimmt? Wenn sie davon überzeugt sind, daß Ihr Trinken normal ist oder gesellig, so wie bei jedem anderen auch, warum wollen Sie dann überhaupt etwas daran ändern? Sicher möchten Sie dann doch so weitermachen wie bisher? Tatsache ist, Sie *können* nicht so weitermachen wie bisher; es ist an der Zeit, einiges zu ändern und einige Entscheidungen zu treffen.

Ich finde es großartig, daß Sie bereit sind, ein Risiko einzugehen, und daß Sie genug von sich halten, um sich einmal Gedanken darüber zu machen, wie Sie Ihre Lebensqualität verbessern könnten. Ich stehe hundertprozentig hinter Ihnen, wenn Sie diese Herausforderung annehmen, und das ist auch bei der Mehrheit Ihrer Bekannten, Verwandten, Freunde und Arbeitskollegen der Fall. Auch sie wollen, daß Sie die richtigen Entscheidungen treffen, denn sie profitieren selbst davon. Und wenn Sie nicht zufrieden sind mit der Wahl, die Sie getroffen haben, dann können Sie ja immer wieder zurück. Diese Wahl nimmt Ihnen keiner. Die haben Sie immer.

Sie müssen gar nicht sagen: »Nie wieder Alkohol. Das war´s. Ich trinke nie wieder, so lange ich lebe.« Wenn der Alkohol Ihnen Schwierigkeiten macht und Sie ihn einschränken wollen, dann schränken Sie ihn ein. So einfach ist das. Sie können das nicht proben; Sie müssen es einfach tun.

Was mir jedoch Sorgen macht, wenn ich höre, daß jemand sein Trinken einschränken will, ist, daß er es schon längst getan hätte, wenn es funktionieren würde. Bei einer Substanz wie Alkohol vergißt man nämlich sehr leicht, daß sie die Gefühle verändert. Sie verändert Ihre Stimmung. Sie beeinträchtigt Ihre Denkfähigkeit. Wie ich also schon in den vorhergehenden Kapiteln gesagt habe, hegen Sie anfangs durchaus die besten Absichten – »nur ein, zwei Gläser« –, aber sobald Sie dieses eine oder diese zwei einmal getrunken haben, wollen Sie unweigerlich mehr, denn die Art, wie Sie sich fühlen, hat sich verändert, und Sie fangen an zu mögen, wie Sie sich fühlen. Sobald Sie einmal eine gewisse Menge Alkohol zu sich genommen haben, fühlen Sie sich schläfrig, oder es ist Ihnen plötzlich alles nicht mehr so wichtig. Und wenn Sie dann endlich anfangen, sich Gedanken darüber zu machen, ist es bereits zu spät: Sie sind betrunken. Was hat es also für einen Sinn, weniger zu trinken? Ich persönlich glaube, sobald man sich einmal Gedanken darüber machen muß, wie man sein Trinken einschränken könnte, dann ist es dringend an der Zeit, sich zu überlegen, wie man ganz damit aufhören kann. Wenn der Alkohol das Problem ist, dann ist das Problem der Alkohol: Hören Sie auf, Alkohol zu trinken, und die Probleme, die mit dem Alkohol verbunden sind, werden ebenfalls aufhören. Ich weiß, das ist nicht einfach, aber wer hat behauptet, daß es einfach sein würde?

Ich weiß, daß die einzigen Wahlmöglichkeiten, die Ihnen unter Alkoholeinfluß bleiben, folgende sind:

- mehr davon zu trinken;
- sich trotz Alkohol ans Steuer zu setzen;
- sich auf eine Art zu benehmen, wie Sie dies normalerweise nicht tun würden;
- mit den Leuten so zu reden, wie Sie es in nüchternem Zustand nie tun würden;
- sich lauter und unverschämter zu benehmen, als normalerweise;

und so weiter.

Sich zu entscheiden, nur heute, nur an diesem heutigen Tag nüchtern zu bleiben, nichts zu trinken, ist wohl der schnellste Weg, um die Vorteile dieser Entscheidung am eigenen Leib erfahren zu können. Jeder Tag hat nur vierundzwanzig Stunden – sechzehn davon sind Sie wahrscheinlich wach, und von diesen sechzehn verbringen Sie acht bei der Arbeit; dann müssen Sie sich also, vorausgesetzt, Sie trinken nicht während der Arbeit, nur um acht Stunden Sorgen machen! Gehen Sie die Sache einfach Tag für Tag an, ohne »Feiertage« dazwischen: Dieses Denkmodell läßt sich auf viele Dinge des Lebens übertragen, aber es ist ganz besonders nützlich, wenn man mit dem Mißbrauch von Alkohol umzugehen hat.

Sich für´s Aufhören zu entscheiden scheint ein enormer Schritt zu sein, und es ist möglicherweise einer, den Sie eigentlich gar nicht machen wollen; ich glaube aber, mit der beste Weg, diese Entscheidung anzugehen, ist, sich anzuschauen, was es *bedeutet*, eine solche Entscheidung zu treffen:

- Welchen Nutzen bringt Ihnen eine solche Entscheidung?
- Was bedeutet sie in bezug auf Geld – d.h. wieviel geben Sie für die dauernden negativen Folgen aus?
- Wieviel verlieren Sie in emotionaler Hinsicht, wenn Sie permanent schlechte Beziehungen zu Ihren Mitmenschen haben?
- Wieviel Zeit bleibt Ihnen noch?

Machen Sie eine Liste der Wahlmöglichkeiten, die Sie haben, wenn Sie sich entschließen sollten, mit dem Trinken aufzuhören. Überlegen Sie sich folgendes:

- Wieviel Zeit verbringen Sie mit dem Trinken in der Kneipe oder daheim?
- Wie hart arbeiten Sie für das Geld, das Sie ausgeben müssen, um sich so zu fühlen, wie Sie sich fühlen?

Wenn Sie verheiratet sind, wie wird sich diese Entscheidung dann auf den Rest Ihrer Familie auswirken? Werden Ihre Kinder enttäuscht sein, daß Sie aufgehört haben zu trinken? Werden sie aufgebracht sein, wenn sie merken, daß Sie zur versprochenen Zeit nach Hause kommen, daß Sie mit ihnen spielen, daß Sie ihnen ein bißchen Aufmerksamkeit schenken, daß Sie sie nicht länger ohne Grund anschreien? Wird Ihre Frau sich aufregen, weil Sie rechtzeitig zu Hause sind, weil Sie das essen, was sie gekocht hat, weil man ein vernünftiges Gespräch mit Ihnen führen und die Verantwortung für das Wohlergehen der Familie wieder mit Ihnen teilen kann? Wird sie sauer sein, weil Sie nicht länger betrunken Auto fahren? Oder wird Ihr Mann sich darüber aufregen, daß er zu einer nüchternen Frau nach Hause kommt und nicht wie sonst eine Frau vor sich hat, die unfähig ist, zu kochen, sich um die Kinder und um den Haushalt zu kümmern?

Bitte glauben Sie nicht, daß ich mich darüber lustig machen will. Offen gesagt, alles wird sich für Sie ändern. Stellen Sie sich vor, Sie müssen nicht länger den Hickhack wegen der (angeblich) paar Drinks ertragen. Ihre Lebensqualität wird sich um hundert Prozent verbessern. Wenn Sie das nicht wollen, dann können Sie ja so weitermachen wie bisher. Ich glaube jedoch nicht, daß Sie das wirklich wollen. Es bringt nichts, wenn wir beide, Sie und ich, länger um den Busch klopfen: Wir müssen einen wirklich ehrlichen Blick auf das werfen, was in Ihrem Leben vorgeht. Ich habe weder den Wunsch, die äußerst kostbare Zeit, die uns auf diesem Planeten gegeben ist, zu verschwenden, noch will ich Sie dazu ermutigen, mit Ihrem Trinken fortzufahren, ganz besonders dann nicht, wenn Sie Probleme damit haben; denn man weiß nie, was passiert, wenn man wieder zum Glas greift. Warum also nicht gleich damit anfangen, bestimmte Entscheidungen zu treffen?

Machen Sie eine Liste der Wahlmöglichkeiten, die Sie haben, wenn Sie mit dem Trinken fortfahren *und eine andere Liste, in der Sie aufzählen, was sein wird, wenn Sie* aufhören. *Ich mache Ihnen eine Vorschlag, bevor Sie mit Ihren Listen anfangen: Fragen Sie sich, was Sie denn wirklich aufgeben würden. Wenn Sie absolut ehrlich mit sich sind, dann werden Sie zweifellos die richtige Entscheidung treffen.*

12
Mythen, die keine sind

Ich weiß noch, ich war ungefähr drei Wochen lang in einem Therapiezentrum, in das ich wegen meines Trinkens eingeliefert worden war. Ich hatte gerade die schlimmsten Entzugserscheinungen überwunden, da kam einer der Therapeuten und sagte: »Heute nachmittag werden wir uns einen Videofilm ansehen.« Ich hatte keine Ahnung, wovon er handelte oder warum er gezeigt wurde.

Ich saß mit den anderen Patienten im Fernsehraum, und der Therapeut erklärte uns, daß der Film den Titel »Guidelines«, also »Richtlinien«, trug; Pater Joseph Martin, ein amerikanischer Priester, der selbst genesender Alkoholiker ist, hatte ihn gedreht. Das Erste, was mir durch den Kopf schoß, war: »O nein, jetzt muß ich mir auch noch einen Pfarrer anschauen! Der wird die ganze Zeit nur über Religion, Gott und solchen Kram reden. Was hat das mit meinem Alkoholproblem zu tun?« Ich entschloß mich, entweder die Augen zu schließen und ein wenig zu dösen oder so zu tun, als ob ich zusehen würde, aber in Wirklichkeit einfach abzuschalten. Ich wußte, daß ich nicht einfach aufstehen und gehen konnte, denn es gehörte zum Reglement der Klinik, daß man an den Gruppensitzungen teilnahm und sich die Filme ansah.

Der Film begann, und ein Priester mittleren Alters mit grauem Haar und einem gütigen Gesicht fing an zu reden. Innerhalb einer Minute – wenn es überhaupt so lange dauerte – mußte ich mir den Bauch halten vor Lachen. Ich lachte nicht *über* ihn, ich lachte *mit* ihm, denn der Priester (Pater Martin) erzählte Witze. Es waren Betrunkenenwitze, und obwohl sie sehr lustig waren, waren sie gleichzeitig auch sehr erschütternd. Ich lachte und lachte und die Tränen rollten mir die Wangen hinab.

Ich werde das nie vergessen, denn es war einer der bedeutendsten Momente meines Lebens – bedeutend deshalb, weil es das erste Mal in meinem Leben war, daß ich wirklich, aber wirklich richtig gelacht hatte, ohne etwas getrunken zu haben. Da saß ich also in dem Therapiezentrum, war gerade der Hölle des Entzugs entstiegen, und ich lachte. Es mag seltsam klingen, aber die Wahrheit ist, ich hätte nie gedacht, nicht mal für eine Sekunde, daß ich mich jemals ohne Alkohol amüsieren könnte. Was mich betraf, so dachte ich, wer nicht trinkt, ist langweilig und miesepetrig – ein Trottel ohne das kleinste bißchen Spaß im Leben. »Was ist das Leben schon ohne Alkohol?« dachte ich immer, und dennoch lachte ich dort in diesem Fernsehraum über die Witze, die der Priester erzählte.

Für mich persönlich hat dieser Vorfall den ersten der Mythen zerstört, die um den Alkohol kreisen. Ich fand heraus, daß es möglich war, auch ohne Alkohol zu lachen und sich zu amüsieren. Das hätte ich nie geglaubt.

Ich weiß, daß es auch vielen anderen so geht, denn ich höre es tagtäglich: »Was geschieht mit mir, wenn ich aufhöre zu trinken? Was soll ich dann tun? Ich kann nicht mehr ausgehen! Fernsehen ohne zu trinken macht doch gar keinen Spaß … oder auf eine Party oder eine Hochzeit zu gehen!« Es gibt jede Menge Mythen, die sich um den Alkohol herum gerankt haben, und im vorliegenden Kapitel möchte ich mir einige davon mit Ihnen vornehmen.

Übrigens, einer der schönsten Momente während meiner Genesung war die Begegnung mit Pater Martin und daß ich ihm von diesem Nachmittag, als ich noch in Behandlung war, erzählen konnte – wie ich seinen Film angesehen und herausgefunden hatte, daß man auch ohne Alkohol lachen kann. Er, einer der sanftesten Menschen, die mir je begegnet sind, saß da und sah mich mit Tränen in den Augen an. Er sagte: »Humor ist so wichtig für die Genesung. Was wäre das Leben ohne Humor?« Er hat recht: Wenn Sie nicht glücklich sind bei dem, was Sie tun, dann tun Sie es lieber nicht. Vielleicht sollte ich das hier besser nicht zu Ihnen sagen, aber ich tu es trotzdem: Wenn es Sie gar so unglücklich macht, Ihr Trinken einzuschränken oder ganz damit aufzuhören, dann trinken Sie eben weiter. Ich persönlich bezweifle das, denn ich bin der Ansicht, daß Sie unglücklich sind wegen einer Entscheidung, die Sie treffen müssen, und nicht wegen irgendwelcher Umstände, in denen Sie sich zu befinden glauben.

Zurück zu den Mythen, die um den Alkohol kreisen. Sie haben warscheinlich selbst einen ganzen Stall davon, also machen Sie eine Liste der Mythen, die Ihrer Meinung nach mit dem Alkohol verbunden sind. Vergleichen Sie diese Liste mit einigen der Mythen, über die ich sprechen werde. Sie glauben vielleicht an einige, die ich nicht erwähne, deshalb wäre es gut, wenn Sie einen ehrlichen Blick darauf werfen und Ihre eigenen Schlüsse daraus ziehen würden.

Eine der hartnäckigsten Mythen ist, wie bereits erwähnt, folgende:

1 *»Ohne Alkohol kann ich mich nicht amüsieren.«*

Wie oft lachen Sie denn nun wirklich, wenn Sie trinken? Und wenn Sie tatsächlich lachen während Sie trinken, wie lange dauert dieses Lachen an, bevor es sich in Wut oder Schuldgefühle verwandelt? Ich will damit nicht sagen, daß die Leute keinen Spaß haben, wenn sie trinken – das haben sie – aber ich spreche hier über Sie und mich. Wieviel Spaß haben *wir* denn? Wie oft lachen wir denn aus vollem, ehrlichem, unbeschwertem Herzen?

Ich habe gewöhnlich auf Kosten anderer Leute meinen Spaß gehabt, während ich noch trank – meist dann, wenn jemand unfähig war, etwas zu tun. Wie oft lachen Sie denn auf Kosten anderer? Ist Ihr Humor ein netter Humor oder ein sarkastischer oder wütender Humor oder etwa ein von Herzen kommendes Lachen? Ich kann ganz ehrlich sagen, daß ich mich noch nie so gut amüsiert oder so viel gelacht habe wie seit der Zeit, da ich mit dem Trinken aufgehört habe. Ich glaube, das liegt teilweise daran, daß ich mich nun erinnere, bei welcher Gelegenheit und über was ich gelacht habe, selbst nach ein paar Tagen. Ich kann mich an den Witz erinnern und ihn mir noch einmal ganz klar, ohne jeden trübenden Schleier vor Augen führen. Das hätte ich früher nie tun können. Ein gesunder Humor hängt größtenteils mit einem gesunden Leben zusammen, und – glauben Sie mir – *er* wird gesünder, je gesünder *Sie* werden.

Ein weiterer großer Mythos ist dieser hier:

2 *»Ohne Alkohol ist das Leben grau und öde.«*

Nun, wie bunt ist denn das Leben *mit* dem Suff? Wieviel Farbe hat denn Ihr Tag, und wie sehr amüsieren Sie sich wirklich? Ihr Leben wird alles andere als grau und öde sein ohne Alkohol. Alkohol ist ein Depressivum: Er betäubt Ihre Gefühle; Ihre Sinne werden abgestumpft; Ihre Ansichten getrübt. Fällt das weg, dann ist das Leben alles andere als grau.

Und noch ein Lieblingsmärchen:

3 »Ich weiß nicht, was ich ohne Alkohol mit meiner Zeit anfangen soll.«

Sie werden erstaunt sein, wieviel es zu tun gibt, und Sie werden sich fragen, wie Sie überhaupt je Zeit gefunden haben zu trinken. Ich will wirklich nicht auf Ihnen herumhacken, aber wir müssen ehrlich miteinander sein. Wie wäre es, wenn Sie etwas Zeit mit den Menschen verbringen würden, die Ihnen wichtig sind – mit Ihrer Familie, Ihren Kindern? Wie wäre es, wenn Sie ein wenig Zeit damit verbringen würden, Ihren Freunden zuzuhören, die doch so viel von ihrer Zeit damit verbracht haben, Ihnen zuzuhören? Wie wäre es, wenn Sie sich selbst ein wenig Aufmerksamkeit schenken würden – Ihrem Wohlbefinden, Ihrer Gesundheit, Ihrem Körper, den Dingen, die Sie schon immer tun wollten, zu denen Sie aber nie die Zeit fanden, weil Sie getrunken haben? Endlich werden Sie es einmal genießen, Zeit zu haben. Denn Zeit haben bedeutet mehr Wahlmöglichkeiten zu besitzen, und Wahlmöglichkeiten bedeuten Freiheit, und Sie haben die Zeit, diese Freiheit zu genießen.

4 »Alkohol entspannt mich und gibt mir Selbstbewußtsein.«

Nun, ich weiß, daß er Sie entspannt – er entspannt Sie so sehr, daß Sie vom Stuhl kippen! Er entspannt Sie so sehr, daß Sie nicht mehr zuhören und Ihre Worte nur noch derart lallen können, daß es klingt, als sprächen Sie chinesisch! Es ist ein Märchen, daß Sie Alkohol brauchen, um selbstbewußt zu sein oder zumindest so zu wirken. Sie besitzen bereits Selbstbewußtsein; dafür brauchen Sie keinen Alkohol. Sie können tun, was Sie wollen, und Sie können es wirklich gut tun, auch ohne Alkohol.

5 *»Nur Penner sind Alkoholiker.«*

Man schätzt, daß lediglich drei Prozent aller Problemtrinker auf der Straße leben. Ich stimme zu, daß viele derjenigen, die in Busbahnhöfen schlafen und auf der Straße betteln, Alkohol mißbrauchen, aber Alkoholmißbrauch unterliegt keinen sozialen Schranken: er findet sich überall. Da ich in einem Therapiezentrum arbeite, begegne ich Leuten aus sämtlichen sozialen Schichten, die alkoholsüchtig sind, also kann ich Ihnen guten Gewissens versichern, daß nicht alle Alkoholiker Penner sind.

Hier ist noch so ein Prachtstück:

6 *»Alle Alkoholiker fangen schon morgens an zu trinken.«*

Es spielt gar keine Rolle, wann Sie anfangen zu trinken – es kann morgens sein, es kann nachmittags sein, spät abends oder mitten in der Nacht – das Bedürfnis, der Drang zu trinken und was passiert, wenn Sie einmal angefangen haben, das ist es, was zählt.

7 *»Ohne Alkohol habe ich kein Gesellschaftsleben mehr.«*

Dieses Argument finde ich immer recht lustig, denn ich frage mich, wie gesellig Sie eigentlich sind, wenn Sie trinken. Was mich betrifft, ich war derart gesellig geworden, daß es mir die Sprache verschlagen hat! Ich bin einfach vornübergekippt und habe mich erbrochen, und ich habe die Leute beschimpft und manipuliert. Was verstehen Sie also unter »Gesellschaftstrinken«? Natürlich haben Sie ein Gesellschaftsleben ohne Alkohol – sogar ein ganz wundervolles! Vergessen Sie nicht, Sie haben ja nicht aufgehört zu trinken, Sie haben nur aufgehört Alkohol zu trinken. Ich garantiere Ihnen, daß Sie ohne Alkohol viel geselliger und umgänglicher sein werden als mit.

8 *»Ohne Alkohol werde ich überhaupt keinen Spaß mehr haben.«*

Der hier ist ganz besonders beliebt. Wenn man diese Aussage wörtlich nimmt, heißt das, Sie sind die meiste Zeit Ihres Lebens unglücklich. Wieviele Stunden des Tages verbringen Sie denn mit Trinken? Wenn Sie nur während zweier Stunden trinken, sind Sie dann die restlichen zweiundzwanzig über unglücklich? Das bezweifle ich. Sie werden viel mehr Spaß haben ohne Alkohol. Vielleicht denken Sie ja jetzt: »Bei ihm mag das ja stimmen – aber es ist nur das, was er sagt.« Das stimmt, aber es gibt zahllose Menschen, die, so wie ich, ihr Leben ohne Alkohol genießen. Ich garantiere Ihnen: Sie werden viel Spaß haben ohne Alkohol.

9 *»Wenn ich nicht mehr trinke, dann lerne ich keine neuen Leute mehr kennen.«*

Warum nicht? Sehen Sie es doch mal so: Wenn Sie in eine Kneipe gehen und dort jeden Abend dieselben Leute treffen, wie neu sind dann die Bekanntschaften, die Sie machen? Wenn Sie Ihr Trinken einschränken oder ganz damit aufhören, bedeutet das doch nicht, daß Sie nicht mehr ausgehen werden, oder? Es bedeutet doch nicht, daß Sie sich nie wieder mit Leuten unterhalten können, nicht wahr? Natürlich werden Sie neue Leute kennenlernen. Dieser Mythos ist wirklich kompletter Unsinn.

10 »Wenn ich keinen Alkohol mehr trinke, dann kann ich auch nicht mehr auf Parties gehen.«

Ist Ihr Leben wirklich so sehr vom Alkohol abhängig? Bestimmt er wirklich alles, sogar ob Sie irgendwo hingehen können oder nicht? Sie werden sehen, Ihr Spaß an Parties wird sogar noch größer, und Sie werden darüberhinaus ein viel besserer Gesellschafter sein, als die meisten derjenigen, die zuviel trinken. Sie werden sehen, die Leute werden sich für Sie interessieren, denn Sie sind ein vernünftiger, logisch denkender Mensch und Sie verhalten sich so, wie man sich normalerweise verhält, wenn man nichts getrunken hat. Erst dann werden Sie sich wirklich gut amüsieren können, und damit hat auch dieser Mythos sein rechtmäßiges Grab gefunden.

Ein weiterer Mythos, der gleich nach »dann kann ich nicht mehr auf Parties gehen« kommt, ist folgender:

11 »Die Leute werden mich für langweilig halten, wenn ich nichts mehr trinke.«

Na, wie interessant sind Sie denn, wenn Sie betrunken sind? Ich dachte immer, ich wäre unheimlich interessant, lustig und humorvoll, wenn ich etwas getrunken hatte. Erst als ich damit aufgehört hatte, sagten die Leute zu mir: »Gott sei Dank Beechy! Du warst schrecklich langweilig und furchtbar egoistisch. Nie hast du zugehört oder den Leuten Gelegenheit gegeben, ihre Meinung zu sagen. Was dich betraf, so gab es nur dich allein auf der Welt. Du warst das Universum, und alles mußte nach deiner Pfeife tanzen.« Ich versichere Ihnen, das war das Letzte, was ich hören wollte, aber da es so viele Leute zu mir sagten, konnte ich die Ohren nicht länger vor der Wahrheit verschließen.

Und noch so ein Scheinmythos:

12 »Heutzutage trinkt doch jeder, da fällt man doch nur unangenehm auf, wenn man es nicht tut.«

Wenn Sie genau aufpassen, dann werden Sie merken, daß viele Leute gar nicht trinken, und zwar aus ganz unterschiedlichen Gründen. Vielleicht wollen sie ja nicht wegen Trunkenheit am Steuer verdonnert werden und empfinden einfach ein Gefühl der Verantwortung den anderen Verkehrsteilnehmern gegenüber. Es gibt auch Leute, die einfach nicht an Alkohol interessiert sind – die trinken dann vielleicht den ganzen Abend über nur ein oder zwei Gläser, und es kümmert sie nicht weiter, geschweige denn, daß sie besessen davon wären. Heutzutage gibt es immer mehr Leute, die gar keinen Alkohol trinken, so wie auch immer mehr mit dem Rauchen aufhören – und zwar, weil es nicht gut für die Gesundheit ist. Trinken gerät, genauso wie Rauchen, immer mehr ins gesellschaftliche Abseits. Sie werden keineswegs der oder die einzige sein, denn es gibt jede Menge Leute, die nicht trinken, das werden Sie schon merken.

Eine Frage, die wir nicht vergessen sollten, ist folgende: Für wen ändern Sie Ihr Trinkverhalten? Ich glaube, Sie müssen das alles zunächst einmal für sich selbst tun. Sie sind hier am allerwichtigsten. Sie werden in den Genuß der Vorteile und der Gewinne kommen. Ihre Mitmenschen werden natürlich auch davon profitieren, aber ich glaube, es ist sehr wichtig, daß Sie die Verantwortung dafür *um Ihretwillen* übernehmen, denn Sie sind derjenige, der trinkt. Vergessen Sie also nie: Sie tun es zuallererst einmal für sich selbst.

Eine der erstaunlichsten Erfahrungen, die ich gemacht habe, ist, daß ich nun tatsächlich all die Dinge tun kann, von denen ich immer schon geträumt habe. Während ich noch trank, habe ich mir alles Mögliche ausgemalt und erträumt, und nun, da ich nüchtern bin, ist das meiste davon in Erfüllung gegangen. Ich hätte nie gedacht, daß ich meine Träume je ernsthaft in Erwägung ziehen, geschweige denn verwirklichen würde. Diese Mythen einmal ganz unvoreingenommen zu betrachten war für mich also ein äußerst wichtiger Schritt auf dem Weg zur Genesung, und ich hoffe, daß er auch Ihnen weiterhelfen wird.

13
Machen Sie nur weiter so – jeder bekommt das, was er verdient

Ich weiß noch, wie ich zum ersten Mal den Ausspruch »Jeder bekommt das, was er verdient« gehört habe. Das war zu einer Zeit, in der ich mich besonders stark bemüht habe, mein Trinken unter Kontrolle zu bekommen. In vielerlei Hinsicht war dies ein letzter verzweifelter Versuch zu beweisen, daß ich mein Trinken kontrollieren konnte, damit ich es nicht länger kontrollieren mußte. Überflüssig zu sagen, daß jeder, aber auch jeder Versuch fehlschlug, und zwar jämmerlich. Der Ausspruch nervte mich also, ganz einfach weil ich nicht zugeben wollte, daß ich meinen Alkoholkonsum nicht unter Kontrolle halten konnte. Ich wollte mich unbedingt als denjenigen sehen, der in dieser Sache das Sagen hatte. Wie Sie jedoch schon an früherer Stelle in diesem Buch gelesen haben, kann man wahrhaftig nicht behaupten, ich hätte mein Trinken im Griff gehabt. Doch immer noch war da mein Stolz, der es mir verbot zuzugeben, daß jedes Mal, wenn ich mir ein Glas genehmigte, mein Leben vollkommen außer Kontrolle geriet.

Wenn man sich so verhält, dann kann man nicht ehrlich sein. Früher habe ich immer behauptet, etwas dagegen tun zu *können*, obwohl ich tief im Innern davon überzeugt war, daß ich es eben *nicht konnte*. Das ist Ehrlichkeit, was? Rückblickend ist es natürlich leicht, das zu sagen, aber es ist sehr, sehr schwer – ja fast unmöglich –, ein derartiges Verhalten zu erkennen, wenn man drinsteckt, denn dann ist man vollkommen damit beschäftigt, sich zu rechtfertigen und zu schützen, was man nicht aufgeben will.

Bevor ich fortfahre, sollten Sie sich fragen, ob das, was Sie haben, auch das ist, was Sie wollen. Wenn ja, umso besser. Machen Sie nur weiter so – jeder bekommt das, was er verdient. Wenn Sie jedoch unglücklich über Ihre Situation sind, dann sollten wir uns ansehen, wie Sie das ändern können. Die beste Methode ist meiner Meinung nach ein prüfender, kritischer Blick auf das, was in Ihrem Leben vorgeht. Eine Selbsteinschätzung Ihrer Situation also. Wenn Alkohol der wichtigste Faktor in Ihrem Leben ist, dann wollen wir uns das einmal ansehen.

Wenn ich mit Patienten arbeite, dann gebe ich Ihnen gewöhnlich einen Selbsteinschätzungsbogen. Wenn man den ausgefüllt hat, dann ist der erste Schritt getan, die Macht, die Ihre Sucht über Sie besitzt, und das Ausmaß des Chaos, das der Alkohol in Ihrem Leben verursacht, zuzugeben. In diesem Kapitel übertrage ich Ihnen also die Verantwortung für Ihre Selbstbeurteilung. Ich stelle Ihnen diese Aufgabe. Wie weit Sie damit kommen und wie sehr Sie davon profitieren, hängt sehr stark davon ab, wie ehrlich Sie sich selbst gegenüber sind, denn wie ich schon einmal sagte, Sie tun das hier für sich und für keinen anderen. Es geht um Sie und um Ihr Verhalten, Alkohol betreffend, es ist also sehr wichtig, daß Sie diese Aufgabe ernstnehmen, und noch wichtiger ist, daß Sie so ehrlich wie nur irgend möglich sind.

Da wir uns noch nie gesehen haben, weiß ich natürlich nicht, in welchem Stadium des Trinkens Sie sich befinden, deshalb mußte ich diese Selbsteinschätzung etwas anders angehen, als ich es normalerweise tue, wenn ich mit Patienten arbeite. Wir wollen zunächst mal einen Blick auf die vier Stadien des Alkoholismus werfen:

1. Vorstadium
2. Mittlere Phase
3. Kritische Phase
4. Chronische Phase

Alle vier Stadien sind gleich wichtig, denn die eine bedingt die andere. Wenn Sie glauben, nicht in Phase 2, 3 oder 4 zu kommen, nur weil Sie sich in einer weniger problematischen Phase, mit anderen Worten im Vorstadium befinden, dann seien Sie gewarnt – alle vier stehen in enger Verbindung zueinander. Alkoholismus unterliegt einem progressiven Muster, und es ist deshalb wichtig, daß man das Gesellschaftstrinken vom Problemtrinken unterscheidet. Die Unterscheidung ist einfach: Gesellschaftstrinker haben keine Probleme mit Alkohol – sie genießen ihn einfach, sie übertreiben es nicht, und ihr Leben wird auch nicht durch ihn bestimmt. Er geht ihnen nicht vierundzwanzig Stunden am Tag im Kopf herum, und es bedeutet auch nicht das Ende der Welt, wenn mal nichts zu trinken da ist. Das trifft jedoch nicht auf Problemtrinker zu: Problemtrinker haben Schwierigkeiten mit dem Alkohol, sowohl während sie trinken, als auch in Zeiten, in denen sie nicht trinken.

Die Präproblemphase ließe sich wahrscheinlich als gesellschaftliches Trinken bezeichnen, aber irgendwann in dieser Zeit überschreiten Sie die fast unsichtbare Grenze, hinter der das Trinken nicht länger nur eine Geselligkeit ist, sondern in Ihrem Leben mehr und mehr an Bedeutung gewinnt. Ihre Mitmenschen (Ehemann, Frau, Kinder) stehen, ehe Sie sich´s versehen, an zweiter Stelle hinter dem Alkohol, und das Gleiche gilt für Ihren Job.

Ihr Alkoholkonsum nimmt merklich zu, und es treten deutliche Veränderungen in bezug auf Ihr Verhalten und Ihre Toleranz Menschen und Situationen gegenüber hervor, die Ihrem Trinken im Weg stehen. Sie werden wütend, wenn man Ihnen wegen der Zeit, die Sie mit Trinken verschwenden, Vorwürfe macht. Und genau dann können Sie sicher sein, daß Sie die Grenze zum zweiten Stadium bereits überschritten haben, daß Sie am Beginn eines ernsthaften Alkoholproblems stehen.

Danach treten deutliche Zeichen der Alkoholabhängigkeit zutage – ein überwältigender Drang nach dem ersten Glas. Sie gehen Risiken ein, wenn Sie getrunken haben, wie zum Beispiel angetrunken oder betrunken Auto zu fahren; Sie gefährden Ihre Familie, wenn Sie getrunken haben, und auch Ihre Arbeit erledigen Sie in angetrunkenem Zustand – was an sich schon gefährlich ist, egal welchen Beruf Sie ausüben. Sie leiden unter Schuldgefühlen und Gewissensbissen wegen Ihres Trinkens, sind aber unfähig, sie zu artikulieren. Stattdessen lügen Sie. Sie fangen an, Trinkgelage im voraus zu planen, Sie haben Schwierigkeiten, sich an das zu erinnern, was passiert ist, während Sie betrunken waren (besser bekannt als Gedächtnislücken), und Sie erleben immer häufiger unerklärliche Stimmungsschwankungen.

Und damit kommen wir schon mitten in die kritische Phase hinein. Sie sind nun nicht mehr in der Lage, Ihren Alkoholkonsum zu steuern; Sie sagen beispielsweise: »Ich trinke nur ein, zwei Gläser«, und am Ende sitzen Sie dann doch immer wieder mit einem handfesten Rausch da. Versprechen können Sie fast nie mehr einhalten; all die alten Entschuldigungen und Ausflüchte gebrauchen Sie immer häufiger. Wutausbrüche, unrealistische Haßgefühle und Erwartungen treten immer öfter auf. Die Körperpflege wird vernachlässigt; Sie geben sich immer weniger Mühe mit Ihrem Äußeren. Sie lassen mehr und mehr Mahlzeiten aus – Sie sind unterernährt. Morgens ist Ihnen übel, wahrscheinlich müssen Sie sich übergeben. Ihr Körper und vor allem die Hände zittern – das geht so weit, daß Sie nicht mal mehr Ihren Namen schreiben können. Sie müssen morgens Alkohol trinken, damit Sie überhaupt auf die Beine kommen, und Sie trinken auch den Rest des Tages über, damit Sie mit den ganz gewöhnlichen Alltagssituationen fertigwerden. Schließlich trinken Sie ununterbrochen und befinden sich in einem dauernden Vergiftungszustand. Ihre Stimmungsschwankungen werden immer unvorhersehbarer.

Jetzt befinden Sie sich in der chronischen Phase. Sie sind vollkommen besessen vom Alkohol. Sie haben jede Verbindung zum Alltag und zu Ihren Gefühlen verloren. Ihre Verantwortung der Familie gegenüber vernachlässigen Sie mehr und mehr. Bei der Arbeit fehlen Sie immer häufiger und können auch Termine nicht mehr einhalten; Ihre Arbeitsleistung ist mehr als mangelhaft. Die Beziehung zu Kollegen und Kunden ist gestört. Sie haben immer häufiger Unfälle und kleine Wehwehchen. In Ihrer geistigen Leistung bauen Sie zunehmend ab: Ihre kritische Denkfähigkeit und Ihre Denkprozesse vernebeln sich; Diskussionen gleiten ab in ein stures Festhalten an bestimmten Argumenten; da Sie zunehmend apathisch sind, unter Gedächtnislücken leiden und sich immer schlechter konzentrieren können, lassen Ihre intellektuellen Leistungen stark nach, Prüfungen können Sie nicht mehr bestehen. Mit Ihren Finanzen kommen Sie immer schlechter klar, und es erscheint Ihnen unmöglich, sich auf ehrlichem Wege durchzuschlagen. Sie verachten sich und andere zunehmend und empfinden daher mehr und mehr Verachtung den Gesetzen und der Gesellschaft gegenüber. Auch seelisch sind Sie in einem Verfallsprozeß begriffen, Werte wie Hoffnung, Vertrauen und Glaube an sich selbst und andere lösen sich auf. Physisch bauen Sie ebenfalls in jeder Hinsicht ab – Ihre Gesundheit verfällt zusehends; Gedächtnislücken treten häufiger und in verstärktem Maß auf. Das Leben wird bestimmt durch Ihre totale Besessenheit vom Alkohol.

Zahlreiche Experten auf dem Gebiet des Alkoholismus haben diese vier Stadien erforscht und die Ergebnisse publiziert, und die vorgenannten Schilderungen sind jenen zahllosen Studien entnommen. Wie Sie sehen, ist Alkoholismus eine fortschreitende Krankheit, doch sie verfolgt nicht immer den geraden Weg. Manchmal verfallen Menschen mit einem Alkoholproblem der irrigen Meinung, mit ihnen sei alles in Ordnung, weil sie seit ein paar Tagen oder Wochen nichts mehr getrunken und weil ihre Gesundheit und ihr Verhalten sich plötzlich zum Besseren gewendet haben. Es ist nur allzu leicht, in diese Falle zu tappen: »Ach, es ist ja alles in Ordnung. Kein Problem. Ich hab´ aufgehört, und jetzt ist alles okay.« Tatsache ist jedoch, sobald das Trinken wieder anfängt, ist keineswegs alles okay, und Sie fangen dann auch nicht mehr bei Punkt eins an, sondern es wird nur immer schlimmer.

Sobald Ihre Abhängigkeit einmal dieses Stadium erreicht hat, gibt es keine Möglichkeit mehr, sie zu kontrollieren. Und wenn nicht etwas getan wird, dann werdem die Folgen schrecklich sein. Ich kann also gar nicht oft genug betonen, wie wichtig eine Selbsteinschätzung ist. Und noch einmal: Wenn Sie bei dieser ersten Selbsteinschätzung nicht ehrlich genug sind, dann ist der Profit, den Sie daraus ziehen, natürlich entsprechend gering. Es ist einfach unumgänglich, daß Sie sich ansehen, was Sie tun und wie Sie sich verhalten, um ein genaues Bild davon zu bekommen, wie machtlos Sie dem Alkohol gegenüber geworden sind und wie wenig Sie noch imstande sind, Ihr Leben zu meistern.

Wenn Sie wirklich bereit sind, uneingeschränkt ehrlich sich selbst gegenüber zu sein, dann ist dies der wichtigste Schritt, den Sie in Richtung auf ein gesundes und glückliches Leben machen können.

Um diese Selbsteinschätzung gründlich und gut machen zu können, sollten Sie sich etwa eine Woche Zeit nehmen. Das mag Ihnen lang erscheinen, doch es ist äußerst wichtig, daß Sie lange und angestrengt über die Fragen nachdenken, die ich Ihnen stelle, und spezielle Beispiele zu jedem Thema aufschreiben (auf einem gesonderten Blatt). Wenn Sie damit fertig sind, dann werden Sie einen genauen Überblick darüber haben, wie sehr Ihr Trinken alle Aspekte Ihres Lebens beeinträchtigt hat.

Damit diese Selbsteinschätzung auch *effektiv* ist, sollten Sie jede Frage möglichst ausführlich und genau beantworten und zwei oder drei Beispiele zu jeder Antwort geben. Zum Beispiel: wann und wo sich der Vorfall ereignete, wer noch darin verwickelt war, wie Sie sich verhalten haben, wieviel Sie zu dem Zeitpunkt getrunken haben. Nehmen Sie sich Zeit für jedes Beispiel. Lassen Sie Ihre Gedanken zurückschweifen, und versuchen Sie sich so gut wie möglich zu erinnern, wie die Situation aussah und wer noch dabei war. Seien Sie so gründlich wie möglich. Vergessen Sie nicht, dies ist ein *äußerst wichtiger Schritt* zur ehrlichen Einschätzung Ihres Trinkverhaltens. Tatsächlich ist es der wichtigste Schritt, den Sie machen können. Versuchen Sie nicht, die Vorfälle, die Sie beschreiben, zu übertreiben oder herunterzuspielen. Versuchen Sie, die Fragen der Reihe nach zu beantworten und, nicht vergessen, nehmen Sie sich genügend Zeit. Hetzen Sie nicht. Halten Sie alles schwarz auf weiß fest, und dann sehen Sie, was mit Ihnen passiert ist, wie sehr der Alkohol Ihr Leben bereits im Griff hat.

Und wenn Sie sich dann entscheiden, *nicht* so weiterzumachen wie bisher, dann werden Sie auch das bekommen, was Sie verdienen.

SELBSTEINSCHÄTZUNG

Ich möchte, daß Sie bei dieser Selbsteinschätzung so ehrlich wie nur möglich sind. Vergessen Sie nicht, Sie machen das hier nur für sich – Sie müssen es niemandem zeigen.

Bitte nennen Sie zu jeder der folgenden Fragen spezielle Beispiele. Dabei sollten Sie folgende Dinge angeben:

a) wann und wo der Vorfall passierte;

b) wer sonst noch darin verwickelt war;

c) wie Sie sich verhalten haben;

d) wieviel Sie getrunken haben (überlegen Sie bitte genau).

Bitte geben Sie mindestens zwei oder drei Beispiele zu jedem Thema an.

TEIL I – ZWANGHAFTIGKEIT

Dieser Abschnitt soll Ihnen dabei helfen, zu erkennen, wer die Kontrolle besitzt. Glauben Sie wirklich, daß Sie es sind?

Inwieweit hat Ihr Trinken zu folgenden Situationen geführt:

1. *Unfälle oder gefährliche Situationen (für mich und andere);*
2. *an Alkohol denken (Besessenheit);*
3. *Versuche, das Trinken zu kontrollieren;*
4. *Kontrollverlust in bezug auf Trinken und Verhalten.*

TEIL II – CHAOS

Inwieweit hat meine Unfähigkeit, mein Trinken, mein Verhalten und meine Gefühle zu kontrollieren, folgende Aspekte beeinflußt:

1. *Familienleben und gesellschaftliches Leben;*
2. *Seelenleben, Wertesystem (z.B. Tugenden, Prinzipien, Überzeugungen, Selbstachtung);*
3. *Arbeitsleben und Finanzen;*
4. *Gesundheit.*

Ich hatte fast dieselbe Aufgabe, als ich mich in Behandlung befand. Sie half mir dabei, die Konsequenzen meines Trinkens ehrlich einzuschätzen und zu sehen, wie sehr ich mir immer vorgemacht hatte, es kontrollieren zu können. Nicht ich hatte das Glas in der Hand – *es* hatte *mich* in der Hand.

14
Der kleine Mann im Ohr

Sie können sich vor dem Alkohol nicht verstecken. Es gibt ihn überall: in Supermärkten, in Getränkemärkten, in Hotelzimmern, in den Häusern der meisten Leute und am Strand. Sogar der Immobilienmakler hat Alkohol im Büro.

Ich habe früher mal in einem Therapiezentrum in Plymouth gearbeitet – Broadreach House genannt. Den ganzen Tag über hatte ich mit Leuten zu tun, die Probleme mit Alkohol oder Drogen hatten. Den ganzen Tag über hörte ich mir ihre schrecklichen Geschichten an und was sie wegen ihres Alkoholmißbrauchs erleiden mußten. Dabei kamen mir wieder Erinnerungen an meine eigenen Erfahrungen mit dem Alkohol in den Sinn, und normalerweise würde mich das in meiner Einstellung, nie wieder ein Glas anzurühren, nur bestärkt haben. Ich kann mich jedoch noch gut daran erinnern, an einem Tag die Arbeit verlassen zu haben und nach Plymouth hineingefahren zu sein, wo ich mich mit meiner Frau Josephine traf. Wir gingen gemeinsam zu einem Makler, der ein geselliges Zusammensein für Erstkäufer veranstaltete. Das erste, womit ich konfrontiert wurde, als ich durch die Tür trat, war ein Mann mit einem Tablett voller Weingläser. »Guten Abend, Sir. Ein Glas Wein?« – »Nein danke«, antwortete ich. »Ach komm«, sagte eine leise Stimme in meinem Innern. Der Mann mit dem Tablett meinte: »Sind Sie sicher?« Ich sagte: »Ganz sicher.« – »Nein, das bist du nicht«, flüsterte die Stimme in meinem Ohr.

Das Büro des Maklers war voll von Leuten, die Wein tranken. Daran gab es natürlich überhaupt nichts auszusetzen, außer was meine Reaktion darauf betraf. Von dem Augenblick an, in dem mir der Mann mit dem Tablett über den Weg gelaufen war, ging mir der Alkohol nicht mehr aus dem Sinn. Selbst als Josephine und ich beim Makler Platz nahmen, hatte dieser ein Glas Wein in der Hand. Ich versuchte verzweifelt, mich auf das zu konzentrieren, was er sagte, aber meine Gedanken schweiften immer wieder zu dem Glas hin, und während der ganzen Zeit, in der wir bei ihm saßen, ging es mir nicht mehr aus dem Sinn.

Es war nicht so, daß ich den Wein trinken wollte, aber ich konnte einfach die Stimme in meinem Kopf nicht abstellen, die mir dauernd zuflüsterte, wie nett es doch wäre – »Nur ein Glas. Eins wird dich schon nicht umbringen. Na, komm schon – sei kein Schwächling. Hör auf mit dem Unsinn. Warum trinkst du´s nicht einfach? Du willst es doch. Du willst es doch schon seit Jahren, also los, mach schon.« Er schläft nie. Er ist nie sehr weit weg und er hört immer zu, ist immer auf dem Sprung nach der nächsten sich bietenden Gelegenheit. Und er ist immer durstig. Ein Glas ist nicht genug, und wenn es nach ihm geht, dann sind auch fünfzig nie zuviel. Er ist der Freund, den Sie ganz bestimmt nicht brauchen.

»Wovon redet der überhaupt?« mögen Sie sich fragen. Ich spreche von dem »kleinen Mann im Ohr«. Bei Ihnen sitzt er auch. Er ist derjenige, der, nachdem Sie erklärt haben, nie wieder etwas trinken zu wollen, jetzt endgültig genug zu haben, daß der Zug abgefahren sei, sagt: »Na, komm schon – hör auf mit dem Blödsinn. Es weiß doch keiner. Du bist kein Mann, wenn du nicht trinkst. Sei kein Schlappschwanz.« Das Problem mit diesem Mann ist, daß er Sie unweigerlich plagt, sobald Sie ihm ein wenig Raum geben; er läßt nicht nach. Und wenn Sie ihm zuhören, dann kann es sein, daß eine graue und trübe Situation plötzlich farbig und attraktiv erscheint. Er sagt Ihnen dauernd, daß die Dinge so schlecht nun doch nicht sind. Er redet Ihnen ein, daß die Schuld immer bei den anderen liegt, daß man Ihnen nichts vorwerfen kann, daß man Ihnen Unrecht tut und natürlich, daß Sie ein Gläschen verdient haben. »Warum auch nicht trinken, bei all den Problemen?«

Ich nenne ihn »den kleinen Mann im Ohr«, aber in Wirklichkeit ist er meine Abhängigkeit vom Alkohol, und er (oder meine Abhängigkeit) verschwinden nie. Auch die Ihre nicht. Sie müssen vorsichtig sein und immer auf der Hut, denn dieser kleine Mann hat sehr viel Macht. Sobald Sie in ein falsches Denkmuster verfallen, kann er eine vollkommen normale und angenehme Situation in einen Alptraum verwandeln.

Was Sie in bezug auf Alkohol nie vergessen dürfen, und das ist sehr wichtig, ist folgendes: Sobald Sie einmal davon abhängig geworden sind und dann mit Trinken aufgehört haben, verschwindet zwar die körperliche Abhängigkeit, weil Sie diese Substanz nicht länger mißbrauchen und Ihr Verhalten geändert haben; sobald Sie jedoch wieder zum Glas greifen, erwacht der ganze Prozeß der Abhängigkeit wieder, und Sie haben keine andere Wahl, als ein zweites Glas zu trinken.

Ich weiß, es klingt komisch, vielleicht sogar dumm, über »den kleinen Mann im Ohr« und all die Botschaften, die er vermittelt, zu reden; aber glauben Sie mir, sobald er mal im Fahrersitz Platz genommen hat, haben Sie keine Wahl mehr, außer dahin zu gehen, wo er Sie hinführt. Denken Sie doch an das letzte Mal, als Sie wirklich betrunken waren, dann nüchtern geworden sind und plötzlich erkannten, was passiert war oder was für ein schlechtes Gewissen Sie wegen Ihres Verhaltens hatten. Und genau dahin führt er Sie. Er macht keine Umwege – er führt Sie auf direktem Weg in den Abgrund.

Ich weiß noch, in der ersten Zeit nach meiner Behandlung, ich war zirka sechs oder sieben Monate trocken, befand ich mich eines Morgens auf dem Weg zur Arbeit, und ganz plötzlich kam er mir in den Sinn und sagte: »Warum trinkst du nicht einen?« Zu der Zeit arbeitete ich in einem Restaurant, und Alkohol war natürlich verfügbar. Ich geriet in Panik, denn seine Stimme war stark, und er war wirklich überzeugend. Ich dachte: »Na ja, vielleicht ein, zwei Gläser.« Ein Teil von mir versuchte mich davon zu überzeugen, daß ich mir ruhig ein geselliges Gläschen genehmigen könnte, und der andere Teil sagte: »Mach dich nicht lächerlich. Sei nicht verrückt. Du weißt doch, wie du bist, wenn du trinkst.« Also stellte ich mir spontan ein paar Fragen:

1. »Also, wenn du ein Gesellschaftstrinker wärst, wann würdest du trinken?«

Meine Antwort lautete: »Nun, ich habe immer schon gerne in der Frühe getrunken, also werde ich mir wohl ein Glas genehmigen, wenn ich aus dem Bett gestiegen bin.«

2. »Wann würdest du noch trinken?«

Meine Antwort lautete: »Natürlich trinke ich gerne mal ein Glas, und das ist ja auch okay, also würde ich wahrscheinlich auch nach dem Aufstehen weitertrinken.«

3. »Was ist beim Mittag- und Abendessen?«

»Da trinke ich auch.«

4. »Was machst du auf dem Heimweg?«

»Na, da genehmige ich mir ein Glas – das tun doch fast alle. Ich habe schließlich den ganzen Tag über hart gearbeitet.«

»Aber du hast doch schon den ganzen Tag lang getrunken.«

»Na und?«

5. »Und was machst du, wenn du frei hast?«

»Was meinst du damit? Ich bin natürlich in der Kneipe und trinke.«

6. »Wenn du also ein Gesellschaftstrinker wärst, Beechy, wann würdest du trinken?«

»Na ja, ich würde die ganze Zeit trinken.«

Klingt das vielleicht nach Gesellschaftstrinken? Ganz sicher nicht. Das klingt nach jemandem, dessen Trinken völlig außer Kontrolle geraten ist und der nichts anderes mehr tun kann. So komisch sich das anhört, aber es half mir wirklich an jenem Tag. Mir wurde dadurch klar, daß ich, sobald ich je wieder mit Trinken anfangen würde, nicht mehr aufhören könnte. Es wäre wieder dieselbe alte Geschichte und ich wieder voll drauf. Das erschreckte mich, und ganz gewiß brachte es die Stimme in meinem Kopf zum Schweigen.

Und wenn von Zeit zu Zeit, während der letzten paar Jahre diese Stimme wieder sehr laut wurde und mir all die negativen Botschaften einhämmern wollte, die so gut klingen, dann habe ich mich dieser Frage-und-Antwort-Technik bedient. Sie sehen, ich kann gar nicht sagen: »Ich werde nie wieder trinken.« Ich werde heute nichts trinken, und wie ich schon sagte, ist das viel leichter, als einen Eid für die Ewigkeit abzulegen, denn so bleibt mir ja immer die Wahl.

Sie müssen sich wappnen, wenn Sie vorhaben, mit dem Trinken aufzuhören, denn dieser Mann sitzt Ihnen nicht nur im Ohr, er tritt auch in den unmöglichsten Situationen in der Form anderer Leute auf. Jemand, den Sie nicht kennen, könnte versuchen, Sie bei einem gesellschaftlichen Anlaß, wo Sie nicht viele Leute kennen, zu einem Drink zu überreden. Den Bruchteil einer Sekunde lang haben Sie das Gefühl, es wäre leichter, wenn Sie etwas trinken würden – Sie wären dann kein Außenseiter mehr, und es wäre auch weniger peinlich, ja zu sagen, als abzulehnen. Manchmal wollen die Leute einfach kein »Nein« akzeptieren. Wenn mir jemand ein Glas anbietet, dann sage ich gewöhnlich etwas wie »Auf leeren Kopf kann ich nichts trinken.« Wenn man weiter darauf besteht, dann sage ich: »Ich bin allergisch gegen Alkohol.« Wenn man dann immer noch nicht lockerläßt, halte ich einen kleinen, zehnminütigen Vortrag über die Wirkung, die Alkohol auf mich ausübt, und die Folgen, unter denen ich zu leiden hatte. Ich kann Ihnen versichern, diese Leute werden alles tun, nur nicht mehr versuchen, mir irgendwelche alkoholischen Getränke anzubieten.

Nachdem ich das gesagt habe, ist mir klar, daß Sie das nicht werden durchmachen wollen. Ich doch auch nicht, aber manchmal passiert es eben. Sie müssen also vorbereitet sein, denn der kleine Mann tritt in den unterschiedlichsten Verkleidungen auf. Sogar in Flugzeugen ist man nicht sicher vor ihm – Sie hören, wie der Getränkewagen anrollt und jeder um Sie herum einen Drink nimmt. Sie sitzen da, und plötzlich taucht er auf und sagt: »Nun komm schon. Du sitzt noch ein paar Stunden in diesem Flugzeug – du kannst es ja immer noch ausschlafen. Es muß doch keiner erfahren. Bis du dein Ziel erreicht hast, bist du wieder okay.« Es könnte passieren, wenn Sie im Urlaub sind: »Trinkt nicht jeder/säuft sich nicht jeder einen an, wenn er auf Urlaub ist?« Ein Urlaub ohne Trinken wird wahrscheinlich reichlich trocken ausfallen, aber es muß ja nicht unbedingt Alkohol sein.

Ich glaube, ich spreche hier im Grunde über eine Art Selbstschutzplan. Ich spreche über eine andauernde Unterstützung, die ich ganz sicher brauche und die ich wirkungsvoll einsetze. Ich genieße mein Leben ohne Alkohol. Ich genieße meine Nüchternheit und all die Dinge, die sie mir gebracht hat. Mein Wohlbefinden geht mir über alles, ich will es um keinen Preis verlieren. Falls Sie sich entschließen sollten, mit dem Trinken aufzuhören, dann wird es Ihnen im Lauf der Zeit genauso gehen. Sie wollen ganz sicher nicht etwas zurückhaben, was so hart war und aufgeben, was so lange gedauert hat. Und wie komisch die Geschichte vom »kleinen Mann« auch klingen mag, sie ist nur leider allzu wahr.

Vielleicht spricht er ja gerade jetzt zu Ihnen, während Sie dies lesen; vielleicht sagt er ja etwas wie: »Hör dir doch mal den Scheiß an! Der Typ muß nicht ganz dicht sein. Hör auf, diesen Blödsinn zu lesen. Warum trinkst du nicht einfach einen, damit er sieht, daß er unrecht hat? Du weißt, daß du´s kannst. Du kannst jederzeit aufhören, wann immer du willst, also lies nicht länger diesen Müll. Schmeiß ihn in den Abfall oder stell ihn ins Regal zurück.« Ich glaube, in vielerlei Hinsicht läuft das auf die Frage hinaus, wer denn die Zügel in der Hand hat. Er oder Sie? Fragen Sie sich, wer jetzt, in diesem Moment die Zügel in der Hand hat. Welche Botschaften sind die stärksten: meine oder seine (oder ihre, je nachdem, wie man es sieht)? Worum es mir in diesem Buch hauptsächlich geht, ist, *Sie* zurück auf den Fahrersitz zu schaffen. Es geht darum, daß *Sie* für Ihr Leben verantwortlich sind; *Sie* sind verantwortlich für Ihre Handlungen, Ihr Verhalten, Ihr Wohlergehen und Ihr Glück. Es geht darum, daß *Sie* die Verantwortung übernehmen und die Selbstachtung und Würde wiedergewinnen, die Sie verdienen. Die Botschaft, die er Ihnen zu vermitteln versucht, ist, daß ich Ihnen etwas Wertvolles wegnehmen will, etwas, das Ihnen Mut und Selbstvertrauen schenkt und Sie zu einem besseren Menschen macht. Sie müssen entscheiden, auf wen Sie hören wollen.

Mit Hilfe von positivem Denken können Sie die Entscheidung treffen, etwas gegen Ihr Trinken zu unternehmen und die Regeln zu ändern, die Ihr Verhalten bestimmen. Eine positive Lebenseinstellung ist der beste Schutz gegen jene negativen Botschaften, die er uns auf so raffinierte Weise einzuflüstern vermag. Denken Sie positiv, und Ihr Verhalten ist positiv. Glauben Sie jedoch nie, daß er von Ihrem Nacken springen oder verschwinden wird, denn das wird nie geschehen. Er wird immer da sein und auf einen Moment der Schwäche warten.

Jemand hat mal zu mir gesagt: »Wenn du vergißt, wo du hergekommen bist, dann wirst du wieder dort landen.« Was damit gemeint ist, ist folgendes: Wenn Sie vergessen, was mit Ihnen passiert ist, und die schlimmen Erfahrungen, die Sie mit dem Alkohol machen mußten, aus Ihrem Gedächtnis verschwinden, dann wird Ihnen nach einer gewissen Zeit das Trinken gar nicht mehr als etwas so Schlechtes erscheinen, und vielleicht bietet es sogar eine ganz verlockende Aussicht. Versuchen Sie also immer, Ihre »Wurzeln« im Kopf zu behalten und machen Sie von Zeit zu Zeit eine Inventur – denken Sie darüber nach, was mit Ihnen vorgeht. Das ist dann Ihr Puffer, wenn der kleine Mann in Ihrem Ohr beschließt, daß mal wieder ein kleines Gespräch fällig ist, und Ihnen jede Menge Angebote macht, die sich nur schwer zurückweisen lassen.

15
Die Regeln ändern

Fragen Sie sich doch eins: Leben Sie für sich selbst oder für den Alkohol? Ich stelle Ihnen diese Frage, weil ich herausfinden möchte, wer denn nun das Sagen hat, wer am Steuer sitzt – Sie oder der Alkohol? Von Ihrer Antwort hängt es ab, ob es schwer oder leicht sein wird, die Regeln zu ändern, die Ihr Denken beherrschen.

Vielleicht beantworten Sie diese Frage ja mit einem raschen: »Ich natürlich. Der Alkohol sagt mir doch nicht, was ich zu tun habe. Ich trinke, wenn ich Lust habe, und ich lasse es sein, wenn mir danach ist. Ich bin der Boß, nicht der Alkohol.« Nun, dann wollen wir mal einen Blick auf das werfen, was geschehen ist:

Schreiben Sie auf, welche Hobbys, Freizeitaktivitäten und Sportarten Ihnen immer besonders viel Spaß gemacht haben, die Sie nun aber nicht mehr betreiben. Fragen Sie sich, warum Sie es nicht mehr tun, und seien Sie dabei ehrlich. Und falls Sie einige dieser Aktivitäten immer noch verfolgen, dann fragen Sie sich, wie gut Sie es tun. Wie schneiden Sie dabei ab? Könnte es besser gehen? Warum ist das nicht der Fall?

Benutzen Sie nicht die altbekannten Entschuldigungen wie: »Ich habe einfach keine Zeit mehr« oder »Schließlich bin ich nicht mehr so jung wie früher und besser werde ich nicht mehr.« Diese Aufgabe dient dazu, Ihnen zu zeigen, wie sehr Ihr Alkoholmißbrauch Ihren Aktivitäten und Hobbys im Weg steht, also versuchen Sie nicht, Ihre Antworten mit Ausflüchten zu verschleiern.

Und nun sehen Sie sich einmal an, wie der Alkohol die Regeln geändert hat, die Ihre Werte und Überzeugungen bestimmten:

Verzeichnen Sie all die Dinge, die Sie früher nie getan hätten, nun aber doch tun. Zum Beispiel:

- *Gab es eine Zeit, in der Sie gesagt hätten: »Ich würde nie unter Alkoholeinfluß Autofahren«?*

- *Haben Sie sich dabei ertappt, daß Sie Geld, das ursprünglich für etwas anderes vorgesehen war, für Alkohol ausgegeben haben? Vielleicht war dieses Geld ja für Ihre Kinder gedacht, für Ihr Heim oder für etwas, das Sie selbst dringend benötigten. Doch der Alkohol kam an erster Stelle.*

- *Können Sie sich an eine Zeit erinnern, in der Sie Ihre Frau/Ihren Mann und die Kinder nie angeschrien haben und in der Sie mit Ihren Freunden nie Streit hatten?*

- *Können Sie sich erinnern, früher bei der Arbeit nie gefehlt zu haben, während Sie jetzt wegen Ihres Trinkens immer öfter fehlen? Immer häufiger passiert es, daß Sie andere darum bitten, Sie zu entschuldigen oder Sie zu decken – im Grunde also Lügen für Sie zu erfinden.*

- *Können Sie sich noch an eine Zeit erinnern, in der Sie keine Wut- und Haßgefühle anderen gegenüber hegten – Ihrer Frau/Ihrem Mann, Ihrem Chef, Freunden, Kollegen, den Leuten im allgemeinen gegenüber?*

- *Können Sie sich erinnern, früher nicht so empfindlich gewesen zu sein? Sie waren humorvoll, hilfsbereit und für andere da. Nun jedoch sind Sie verschlossen, kaum mehr bereit, sich mit anderen auseinanderzusetzen. Sie fühlen sich zunehmend isoliert.*

Das sind nur einige wenige Beispiele. Machen Sie Ihre eigene Liste, und versuchen Sie zu erkennen, was mit Ihnen geschehen ist. Auch wenn die Dinge, die Ihnen in den Sinn kommen, noch so trivial sind – das macht nichts: Wenn Sie wichtig für Sie sind und Ihre Werte und Überzeugungen widerspiegeln, dann schreiben Sie sie auf. Es ist sehr wichtig, daß Sie sich ein Bild davon machen, wie sich die Regeln verändert haben, seit sich Ihr Trinken verändert hat.

Wir sind mit diesem Buch nun schon zu zwei Dritteln durch, und es ist an der Zeit, ein paar Entscheidungen im Hinblick auf Ihr künftiges Leben zu treffen. Ich habe Ihnen einen gründlichen Überblick, viele Diagramme, Szenarien, Geschichten, Vorschläge, Tips und jede Menge Unterstützung zukommen lassen, aber nichts davon ist auch nur einen Pfifferling wert, wenn Sie nicht anfangen, die Regeln zu ändern. Sie müssen am Steuer sitzen, nicht der Suff.

Es kann sein, daß Sie sich bereits einige meiner Vorschläge aus den vorangegangenen Kapiteln zu Herzen genommen und auch die Vorteile bereits erkannt haben. Ich hoffe wirklich, daß das der Fall ist; nun, ich weiß sogar, daß Sie davon profitieren, wenn Sie es getan haben. Aber wenn Sie immer noch auf Ihren vier Buchstaben sitzen und darauf warten, daß ich mit einem Wunder aufwarte, einer Art magischer Lösung all Ihrer Probleme, dann sind Sie auf dem falschen Dampfer. Das Wunder sind Sie. Sie selbst sind die Lösung aller Probleme. Sie besitzen alle Antworten.

Man hat Ihnen vielleicht schon mal gesagt, daß Sie Willenskraft benötigen. Nun, Willenskraft heißt im Grunde, die Kraft zu haben, wählen zu können, und – ob Sie´s glauben oder nicht – Sie besitzen diese Kraft. Sie müssen einfach nur beschließen, daß Sie es wert sind, die Regeln zu ändern. Ich möchte Ihnen mit einer neuen, ersten Regel dabei helfen:

Hören Sie auf, gegen sich selbst zu kämpfen

Hören Sie auf, gegen die gute Seite in Ihnen zu kämpfen. Können Sie sich beispielsweise daran erinnern, kürzlich getrunken zu haben, obwohl Sie eigentlich woanders hätten sein sollen oder daß Sie gesagt haben, Sie würden zu einem bestimmten Zeitpunkt zu Hause sein, und dann aber beschlossen haben, sich noch ein paar zu genehmigen? Eine Stimme in Ihrem Innern hat gesagt: »Du solltest daheim sein. Deine Frau/dein Mann erwartet dich« oder »Du hast eine Verabredung.« Da war noch eine andere Stimme, die sagte: »Zur Hölle damit. Trink noch ein paar. Sag ihnen, du konntest kein Taxi kriegen, daß der Zug Verspätung hatte oder die U-Bahn feststeckte. Sag einfach, du hast dich nicht gut gefühlt.« Es gab einen Konflikt, einen Kampf. Gewöhnlich hat der Alkohol dann gewonnen, und das meinte ich, als ich vorher fragte, wer denn nun die Zügel in der Hand habe. Wer ist denn nun wirklich der Boß?

Vielleicht sind Sie jetzt wütend auf mich, weil ich so etwas gefragt habe, und vielleicht bestehen Sie ja immer noch darauf, daß Sie der Boß sind. Nun, vielleicht sind Sie ja der Boß, wenn Sie morgens aufstehen, aber von der Sekunde an, in der Sie etwas getrunken haben, sieht die Sache ganz anders aus, nicht wahr? All die guten Vorsätze fliegen zum Schornstein hinaus. Die einstündigen Mittagspausen werden zu zweistündigen, und vielleicht haben Sie ja schon vor dem Mittagessen angefangen zu trinken. Egal, welche Situation auch immer, Sie müssen aufhören, sich selbst zu bekämpfen. Denken Sie daran, was ich im letzten Kapitel über »den kleinen Mann im Ohr« gesagt habe. Wenn Sie sich in einem inneren Konflikt befinden und sich selbst bekämpfen, dann können Sie todsicher sein, daß er da ist und wie ein Wilder auf der Seite des Alkohols ficht.

Welchen Sinn hat es überhaupt, Alkohol zu trinken? Anscheinend taugen Sie dafür doch gar nicht mehr – und wenn Sie tatsächlich glauben sollten, daß Sie dafür taugen, warum lesen Sie dann überhaupt dieses Buch? Vielleicht weil es das einzige im Regal war? Sollten Sie dann nicht eher eins lesen, das für den Alkohol ist? Ich wünsche Ihnen Glück bei der Suche nach so einem Buch, und wenn Sie es gefunden haben, dann haben Sie es ganz gewiß in zweieinhalb Minuten ausgelesen. Was soll dieser ewige Kampf? Sie sollten doch glücklich sein und Ihr Leben genießen. Machen Sie das Beste daraus und fangen Sie noch heute damit an.

Regel 2 sollte lauten:

Positives Denken

Trimmen Sie sich in eine positive Geisteshaltung. Ich will damit nicht sagen, daß Sie nun den ganzen Tag mit einem breiten Grinsen im Gesicht herumlaufen müssen oder jedem erzählen sollen, was Sie tun. Sie können ganz vorsichtig anfangen, indem Sie davon überzeugt sind, daß Sie eine Entscheidung fällen und daß Sie sich wieder ans Steuer setzen werden und daß *Sie* dann wieder für Ihr Tun verantwortlich sind. Die Gewißheit allein, daß Sie dazu imstande sind, daß Sie nach so langer Zeit eine solche Entscheidung fällen können, wird Ihnen ein Gefühl tiefer Befriedigung und Wertschätzung geben.

Sie können mit jemandem darüber sprechen – das liegt ganz bei Ihnen. Wenn ich ein wenig skeptisch klinge, dann liegt das daran, daß Sie möglicherweise schon viele Versprechungen in bezug auf ihr Trinken gemacht haben: »Nie wieder Alkohol. Ab morgen ist Schluß. Das ist der allerletzte …«, und so weiter. Es verursacht mir ein wenig Unbehagen, wenn ich mir vorstelle, daß Sie jemandem, der Ihnen nahesteht, anvertrauen: »Diesmal unternehme ich ganz sicher etwas dagegen«, und der- oder diejenige wendet sich ab und sagt: »Das habe ich schon so oft gehört. O ja, natürlich wirst du was dagegen tun – ich weiß noch, wie du das letztes Mal so etwas gesagt hast.« So eine Reaktion ist kein guter Anfang, und es ist daher vielleicht keine schlechte Idee, Ihren Entschluß vorläufig für sich zu behalten. Machen Sie kein großes Aufheben, denn dies hier tun Sie um Ihretwillen. Machen Sie sich erst mal überhaupt keine Gedanken um andere – die werden davon ohnehin profitieren. Sie selbst sind am wichtigsten.

Wenn Sie andererseits jedoch das Bedürfnis haben, sich jemandem mitzuteilen, dann wäre es gut, wenn Sie jemanden finden könnten, der auch Probleme mit dem Trinken gehabt und etwas dagegen getan hat. Vielleicht denken Sie jetzt: »Ich kenne aber niemanden mit Alkoholproblemen.« Denken Sie gut nach. Vielleicht haben Sie es ja vergessen oder Sie haben einen Freund, der einen Freund mit Alkoholproblemen hat, oder Sie rufen einfach eine der zahlreichen Selbsthilfegruppen an. Ein paar Informationen dazu finden Sie in Kapitel 18. Doch wer immer es auch sein mag, vergewissern Sie sich, daß Sie dieser Person vertrauen können, daß sie Sie unterstützen und bestärken wird, denn Sie brauchen all die Unterstützung, die Sie kriegen können.

Was ich hier von Ihnen verlange, ist sehr schwer, das weiß ich. Ich weiß aber auch, daß Sie, sobald Sie diese Entscheidung einmal gefällt haben, sie auch halten können und daß die Erfolge nicht lange auf sich warten lassen werden. Ihr erster Triumph ist dann, daß Sie tatsächlich in der Lage sind, sich an eine Entscheidung zu halten und sie auch durchzustehen.

Eine weitere Regel könnte folgendermaßen lauten:

Verschaffen Sie sich Bewegung

Wie fit sind Sie? Bevor Sie das Buch nun gleich weglegen, möchte ich Ihnen versichern, daß ich Sie nicht zum Marathonläufer machen oder Sie etwa überreden will, viermal pro Woche Aerobic zu machen oder eine strikte Diät einzuhalten: Ich bitte Sie lediglich darum, sich Ihre körperliche Konstitution ein wenig näher zu betrachten. Würde ein bißchen mehr Bewegung vielleicht gar nicht schaden? Damit meine ich jedoch nicht zur Kneipe und wieder zurück: ich meine gesunde Bewegung. Würden Sie gern ein wenig besser aussehen? Sie werden zweifellos mehr Zeit zur Verfügung haben.

Fitneß bedeutet jedoch nicht nur Bewegung: Es hat auch viel mit der Ernährung zu tun. Wenn Sie viel getrunken haben, dann haben sich möglicherweise ein paar schlechte Gewohnheiten eingeschlichen. Kann sein, daß Sie nicht sehr viel essen, oder vielleicht essen Sie ja das Falsche – viel Fett, Fritiertes, *Junk Food* – und das zu den falschen Tageszeiten, statt sich gesund zu ernähren. Überlegen Sie lieber, was besser für Sie ist, als nur zusammenzuschmeißen, was gerade da ist. Die Mehrheit derjenigen, die zuviel trinken, ist nicht gerade für eine ausgewogene Ernährung berühmt. Werfen Sie doch mal einen Blick auf Ihre eigenen Eßgewohnheiten.

Die Form der Bewegung bleibt Ihnen überlassen. Auf der Liste Ihrer früheren Hobbys und Freizeitaktivitäten mag Sport ja vielleicht mit erwähnt sein. Und falls Sie ihn vernachlässigt haben, möchten Sie ihn jetzt ja möglicherweise wiederaufnehmen – aber nicht übertreiben, immer hübsch langsam. Wenn Sie schon eine ganze Zeitlang inaktiv waren und das einzige, was Sie gehoben haben, die rechte oder linke Hand mit dem Glas war, dann mag es Ihnen möglicherweise recht schwer vorkommen, wieder anzufangen. Also, weniger ist mehr.

Körperlich fit zu werden heißt auch, wieder geistig fit zu werden. Sobald Sie einmal die Regeln in bezug auf Ihre Ernährung und Ihre Kondition geändert haben, werden Sie sich wirklich gut fühlen, denn Sie verändern sich, was nicht zu übersehen ist. Langsam fühlen Sie sich wieder wohler in Ihrer Haut. Sie sehen besser aus. Ihre Augen gleichen nicht länger zwei Flaschen Ketchup – sie glänzen wieder. Sie sind munter und aufgeweckt.

Die nächste Regel könnte lauten:

Kümmern Sie sich um Ihr Äußeres

Sind Sie zufrieden mit Ihrem Äußeren, mit Ihrer Haltung und Ihrer Frisur? Wann haben Sie sich das letzte Mal wirklich angesehen? Sind Sie zufrieden mit Ihrer Kleidung? »Ich kann es mir nicht leisten, mein Äußeres zu verändern«, mögen Sie jetzt vielleicht sagen. Nun, wenn Sie nicht trinken, dann haben Sie recht bald etwas Geld übrig. Ich meine jedoch nicht, daß Sie losziehen und sich völlig neu einkleiden sollen: Ich meine nur, Sie sollten einfach mal einen Blick auf sich werfen. Vielleicht sind Sie ja vollkommen zufrieden mit Ihrer äußeren Erscheinung. Wenn das der Fall ist, umso besser! Wenn nicht, sollten Sie ein paar Veränderungen in Betracht ziehen. Ob es uns gefällt oder nicht, wir lassen uns gehen, wenn wir trinken. Wir glauben vielleicht, daß wir ganz ordentlich aussehen, aber die Wirklichkeit stellt sich etwas anders dar. Eine gute Methode, das herauszufinden, ist, ein Foto von sich machen zu lassen, bevor man aufhört mit Trinken und eins etwa zwei Wochen danach. Werfen Sie einen Blick auf die Fotos und werfen Sie einen Blick in den Spiegel. Sie werden sehen, was ich meine.

Die Veränderungen in Ihrem Innern werden beginnen und sich langsam nach außen vorarbeiten, und es wird offensichtlich sein, daß etwas mit und in Ihnen vorgeht, denn Sie werden sich anders verhalten. Ihre Stimmung wird sich verändern, besonders wenn Sie aufgehört haben, gegen sich selbst zu kämpfen. Sie werden nicht länger mit einer Wut im Bauch herumlaufen. Wenn jemand zu Ihnen sagt: »Was ist los?«, antworten Sie nicht: »Ach, ich mußte aufhören zu trinken, weil ...« Zum ersten Mal in Ihrem Leben können Sie den Kopf hochhalten, denn Sie tun ja tatsächlich etwas, für das Sie keine Entschuldigungen erfinden müssen, und Sie müssen auch nicht mehr lügen. Tatsache ist, Sie tun zum ersten Mal etwas für sich.

Die Regeln zu ändern wird Sie darüberhinaus um vieles glücklicher machen. Glauben Sie ja nicht, daß das Leben von nun an nur grau und trübe ist, denn das ist es keineswegs. Es wird nur dann so sein, wenn Sie es so möchten. Wenn Sie von einem positiven Standpunkt aus anfangen, dann bleibt es auch positiv. Die Liste Ihrer neuen Regeln kann so lang sein, wie Sie nur wollen – es gibt keine Richtlinien, die Ihnen vorschreiben, wo Sie anhalten müssen.

Ich bin ganz aufgeregt, während ich dies schreibe, aufgeregt um Ihretwillen, denn ich weiß, wie es ist. Ich selbst habe meine Liste gemacht, und damals empfand ich es als reichlich seltsam, denn ich dachte mir: »Du meine Güte, wenn ich diese Dinge doch nur alle machen könnte. Wenn ich das doch nur schaffen könnte, wenn ich es doch nur durchziehen könnte, ohne dauernd zu versagen.« Nun, ich habe mich entschieden, und ich bin der Liste gefolgt, so gut ich konnte. Mir ist nicht alles gelungen, aber doch das meiste, und die Veränderung, die in meinem Leben vorgegangen ist, ist unfaßbar.

Aber lassen Sie sich durch mich nicht aufhalten. Fangen Sie noch heute mit Ihrer Liste an und vergessen Sie nicht: Sie sind der Boß, Sie haben die Zügel in der Hand, nicht der Alkohol.

16
Ungenutzte Potentiale

Im PROMIS Recovery Centre, wo ich arbeite, behandeln wir Leute aus sämtlichen Gesellschaftsschichten und aus allen Ländern der Welt, mit unterschiedlichen Kulturen und Gepflogenheiten. Sie mögen unterschiedliche Erfahrungen gemacht haben, aber die Konsequenzen, unter denen sie leiden mußten, egal welche Droge sie genommen haben, sind gleich schwerwiegend und gleich verheerend. Sie alle haben außerdem eins gemeinsam: ein großes Potential an ungenutztem Talent.

Sehr häufig wurde dieses Talent nicht ausgenutzt, denn sämtliche Energien waren ins Trinken geflossen oder in die Einnahme von Drogen, in die Eßsucht, in die Spielsucht oder in welche Suchtform auch immer. Eine der Freuden meines Berufs besteht darin, zu entdecken, in welch unterschiedlichen Formen sich diese ungenutzten Potentiale manchmal äußern.

Sobald sich der Alkoholnebel einmal gelichtet hat, werden Sie erstaunt sein, was Sie sehen. Haben Sie schon mal an Ihre ungenutzten Potentiale gedacht? Talente, die Sie besitzen, aber nicht nützen? Überlegen Sie mal: Wieviel Zeit haben Sie tatsächlich dafür genutzt, sich in den Dingen zu verbessern, die Sie gut können, ganz zu schweigen von den Talenten, die Sie vielleicht noch nicht einmal angetastet haben? Wahrscheinlich nicht allzuviel. Fragen Sie sich doch mal, warum. Wenn

Sie ehrlich sind, dann könnte die Antwort lauten: »Ich habe die meiste Zeit mit Trinken verbracht.« Und folglich sind die meisten anderen Dinge in Ihrem Leben links liegengeblieben.

Sie können nun erwidern: »Aber ich mache doch meinen Job.« Aber wie gut machen Sie den? Wie gewissenhaft können Sie sein, wenn Sie unter Alkoholeinfluß stehen? Können Sie wirklich hundertprozentig da sein? Können Sie wirklich im Team arbeiten? Und falls Sie selbständig sind, können Sie Ihrem Beruf wirklich Ihre volle Kraft und Energie widmen? Können Sie Termine und Erwartungen einhalten? Arbeiten Sie jeden Tag? Wie viele Pausen machen Sie? Wie lange ist Ihre Mittagspause? Wieviel schieben Sie auf morgen, und wieviel von der gestrigen Arbeit wird am heutigen Tag dann tatsächlich erledigt? Und da wären wir wieder.

Hier kann und werde ich nicht lockerlassen, denn ich weiß, daß Sie nicht ordentlich funktionieren, wenn Sie unter Alkoholeinfluß stehen. Sie können auf gar keinen Fall klar denken, Entscheidungen treffen, eindeutige Direktiven geben oder sich ordentlich konzentrieren und Ihrem Potential entsprechend arbeiten. Das ist unmöglich. Das wissen Sie, und das weiß ich, also vergessen wir dieses Argument und sprechen wir über Ihre ungenutzten Talente.

Wie fühlt man sich, wenn man weiß, daß man es eigentlich besser machen könnte, sich aber anscheinend einfach nicht am Riemen reißen kann? Wie fühlt man sich, wenn man sieht, wie die anderen einen überholen und befördert werden, wo man doch im Grunde weiß, daß man es genauso gut, wenn nicht sogar besser könnte? Und trotzdem wird man übergangen. Wie fühlt man sich dabei? Wie weh tut das? Werden Sie dann einfach nur wütend? Suchen Sie nach Entschuldigungen und haben Mitleid mit sich selbst?

Ist das denn gut genug für Sie? Ist das alles, was Sie wert sind? Ist das alles, was Sie vom Leben zu erwarten haben? Offen gesagt, ja – wenn Sie nicht etwas ändern, wenn Sie sich nicht wirklich klarmachen, daß sich etwas ändern muß und daß Sie sich Ihr Potential ansehen müssen. Vielleicht sagen Sie jetzt: »Ich glaube nicht, daß ich je irgendwelches Potential hatte«, »Ich war noch nie in irgendwas gut«, »Ich hab´s noch nie geschafft, etwas zu Ende zu bringen, was ich angefangen hatte«, »Ich kann mich einfach nicht für längere Zeit konzentrieren.« Aber wie sehr haben Sie sich denn wirklich angestrengt? Haben Sie sich je wirklich und ehrlich vorgenommen, etwas schaffen zu wollen: etwas beenden zu wollen und es wirklich gut zu tun?

Wieviel Mühe und Ehrgeiz haben Sie eigentlich in die Dinge gesteckt, die Sie in der Vergangenheit probiert haben? Hatten Sie nicht vielleicht schon, bevor Sie etwas begannen, entschieden, daß Sie nicht Ihre ganze Kraft investieren würden und daß es das im Grunde auch gar nicht wert sei? Nun, von diesem Moment an können Sie das alles anders machen. Sie können jetzt, in diesem Augenblick beschließen, daß Sie die Kraft und das Talent haben, aus Ihrer derzeitigen Situation herauszukommen, und daß Sie Ihre Energien zu einer Verbesserung Ihrer Lage nutzen. Wenn Sie nur ein Viertel der Zeit, die Sie mit Trinken verbringen, in Ihre Genesung stecken würden, dann stellen Sie sich nur mal vor, wie weit Sie allein damit schon kämen. Und dadurch wiederum öffnen sich die Türen zu den ungenutzten Potentialen, die Sie haben, von denen Sie bisher jedoch noch gar nichts wußten.

»Wie könnten diese Potentiale aussehen?« mögen Sie jetzt fragen. Wie ich schon sagte, Sie haben das Potential, wieder ein gesundes und erfülltes Leben zu leben, wenn Sie es nur wollen. »Wie steht´s mit meinem geistigen Potential, mit meinen intellektuellen Fähigkeiten?« Nun, wie waren Sie denn in der Schule? Hatten Sie gute Noten? In welchen Fächern waren Sie am besten? Waren Sie gut in Sprachen? Waren Sie gut in Deutsch oder Mathe? Und wenn Sie nicht so gut waren, wie Sie hätten sein können, ist es dann zu spät, das nachzuholen? Könnten Sie nicht auf die Abendschule gehen oder auf eine sonstige Weiterbildungseinrichtung? Heutzutage ist es schließlich nicht so ungewöhnlich, auch in fortgeschrittenem Alter wieder die Schulbank zu drücken. Kann sein, daß Sie gerade aus der Weiterbildung große Befriedigung und Freude erfahren. Das wäre doch, als ob man etwas Unfertiges schließlich beenden würde. Dies ist also eine der Möglichkeiten, Ihre unerforschten Potentiale zu entdecken. Und wenn Sie gar das Glück haben, die Universität besuchen zu können, dann besitzen Sie sogar noch mehr, auf dem Sie aufbauen können.

Vielleicht liegen Ihre Talente auf dem Gebiet der Wirtschaft. Vielleicht arbeiten Sie ja bereits in der Welt der Wirtschaft. Wenn das der Fall ist, dann werden sich zweifellos Ihre Leistungen steigern, sobald Sie etwas gegen Ihre Alkoholsucht unternommen haben. Wenn Sie das Gefühl haben, in der Geschäftswelt gut abschneiden zu können, dann ziehen Sie doch ein paar Erkundigungen ein. Vertun Sie Ihre Zeit nicht mit Rumsitzen und Grübeln. Taten sprechen lauter als Worte. Schauen Sie sich doch nur mal an, wieviel *Gerede* wirklichen *Taten* gegenübersteht.

Vielleicht haben Sie ja das Zeug zum Unternehmer – zu jemandem, der diese wundervolle Fähigkeit besitzt, aus dem Nichts etwas zu erschaffen.

Wenn Sie Kinder haben, dann haben Sie nun die Möglichkeit, eine um 100 Prozent bessere Mutter oder ein um

100 Prozent besserer Vater zu werden, jetzt, da Sie etwas gegen Ihr Trinken unternehmen. Das ist ein Potential, das Sie garantiert besitzen.

Wenn Sie Hausfrau sind, dann sehen Sie doch mal, wieviel besser Sie auch diese Arbeit jetzt tun können, wieviel freundlicher Ihr Heim werden kann. Das Potential, die Talente, über die ich spreche, bedeuten nicht unbedingt, daß Sie eine berufliche Karriere machen müssen. Vielleicht sind Sie ja gut im »Do-it-yourself« oder im Gärtnern, oder vielleicht sind Sie musikalisch begabt – das kann Ihnen großes Vergnügen bereiten und ist eine wundervolle Möglichkeit zur Entspannung. Es kann auch etwas sein, das andere genauso genießen wie Sie.

Vielleicht liegt Ihr Talent ja im kreativen Bereich? Können Sie zeichnen? Können Sie malen? Haben Sie eine Blick für Mode? Vielleicht haben Sie ja das Talent, Dinge mit Ihren Händen zu schaffen, wie bei der Bildhauerei, Schnitzerei, Architektur oder beim Entwerfen von Kleidung? Vielleicht haben Sie die Fähigkeit, Romane, Kurzgeschichten, Kinderbücher oder Gedichte zu schreiben? Sie brauchen gar nicht mit den Augen zu rollen oder die Nase zu rümpfen – überlegen Sie lieber, wo Ihre Fähigkeiten liegen könnten. Ließe sich daraus vielleicht sogar eine Karriere schustern?

Vielleicht haben Sie ja auch das Talent zum Organisieren, ein guter Verwalter zu sein.

Vielleicht haben Sie ja, so wie ich, ein Talent für soziale Aufgaben. Vielleicht sind gerade Sie befähigt, anderen Menschen dabei zu helfen, sich selbst zu helfen. Sie könnten Arzt, Krankenschwester, Sozialarbeiter oder Therapeut werden. Oder vielleicht arbeiten Sie ja gerne mit Kindern – in diesem Bereich sind befähigte Leute immer gefragt. Möglicherweise hätten Sie gerne mit alten Leuten zu tun – es ist ein wunderbares Gefühl, jemand anderem Trost spenden zu können, und falls Ihre Talente hier liegen, sollten Sie sie auf jeden Fall nützen, denn das ist ein ganz besonderes Geschenk.

Vielleicht liegt Ihre Begabung im Sport.

Oder Sie sind ein Superkoch – was mehr als wahrscheinlich ist, denn es gibt so viele Leute in diesem Berufszweig, die Alkoholprobleme haben. Falls Sie ein Koch sind, dann wird sich Ihr Essen, die Art, wie Sie es zubereiten und servieren, zweifellos merklich verbessern.

Die Liste ist endlos. Ist es nicht aufregend zu wissen, daß es möglich ist, etwas Neues mit seinem Leben anzufangen oder das besser machen zu können, was man bisher getan hat? Und vor allem, wäre es nicht wundervoll, einfach zufrieden und glücklich mit sich selbst sein zu können und nicht mehr unter diesen schrecklichen Schuldgefühlen, der Reue und der Angst leiden zu müssen? Nicht länger dieses scheußliche Gefühl der Gewißheit haben zu müssen, daß man sich am nächsten Morgen beschissen fühlen wird, weil man sich so nun mal jeden Morgen fühlt? Dieses Gefühl der Panik in der Sekunde, in der man die Augen öffnet und versucht, sich zusammenzureißen, seine fünf Sinne zusammenzubekommen, um einem neuen Tag entgegentreten zu können – stellen Sie sich vor, welche Erleichterung, all das hinter sich zu haben und sich nicht länger dauernd Sorgen machen zu müssen, weil man sich nicht mehr an die vergangene Nacht oder daran erinnern kann, ob man vielleicht jemanden verletzt oder vor den Kopf gestoßen hat. Keine Blackouts mehr, keine Selbstquälerei, keine Rechtfertigungen mehr für die Art, wie man sich in betrunkenem Zustand verhalten hat, wenn man tief im Innern weiß, daß es einen ruiniert und einem alles Gute und Wertvolle nimmt.

Dieser Alptraum kann verschwinden, und Sie haben das Zeug dazu, dies auch geschehen zu lassen. Zunächst und vor allem jedoch müssen Sie das wollen – sobald Sie sich dazu entschlossen haben, folgt alles andere automatisch.

Ich habe in diesem Kapitel viele Arten von Talenten beschrieben, einige davon mögen auf Sie zutreffen, andere nicht. Ich denke, es wäre keine schlechte Idee, wenn Sie aufschreiben würden, wo Ihrer Meinung nach Ihre Talente liegen. Seien Sie so realistisch wie möglich. Setzen Sie Ihre Ziele nicht zu hoch an, denn es ist nur allzu leicht, wieder in die alte Falle zu tappen, in der man sich einredet, es sei gar nicht erst den Versuch wert, weil man ja doch immer nur versagt. Dies ist eine äußerst wichtige Zeit für Sie; es ist sehr wichtig, daß Sie sich eine positive Denkweise bewahren.

Wenn Sie Schwierigkeiten haben, eine solche Liste zu erstellen, dann fragen Sie jemanden, der Ihnen nahesteht und der Sie gut kennt. Ich bin sicher, daß man Ihnen gerne helfen wird, und es ist mehr als wahrscheinlich, daß Sie Talente in sich entdecken werden, die Sie niemals dort vermutet hätten. Schieben Sie diese Aufgabe nicht vor sich her. Machen Sie sie gleich, am besten jetzt sofort. Sie wollen doch nicht noch mehr wertvolle Zeit verlieren, oder?

17
Alles hat seinen Preis

Ich weiß noch, wie ich kurz vor dem 1. Jahrestag meines Beginns, nüchtern zu werden, stand und voller Panik befürchtete, daß ich es nicht schaffen würde. Für mich war der Gedanke, zehn Minuten lang nichts zu trinken, geschweige denn einen Tag, eine Woche, einen Monat, sechs Monate oder ein Jahr lang, völlig fremd.

Ich ging regelmäßig zu Treffen der Anonymen Alkoholiker, und eines jener Treffen fand an einem Donnerstag statt. In den (fast) zwölf Monaten, in denen ich diese Treffen nun schon besuchte, hatten einige Leute bereits ihre ›Nüchternheitsgeburtstage‹ gefeiert. Eine der Traditionen bei diesen Treffen war, daß man einen Geburtstagskuchen bekam, denn ein Jahr Nüchternheit ist wahrhaftig ein Grund zum Feiern. Es gab Leute, die hatten schon fünf, zehn oder fünfzehn Kerzen auf ihrem Kuchen, und ich glaube, einer hatte sogar mal einundzwanzig. Die Kerzen symbolisierten die Jahre der Nüchternheit, und ich dachte: »Mein Gott! Wenn man sich das vorstellt – das ist ja fast ein halbes Leben.«

Das Ende meines ersten Jahres ohne Alkohol rückte näher, und das bedeutete mir sehr, sehr viel, denn so viele Dinge waren in diesem Jahr geschehen. Wie ich in der Einleitung schon sagte, besaß ich einen Job – vielleicht nicht den bestbezahlten der Welt, aber es war ein Job, und ich war stolz darauf. Ich sah besser aus, hatte abgenommen und bekam auch nicht länger das Zittern. Sowohl physisch als auch psychisch fühlte ich mich sehr viel besser, und ich achtete nun auch mehr auf mich und mein Äußeres. Und manchmal, ob ich wollte oder nicht, begann ich zu glauben, was man mir gesagt hatte – daß alles besser werden würde, daß sich mein Leben zum Positiven verändern würde, wenn ich nur standhaft bliebe, nur heute und jeden Tag neu.

Ich wurde äußerst empfindlich, was mein einjähriges Jubiläum betraf; ich wollte es um jeden Preis feiern. Das ging sogar so weit, daß ich in Extreme verfiel – wie zum Beispiel Umwege zu machen, nur um die Straße an der sichersten Stelle überqueren zu können. Ich weiß, das klingt albern, aber für mich war dieses Datum so kostbar, ich wollte es so sehr. Ich wollte etwas erreichen, und ich wollte diesen Kuchen – und die eine Kerze darauf.

Schließlich kam der 19. Juni, und ich ging zu dem Treffen. Und tatsächlich, da war er: ein hübscher Kuchen mit einer kleinen Kerze obendrauf. Ich war so stolz, das würden Sie kaum glauben. Da war ich nun – 365 Tage ohne Alkohol. Ich weiß noch, ich war während des ganzen Treffens so glücklich, daß ich dauernd ein Lächeln unterdrücken mußte, da ich befürchtete, die anderen könnten glauben, ich nähme sie nicht ernst!

Nach dem Treffen tranken wir Kaffee – ich zerteilte den Kuchen in kleine Stücke und reichte sie herum. Es war auch eine Besucherin da, die sagte: »Ist dein Name Beechy?« – »Ja«, antwortete ich. »Wir haben einen gemeinsamen Freund«, sagte sie – »Davey.« – »Na sowas!« erwiderte ich. »Ich hab´ schon seit Jahren nichts mehr von ihm gehört.« Sie sah mich an und sagte: »Nun, er ist tot.«

Ganz plötzlich hörte ich ihre Stimme nur noch wie aus weiter Entfernung, es war, als ob ich taub geworden wäre. Ich konnte nichts mehr hören. »Er ist tot.« Dieser Satz saß wie festgeklebt in meinem Kopf, und ich mußte mich schütteln, um wieder zu mir zu kommen. Sie erzählte weiter, daß er am Alkohol gestorben sei. Er war eine ganze Zeitlang nüchtern gewesen und hatte bei einigen seiner AA-Treffen erzählt, daß er einen Freund habe, den er schon seit langer Zeit nicht mehr gesehen habe. Er meinte, er mache sich große Sorgen um seinen Freund, weil dieser soviel trinken würde, und er wünschte, er könne ihn dazu bringen aufzuhören und ihm vielleicht bei dem Weg in die Nüchternheit behilflich sein. Ich war so traurig, als sie mir das erzählte, denn der Freund, von dem er gesprochen hatte, war ich.

Das war ein kurzer, harter Schock, der mich in die Realität zurückriß. Da saß ich nun mit meinem einen Jahr Nüchternheit, fühlte mich toll und unschlagbar und mußte mir anhören, wie mein Freund an seiner Alkoholsucht gestorben war. Es war, als ob ich eine Botschaft bekommen hätte: »Ja, dein Jahr hast du hinter dir. Ja, du machst dich gut. Aber glaub ja nicht, daß du je wieder trinken kannst, denn wenn du es tust, dann wirst du daran sterben.«

Diesen Tag und wie ich mich damals fühlte, als ich vom Tod meines Freundes erfuhr, werde ich nie vergessen. Ich trage diese Erinnerung immer im Herzen, und sie ist zu einer sehr starken Antriebsfeder für mich geworden, denn nun weiß ich, daß ich mich vor dem ersten Glas zu hüten habe, da es tödlich ist. Ich kann nie wieder trinken. Ich tauge nicht mehr dafür. Es funktioniert einfach nicht. Das habe ich akzeptiert. Ich kenne den Preis, den man letztendlich für dauernden Alkoholmißbrauch zu bezahlen hat: Es ist unmöglich, das alles ohne physische, geistige und emotionale Folgen zu überleben, ohne seine Familie oder seine Beziehungen zu anderen zu zerstören. Die Folgen des Alkoholmißbrauchs erreichen jeden, der mit dem Trinker in Verbindung steht, und sie alle geraten in seinen zerstörerischen Sog.

Alkoholismus ist eine tödliche Krankheit, wenn sie nicht zum Stillstand gebracht wird. Ich verwende bewußt das Wort »Stillstand«, denn eine Heilung gibt es nicht. Eine Menge Leute sind der Ansicht, daß sie, wenn sie nur eine Zeitlang aufhören zu trinken, danach wieder anfangen können. Das ist nicht der Fall. Wenn ein Problemtrinker aufhört zu trinken, dann hören auch die mit seiner Trunksucht verbundenen Probleme auf. Wenn diese Person jedoch wieder zum Glas greift, dann kommen auch die Probleme wieder. Sie verschwinden nie. Unzählige haben schon ihr Leben verloren, weil sie so dachten – sie haben eine Zeitlang aufgehört, und dann meinten sie: »Ein, zwei können nicht schaden. Ich kann ja wieder aufhören, und so schlimm wie früher wird es sowieso nicht.« Aber sobald sie wieder angefangen haben, können sie nicht mehr aufhören, und schließlich müssen sie den Preis dafür bezahlen.

Können Sie sich noch an das Beispiel von dem Mann erinnern, der immer wieder die Hand in ein Faß voll von brennendem Benzin steckt und schreit? Da würde doch jeder annehmen, daß dieser Mann verrückt sei, nicht wahr? Man würde ihm doch sicherlich sagen, er solle damit aufhören, oder? Ist es nicht erstaunlich, daß man weitertrinkt, obwohl man dabei jedes Mal unter körperlichen Schmerzen zu leiden hat? Man trinkt weiter, obwohl einem der Arzt/der Therapeut/die Familie rät, damit aufzuhören, und obwohl einen der Chef dauernd warnt und unter Druck setzt. Nichts ändert sich: Man macht einfach weiter so. Warum? Ganz einfach, weil man *abhängig* ist vom Alkohol, und sobald diese Abhängigkeit einmal da ist, wird sich so lange nichts ändern, bis man sie stoppt. Wenn nicht, dann ist, wie ich schon sagte, der Preis enorm hoch. Nicht nur, daß der Tod am Ende steht, man bekommt darüberhinaus ernste Probleme mit der Leber, den Nieren, dem Herzen, dem Nervensystem, der Haut, dem Magen und dem restlichen Verdauungstrakt. Ganz offen gesagt, wer Alkohol mißbraucht, der schadet seinem gesamten physischen Wohlbefinden.

Aber das ist noch nicht alles. Denken Sie nur an all die Unfälle, die durch Trunkenheit am Steuer verursacht werden. Unschuldige Menschen müssen sterben. Und dann die sehr hohe Rate von Unfällen am Arbeitsplatz, die auf Trunksucht zurückzuführen sind – verursacht durch Leute, die trinken und dann an Maschinen in Fabriken oder auf Baustellen arbeiten. Ich frage mich, wieviele Brände tatsächlich auf Alkoholmißbrauch zurückzuführen sind – verursacht durch Leute, die Zigaretten rauchen, dabei einschlafen und sich selbst samt dem Mobiliar verbrennen. Diese schrecklichen Folgen passieren täglich, und unzählige Menschen müssen darunter leiden – nicht nur jene, die Alkohol mißbrauchen, sondern auch die anderen, die direkt davon betroffen sind.

Es ist so traurig zu sehen, wie sehr die Familie leiden muß, wenn einer der ihren an den Folgen seiner Alkoholsucht stirbt. Erst kürzlich habe ich die Frau eines Mannes getroffen, der an Alkoholismus gestorben ist. Sie saß in meinem Büro, sah mich direkt an und sagte: »Was bleibt mir noch im Leben? Ich fühle mich so leer, jetzt wo er fort ist.« Obwohl sie schon seit geraumer Zeit getrennt gelebt hatten, hatte sie immer noch gehofft, daß er sich eines Tages erholen und aufhören würde zu trinken. Aber es hatte nicht sein sollen. Trotz all der Dinge, die ihm zugestoßen waren, wie der Verlust seines Arbeitsplatzes und des Respekts seiner Kollegen, der Trennung von seiner Frau, der Isolierung von seinen erwachsenen Kindern, den zunehmenden Schäden an seiner Gesundheit, nichts davon hatte etwas ändern können. Was ihn betraf, so hatte er sein Trinken unter Kontrolle und konnte aufhören, wann immer er wollte. Er sah nicht, was mit ihm geschah, und da er seine Abhängigkeit vom Alkohol leugnete, konnte er auch nicht hören, was man ihm zu sagen versuchte. Schließlich starb er an seiner Trunksucht. Die Folgen sind immer noch zu spüren, denn seine Frau sitzt nun da mit ihren Erinnerungen an einen Menschen, der nicht immer getrunken hat, einen Menschen, der einmal sehr, sehr rücksichtsvoll und großzügig und ein sehr guter Vater und Ehemann gewesen war. Auch war er einst äußerst tüchtig und verantwortungsvoll in seinem Beruf gewesen, bevor der Alkohol das Sagen übernommen hatte. Stück für Stück geriet sein Leben außer Kontrolle, und er verlor buchstäblich alles – einschließlich seines Lebens. Alles, was seine Frau nun noch hat, sind die Gedanken an ein Leben, wie es hätte sein können. Was für eine Verschwendung. Das alles ist so unnötig, aber es geschieht – und es wird auch weiterhin geschehen.

In den nächsten fünfzehn bis zwanzig Minuten und alle weiteren fünfzehn bis zwanzig Minuten werden zwei Verurteilungen wegen Trunkenheit am Steuer ausgesprochen, und zwei Notfälle werden eingeliefert, einer in die Psychiatrie, der andere tot wegen Alkoholmißbrauchs. Und es wird nicht besser, ganz im Gegenteil. Ich weiß genau, wenn Sie Ihre Entscheidung treffen, dann müssen Sie nicht ein Teil dieser Statistik werden. Dann müssen Sie nicht diese schrecklichen Folgen erleiden. Sie haben die Wahl. Sie haben die Verantwortung. Alles, was Sie tun müssen, ist, eine Entscheidung zu treffen, zu wollen, daß sich die Dinge in Ihrem Leben ändern, bereit zu sein, zu dieser Änderung etwas beizutragen, deswegen um

Hilfe zu bitten, sich selbst und anderen gegenüber ehrlich zu sein. Falls Sie das nicht wollen, dann müssen Sie wissen, daß der Preis, den Sie in körperlicher, geistiger und emotionaler Hinsicht zu bezahlen haben, Sie letztendlich ruinieren wird. Fragen Sie sich selbst: Ist das einen so hohen Preis wert? Bedeutet Ihnen Ihr Trinken wirklich so viel, daß Sie willens sind, alles dafür zu opfern – Ihre Frau oder Ihren Mann, Ihre Kinder, Ihre Familie, Menschen, die Sie lieben und sich um Sie sorgen?

Bevor Sie antworten, sehen Sie sich noch einmal all die Aufgaben an, die Sie in diesem Buch bisher gemacht haben. Werfen Sie einen Blick auf die Folgen, auf die Wirkung, die der Alkohol auf Ihr Leben ausübt. Das sollte Ihnen dabei helfen, zu der gesunden Entscheidung zu finden, die Sie treffen müssen. Wenn Sie viele dieser Folgen noch nicht am eigenen Leib erfahren und das Gefühl haben, Ihr Trinken sei derzeit gar nicht so schlimm, dann bitte ich Sie, noch einmal zu überlegen. Schätzen Sie sich glücklich, daß Sie noch nicht durch diese Hölle gehen mußten. Die Zeit für eine Entscheidung ist trotzdem reif – denn wenn Sie so weitermachen, dann werden Sie *zwangsläufig* unter den genannten Folgen zu leiden haben. Keiner, der kontinuierlich Alkohol mißbraucht, kann dem entkommen, denn alles hat seinen Preis.

18
Sie sind nicht allein

Ich habe immer gedacht, ich wäre der einzige, der trinkt wie ich, der sich benimmt wie ich und der sogar so *fühlt* wie ich. Jahrelang habe ich, obwohl die Leute mich darauf aufmerksam machten, mich in alle möglichen Richtungen wiesen und mir zu helfen versuchten, nie wirklich geglaubt, daß es jemanden geben würde, dem es so ging wie mir.

Das klingt vielleicht, als ob ich mich als etwas ganz Besonderes hinstellen wollte; vielleicht ist es sogar größenwahnsinnig anzunehmen, daß keiner die Art von Einsamkeit, Verzweiflung, Isolation, Selbstzerknirschung, Wut und Schuld fühlt wie ich. Ich denke, es kommt der Wahrheit näher, wenn ich sage, daß ich die anderen einfach nicht bemerkt habe, weil ich so von mir selbst besessen und so egoistisch war. Das einzige, was mich interessierte, war ich selbst.

In all den Jahren, in denen die Leute versucht haben, mir die richtige Richtung zu zeigen, habe ich einfach nicht zugehört. Ich habe mich überhaupt nicht darum gekümmert, und ich war darüberhinaus auch noch ziemlich unhöflich, hauptsächlich deshalb, weil ich nur wollte, daß man mir die Richtung zum nächsten Glas wies – und ganz sicher nicht eine Richtung, die mich davon entfernte.

Wenn Sie das Gefühl haben, die Leute wollten Ihnen möglicherweise etwas wegnehmen, nun, dann haben Sie gar nicht so unrecht. Aber in Ihren Augen nehmen Ihnen diese Leute etwas weg, was Sie lieben und was Ihnen sehr viel Trost spendet; doch wie wir in diesem Buch bereits besprochen haben, ist Alkohol alles andere, nur kein Trostspender. Und lieben tut er Sie ganz gewiß nicht; er führt Sie auch nicht auf die richtigen Wege. Schließlich hat er Sie dahin gebracht, wo Sie jetzt sind, nicht wahr?

Ein weiterer Grund dafür, daß ich annahm, keiner würde so fühlen oder trinken wie ich, lag darin, daß ich nie über meine Gefühle *sprach*. Und ganz sicher nicht über mein Trinken. Warum sollte ich auch, wo ich doch davon überzeugt war, nicht zuviel zu trinken? Also hatte ich, genau wie Sie, diese Gefühle, und es gab Zeiten in meinem Leben als Trinker, in denen ich völlig verzweifelt war, weil ich dachte, daß mich niemand verstehen würde, wenn ich erzählte, wie es mir ging.

Haben Sie je zwei Betrunkenen in einer Bar zugehört? Ist es nicht interessant, wie man unter Alkoholeinfluß plötzlich eine völlig andere Sprache zu sprechen scheint? Denken Sie doch mal an die beiden Betrunkenen in der Bar: Der eine redet blanken Unsinn, aber der andere nickt verständnisvoll. Das sieht vielleicht ganz lustig aus, ist aber auch ganz schön langweilig, wenn man der Zuhörer sein muß – besonders in nüchternem Zustand.

Seien wir doch mal ehrlich: Wie oft haben Sie wirklich ehrlich und offen mit jemandem über Ihr Trinken *geredet*, wenn Sie nüchtern waren? Überlegen Sie doch mal. Nicht sehr oft, wenn überhaupt, könnte ich mir vorstellen. Die meisten Trinker reden nur dann darüber, wenn sie Schuldgefühle plagen oder sie völlig down sind, und das geschieht meist unter Alkoholeinfluß: die Zungen lösen sich, und vielleicht ist man ja ausnahmsweise mal nicht beleidigend oder verletzend oder in der

Defensive. Man öffnet dem anderen gegenüber sein Herz und erzählt, wie man sich in Wahrheit fühlt, selbst wenn man sich am nächsten Tag nicht mehr daran erinnern kann. Wenn man dann erzählt bekommt, was man gesagt hat, dann streitet man es höchstwahrscheinlich ab und sagt: »Ach, das war doch nur ein Witz. Glaub bloß nicht, was ich da gesagt habe.«

Ist es nicht ein Jammer, daß Sie Ihre Gefühle verleugnen müssen? Und ist es nicht noch trauriger, daß Sie, wenn Sie schon mal darüber reden, es nur unter Alkoholeinfluß machen können? Ich verstehe das. Es ist so erschreckend, jemandem Einblick in seine Gefühle zu geben, vielleicht hauptsächlich deshalb, weil man sich dann möglicherweise an das halten muß, was man gesagt hat, und endlich etwas gegen sein Trinken unternehmen muß.

Lassen Sie uns doch einmal annehmen, daß Sie das hier durchstehen und etwas unternehmen werden. Die erste Frage lautet in diesem Fall doch gewöhnlich: »Wer kann mir helfen?«

Die meisten gehen zu ihrem Hausarzt, denn von Ärzten erwartet man ja schließlich, daß sie alles wissen und Antworten auf die meisten Probleme haben. Ärzte gelten im allgemeinen als vertrauenswürdig, als Menschen, die nur Ihr Bestes im Sinn haben. Bei den meisten Ärzten mag das wohl auch der Fall sein. Gehen Sie nur zu Ihrem Arzt und fragen Sie ihn oder sie um Rat, und hoffentlich hat er oder sie dann auch die richtige Antwort parat. Ich sage bewußt »die richtige«, denn es gibt genügend falsche Antworten auf Ihre Fragen, und es ist meine Absicht, Ihnen die beste Hilfe zur Verfügung zu stellen, die ich zur Verfügung stellen kann, und Ihnen den bestmöglichen Rat zur Lösung Ihrer Probleme zu geben.

Das ist nur meine persönliche Meinung, doch lassen Sie uns einmal eine jener falschen oder auch »schlechten« Antworten betrachten: »Halten Sie Ihr Trinken unter Kontrolle.«

Nun, die simple Antwort darauf ist, wenn Sie Ihr Trinken wirklich unter Kontrolle halten könnten, dann würden Sie kaum um Hilfe bitten. Das mit dem Kontrollieren haben Sie ja bereits versucht. Immer wieder haben Sie es versucht, und nie hat es funktioniert. Wie läßt sich auch etwas unter Kontrolle halten, das unkontrollierbar ist? Wir sprechen hier nicht mehr über Gesellschaftstrinken oder die Art, wie jeder trinkt: Wir reden hier darüber, daß Sie mit größter Wahrscheinlichkeit alkoholabhängig sind. Und eine Sucht läßt sich nicht dadurch austreiben, daß man die Substanz weiterhin zuführt.

Meiner ganz persönlichen und fachmännischen Meinung nach ist die einzige Möglichkeit, mit der Alkoholsucht fertigzuwerden, *abstinent* zu leben. Machen wir uns doch nichts vor, Sie taugen nicht mehr zum Trinken. Denn wenn das der Fall wäre, dann würden wir beide uns hier doch nicht unterhalten, stimmt´s? Abstinenz ist Ihr Schlüssel zur Freiheit. Ihr Trinken im Zaum zu halten ist es nicht. Meiner Meinung nach ist die Empfehlung, sein Trinken unter Kontrolle zu halten, genauso, als ob man einem zwanghaften Frauenprügler sagen würde: »Schlag sie doch nur noch dreimal pro Woche statt fünfmal.« Es ist lächerlich und vollkommen unprofessionell zu sagen: »Versuchen Sie es unter Kontrolle zu halten«, wenn es Ihnen und Ihren Mitmenschen derart viele Probleme verursacht. Hören Sie auf zu trinken, und die Probleme, die daraus resultieren, hören ebenfalls auf. Natürlich haben Sie es dann immer noch mit Ihren Gefühlen zu tun und mit all den unterschwelligen Ängsten, die Sie bisher immer mit dem Alkohol unterdrückt haben, aber Sie können immerhin einen Schritt in die richtige Richtung machen: Sie können über diese Gefühle reden und versuchen, sie zu verstehen; Sie können sich mit den Angelegenheiten befassen, die Sie in Wahrheit plagen. Es ist unmöglich, ein Alkoholproblem zu lösen, während man immer noch trinkt.

Die erfolgreichste Selbsthilfegruppe, die meiner Meinung nach auf der Welt existiert, finden Sie unter der ersten Nummer in Ihrem Telefonbuch: die Anonymen Alkoholiker. Die Gemeinschaft der AA funktioniert, das war schon immer so und das wird auch immer so sein – vorausgesetzt, Sie folgen dem äußerst einfachen Programm, das sie anbieten. Es gibt *überall* AA-Treffen. Wo immer Sie auch leben, es existiert eine AA-Gruppe nicht allzuweit von Ihnen. Alles, was Sie tun müssen, ist, zum Hörer zu greifen, und Sie werden sehr schnell merken, daß Sie keineswegs allein sind. Unzählige fühlen so wie Sie und haben über die zwölf Schritte der AA eine Brücke zum normalen Leben gefunden.

Eins der wichtigsten Dinge im AA-Programm ist die *Anonymität.* Sie können sich auf den Treffen sicher fühlen. Sie können Ihre Erfahrung, Kraft und Hoffnung mit der Gewißheit teilen, daß sie in diesem Raum bleiben. Was für ein Gefühl der Freiheit, zu wissen, daß man nicht mit Etiketten wie ›Ich bin ein Alkoholiker‹, ›Ich habe ein Trinkproblem‹, ›Ich kann nicht aufhören zu trinken‹ herumlaufen muß. Sie müssen das nicht mehr tun. Sie können ganz einfach weitermachen mit Ihrem Leben und bekommen gleichzeitig ein riesiges Maß an Hilfe und Unterstützung von Leuten, die verstehen, wie Sie sich fühlen.

Doch vielleicht gehören Sie ja zu jenen, die nicht einfach mit Trinken aufhören können, nur indem sie zu AA-Treffen gehen. Vielleicht müssen Sie ja zunächst vom Alkohol entgiftet werden, was aller Wahrscheinlichkeit nach stationär erfolgen dürfte:

- Es gibt Krankenhäuser, die eine Entgiftungsbehandlung anbieten;
- es gibt psychiatrische Kliniken, denen eine Entgiftungsstation angeschlossen ist;
- es gibt Therapiezentren.

Zwischen den drei genannten besteht ein deutlicher Unterschied. Wenn Sie sich beispielsweise in einem Krankenhaus einer Entgiftung unterziehen, dann wird Ihr Körper lediglich von dem Stoff entwöhnt, den Sie eingenommen haben. Mit anderen Worten, Sie bleiben sich selbst überlassen. Ohne ein wenig Einsicht und Verständnis für das, was mit Ihnen passiert ist, haben Sie jedoch keinerlei Grundlage, auf der Sie Ihre Abstinenz aufbauen können. Es ist sehr einfach, mit dem Trinken aufzuhören – trocken zu bleiben, das ist das Problem. Ohne ständige Hilfe und Unterstützung ist es sehr schwer, wenn nicht gar unmöglich, sich vom Alkohol fernzuhalten.

Unterstützung sollte aus allen möglichen Bereichen kommen: aus der Familie, von Freunden, Arbeitgebern. Ihre Mitmenschen müssen verstehen lernen, was mit Ihnen geschehen ist, um Ihnen wirklich helfen zu können, zunächst und vor allem jedoch müssen *Sie* es verstehen. Dann können die anderen möglicherweise in diesen Prozeß miteingeschlossen werden.

Wenn Sie an einer langfristigen, stationären Behandlung interessiert sind, dann mag die Entgiftung allein nicht ausreichend für Sie sein. Sie brauchen möglicherweise etwas anderes. In einer psychiatrischen Klinik beispielsweise werden in den meisten Fällen Gruppen- und Einzeltherapien angeboten, die eine enorme Hilfe sein können. In Therapiezentren, die nach dem Minnesota Behandlungsmodell arbeiten, wird man Ihnen höchstwahrscheinlich die Gelegenheit geben, Ihren emotionalen, physischen, geistigen und seelischen Zustand zu betrachten. Diese Art der Behandlung erfolgt mittels Vorträgen, Gruppen- und Einzeltherapien, Entspannungsübungen und Meditation. Und vor allem hilft Ihnen dieses Behandlungsmodell dabei, sich durch die ersten fünf Schritte des Programms der Anonymen Alkoholiker zu arbeiten. Diese Schritte sind äußerst einfach und enorm effektiv; sie helfen Ihnen dabei, Ihr Verhalten zum Stillstand zu bringen (und ich betone »Stillstand«, denn es gibt keine Heilung für den zugrundeliegenden Zustand).

In dem Therapiezentrum, in dem ich arbeite, sind wir noch einen Schritt weitergegangen, denn wir glauben an Kreuzabhängigkeiten. Ich selbst habe nicht einen einzigen Süchtigen getroffen, der nur unter einer einzigen Form von Abhängigkeit litt. Gewöhnlich ersetzen die Leute die eine Sucht mit einer anderen, ob dies nun übermäßiges Essen, Medikamentenmißbrauch, zwanghaftes Kaufen, übertriebenes Sporttreiben oder Spielsucht ist. Jede Abhängigkeit kann sich sehr schnell von einer Sache auf eine andere konzentrieren.

Die Behandlungsmethode, die bei uns praktiziert wird, umfaßt unter anderem Psychodrama, Rollenspiele und experimentelle Therapie (Collagen, Kunsttherapie und ähnliches). Für uns sind die Bedürfnisse der Patienten wichtiger als deren Wünsche, und wir behandeln sie mehr als Menschen, als Persönlichkeiten, und weniger als Süchtige. Was ich damit meine, ist, statt zu sagen: »dieser Trinker«, »dieser Eßsüchtige«, »dieser Drogenabhängige«, »dieser Spielsüchtige«, sagen wir: »Hier ist ein menschliches Wesen mit speziellen, sehr sensiblen Bedürfnissen.« Wir versuchen diese Bedürfnisse zu erkennen und eine dementsprechende Behandlungsmethode für diese Person und deren Familie zu finden.

Die persönliche Einstellung ist ebenfalls sehr wichtig in der Therapie. Ein Mindestmaß an Freude und Humor muß einfach vorhanden sein, denn man erholt sich schlecht in einer düsteren, depressiven Atmosphäre. Dort, wo ich arbeite, glaubt man an die heilende Kraft des Humors: Wenn Ihnen Ihre Genesung keine Freude bereitet, wozu machen Sie das alles überhaupt? Mir geht es darum, daß Sie wieder etwas Glück und Freude in Ihr Leben bringen, anstatt nur immer Elend und Unglück. Meine Philosophie beruht hauptsächlich darauf, das Heute zu leben und nicht ans Gestern zu denken. Was kann man an der vergangenen Woche schon ändern? Nicht viel – aber man kann am Heute etwas ändern. Man kann Pläne für das Morgen machen – aufgeregt und freudig die Veränderungen in seinem Leben beobachten, anstatt dauernd über die Fehlschläge und den Schrecken der Vergangenheit nachzugrübeln. Ich rede hier von Entscheidungen und von Verantwortung und darüber, die Dinge anpacken und meistern zu können, anstatt immer nur davor zu fliehen. Ich rede über Selbstachtung, darüber, sich selbst zu entdecken, offen mit den Leuten und ehrlich mit seinen Gefühlen umzugehen, die Scherben wieder zusammenzuklauben.

Wenn Ihnen die stationäre Behandlung nicht zusagt, dann könnten Sie zum Beispiel eine offene Therapiemöglichkeit in Betracht ziehen. Es gibt jede Menge Einrichtungen, die diese Art der Behandlung anbieten. Es gibt darüberhinaus jede Menge Therapeuten, die sowohl Einzel- als auch Gruppentherapien anbieten (sowohl reine Frauen- als auch Männergruppen). Es ist also jede Menge Hilfe verfügbar. Alles, was Sie tun müssen, ist, zum Telefonhörer zu greifen, zu Ihrem Hausarzt zu gehen oder in die Lokalzeitung zu schauen. Irgendeine Form der Hilfe finden Sie immer.

Ich bin offen für alle Behandlungsformen, denn es wäre unfair von mir, zu behaupten, daß nur eine funktioniert. Tatsache ist, daß unterschiedliche Behandlungsformen unterschiedlichen Bedürfnissen entgegenkommen. Ich habe jedoch noch keinen Menschen mit einem Alkoholproblem getroffen, der es geschafft hätte, sein Trinken durch Nicht-Abstinenz auf ein normales gesellschaftliches Maß zu bringen – das heißt also durch fortgesetzten Alkoholkonsum.

Ich könnte natürlich noch stundenlang über die verschiedenen Hilfsmöglichkeiten sprechen, aber Sie kennen nun die wichtigsten und können ja mehr darüber herausfinden, wenn Sie es möchten. Worum es mir in diesem Kapitel hauptsächlich geht, ist, Ihnen zu zeigen, daß Sie nicht alleine sind. Jetzt, in diesem Moment, gibt es unzählige Menschen, denen es genauso geht wie Ihnen. Die Hilfe ist da. Unterstützung ist verfügbar. Sie sind *nicht* allein.

19
Wird nächstes Weihnachten anders sein?

Ich denke, die erste Frage, die ich Ihnen hier stellen sollte, ist folgende: »Wie war Ihr letztes Weihnachtsfest?«

War es so, wie Sie sich ein Weihnachtsfest wünschen? Sie sollten ein wenig darüber nachdenken, denn ich weiß nicht, was Weihnachten für Sie bedeutet. Für einige bedeutet es, daß die ganze Familie zusammenkommt und man Geschenke austauscht – besonders wenn Kinder da sind, denn Weihnachten ist zunächst mal ein Fest für Kinder. Für andere ist es eine Zeit des Dankens, ein feierlicher Augenblick. Und für wieder andere ist es eine Zeit, in der man mehr trinken und mehr essen kann, in der man Versprechen macht, die man sowieso nicht einhält – es ist die Zeit, in der man seine wahren Gefühle zeigt. Es scheint, als ob sich die Leute an Weihnachten Dinge gestatten, die sie sich normalerweise nicht gestatten würden. Also muß ich Sie fragen, was Ihnen Weihnachten bedeutet.

Es gibt sogar Leute, die Weihnachten überhaupt nicht feiern, sondern ganz normal weitermachen. Haben Sie weitergemacht wie immer? War das letzte Weihnachten anders als die anderen Weihnachtsfeste davor? Können Sie sich noch erinnern? Oder ist alles verschwommen und unklar? Fragen Sie sich, wie Sie sich verhalten haben. Haben Sie genauso viel getrunken, wie sonst auch?

Haben Sie weniger getrunken? Kamen Ihnen einige der Kommentare bekannt vor? Sie kennen sie ja:

»Bitte trink nicht wieder so viel, wenn wir ausgehen.«

»Bitte laß die Wagenschlüssel zu Hause.«

»Müssen wir so lange bleiben? Was ist mit den Kindern? Was ist mit den Geschenken? Bitte laß mich nicht wieder allein nach Hause gehen, ich möchte mit dir zusammen heimkommen. Es ist doch schließlich Weihnachten – ein Fest der Familie. Du hast versprochen, daß es diesmal anders ist. Wenigstens den Kindern zuliebe, wenn schon nicht um meinetwillen.«

»Du hast doch nicht etwa das ganze Geld für Alkohol ausgegeben?«

»Wo warst du so lange? Du wolltest doch schon längst zu Hause sein.«

»Ich bitte dich – dieses Weihnachten soll nicht so sein wie das letzte.«

Immer wieder machen Sie Versprechungen, die Sie nie einhalten.

Ist es nicht seltsam: Immer wieder haben Sie die besten Vorsätze und Absichten, aber sobald Sie zum ersten Glas greifen, löst sich alles in Rauch auf. All die Versprechungen, die Vorsätze und Entschlüsse sind schon bald wieder vergessen, und was stattdessen kommt, ist dies: »Nun ja, alles kann warten. So schlimm ist es nun auch wieder nicht. Ich werde es morgen erledigen. Das merkt ohnehin keiner. Das habe ich mir verdient. Ist mir egal, was die anderen denken.«

Das ist die Haltung, die sich nach ein paar Gläsern einstellt, und sobald sie sich einmal eingeschlichen hat, ist es sehr, sehr schwer, sie wieder loszuwerden. Ist Ihnen schon mal aufgefallen, daß ›betrunkene‹ Geschenke die Wunden, die durch diese Art von Verhalten verursacht werden, nicht wirklich heilen? Und es passiert ja nicht nur einmal oder hin und wieder, nicht wahr? Seien wir doch ehrlich – Weihnachten macht da auch keinen Unterschied, oder? So viel anders ist Ihr Trinken doch auch nicht, außer vielleicht, daß Sie noch mehr trinken.

Ist Ihnen schon mal aufgefallen, daß Sie Versprechungen vor allem dann nicht einhalten, wenn Sie trinken? All die guten Vorsätze werden beiseite geschoben, und Kommentare, wie die zuvor genannten, kriegen Sie doch mehr oder weniger häufig das ganze Jahr über zu hören, nicht wahr? Ich glaube nicht, daß das alles neu für Sie ist, ich spreche hier über Kommentare, die Sie höchstwahrscheinlich die meiste Zeit über zu hören kriegen. Ich weiß, Sie haben es satt, sich das dauernd anhören zu müssen, aber Sie werden es so lange hören, bis Sie sich ändern. Und wenn Sie das nicht tun, dann werden die Leute, die Ihnen ständig diese Vorhaltungen machen, bald nicht mehr da sein. Früher oder später werden sie aufgeben.

Als ich noch trank, habe ich immer gesagt, daß jeder Tag Weihnachten sei: An jedem Tag feiert irgend jemand Geburtstag, Verlobung oder Taufe. »Einen Grund gibt´s immer« – das war meine Rede. Kommt Ihnen das bekannt vor? Ein Grund zum Trinken.

Während Sie in diesem Buch lasen, haben Sie seitenweise Gründe und Entschuldigungen vorgebracht. Wir haben uns Ihre Besessenheit vom Alkohol angeschaut und auch alle möglichen Verhaltensweisen. Wir nähern uns nun dem Punkt, an dem Sie wirklich überlegen müssen: »Werden sich die Dinge ändern?« Wollen Sie, daß sie sich ändern? Wird nächstes Weihnachten anders sein?

Das hängt alles davon ab, was Sie wollen und was Sie brauchen. Sie und ich, wir haben schon eine ziemlich lange Reise durch dieses Buch hinter uns, und ich weiß, wie schmerzlich es für Sie gewesen sein muß. Aber Sie sind bei mir geblieben: Ich weiß, daß Sie das manchmal gar nicht wollten, aber Sie haben es trotzdem getan. Wie ich schon sagte, die Zeit ist gekommen, ein paar Entscheidungen zu fällen. Entscheidungen über *Sie selbst.* Entscheidungen über Ihr Glück, Ihren Selbstwert, Ihre Selbstachtung und Ihr Selbstbewußtsein. Entscheidungen über jene größere Persönlichkeit, die in Ihnen steckt, die dort gefangen ist und heraus will: der gute Mensch in Ihnen. Der Mensch, der will, daß seine Mitmenschen wissen, daß er kein schlechter Mensch ist, daß er durchaus Gefühle hat, daß er sensibel ist, daß er ein guter Vater/eine gute Mutter ist, daß er ein guter Liebhaber, ein guter Ernährer ist. Daß mehr in ihm steckt als nur der Suff.

Nächstes Weihnachten kann anders sein. Es könnte sich so sehr von den vorherigen unterscheiden, daß Sie es kaum glauben würden. Es könnte das beste Weihnachtsgeschenk sein, das Sie den Menschen, die Sie lieben, je machen können. Wir alle wissen, daß kleine Kinder darauf warten, daß der Weihnachtsmann zu ihnen kommt. Ich frage mich, wieviele Kinder eigentlich darauf warten, daß auch ihr Vater oder ihre Mutter nach Hause kommt. In ihren Herzen ist das mehr wert als alles Silberpapier, all die hübschen Verpackungen und Spielsachen, die sie je bekommen können: einen glücklichen Papa und eine glückliche Mama zu sehen. Dann sind auch sie glücklich, denn vergessen Sie nicht – ich habe das vorher schon, in Kapitel 10, gesagt (vielleicht blättern Sie ja nochmal zurück) –, Ihr Verhalten beeinflußt das Verhalten Ihrer Familie. Und selbst wenn Sie keine Kinder haben, gibt es sicher jemanden, dem Sie wichtig sind. Jemand, der sich auf Sie verläßt, jemand, der Sie braucht. Doch vor allem anderen brauchen Sie sich selbst.

Dieses Glück, über das ich hier spreche, läßt sich sehr leicht erreichen. Vielleicht wissen Sie ja gar nicht, was dieses Wort bedeutet. Vielleicht ist es ja schon lange her, daß Sie Glück verspürt haben. Vielleicht glauben Sie ja, daß das einzige Glück für Sie in der Flasche liegt. Ich versichere Ihnen, es gibt ein Glück da draußen, das selbst Ihre kühnsten Träume noch übertrifft – ohne Alkohol und all den Kummer, den er Ihnen bereitet. Sie können dieses Glück ganz einfach dadurch erreichen, daß Sie beschließen, *mit dem Trinken aufzuhören.*

Wir können uns den ganzen Tag lang darüber streiten, ob Sie Ihr Trinken nun kontrollieren können oder nicht, ob Sie weniger trinken können oder nicht, daß Sie jederzeit aufhören können. Wenn das der Fall ist, warum lesen Sie dann dieses Buch? Wenn Sie all das können, warum haben Sie es nicht schon längst getan? Ich fordere Sie heraus: Es ist Zeit, eine Entscheidung zu treffen und mit dem Gerede und der Prahlerei aufzuhören.

Wenn Sie schon dauernd sagen: »Aber ich habe keine Probleme mit dem Alkohol«, dann wird es Ihnen auch nicht schwerfallen, nichts mehr zu trinken – oder nicht? Dann wäre es doch weiter kein Problem, wenn Ihr letztes Glas auch Ihr letztes wäre. An einer Kneipe oder einer Bar vorbeizugehen wäre dann ja kein Problem. Und wenn Sie tatsächlich in eine Kneipe gehen, dann wird es Ihnen kaum schwerfallen, nur eine Cola oder etwas dergleichen zu bestellen. Oder etwa nicht? Aber wenn Sie all das nicht tun können, dann haben Sie ein Problem, und das müssen wir uns ansehen. Ich habe vorher schon über alle möglichen Aspekte dieses Problems gesprochen, es ist also Zeit, ein paar Entscheidungen zu treffen.

Was glauben Sie, tun zu müssen? Entscheiden Sie sich nicht sofort – denken Sie darüber nach. Vielleicht möchten Sie ja eine Liste der Möglichkeiten niederschreiben, die Sie haben. Seien Sie ehrlich und fragen Sie sich: »Kann ich so weitermachen wie bisher?« Wenn nicht, dann habe ich ein paar Vorschläge für Sie – sehr konstruktive und sehr simple Vorschläge.

Wie ich schon sagte, Sie sind nicht allein. Es gibt tausende von Leuten mit denselben Problemen. Hilfe und Unterstützung ist da. Das alles wartet nur auf Sie, und es liegt auch nur einen Schritt von Ihnen entfernt. Das ist der Schritt, auf den Sie sich vorbereitet haben. Vergessen Sie nicht, das hier ist keine Schande. Sie sind nicht weniger wert, nur weil Sie sich selbst helfen wollen. Sie tun etwas äußerst *Positives* für sich. Was Sie sich tatsächlich sagen, ist Folgendes: »Ich bin mehr wert als das. Ich habe es verdient. Das hätte schon längst geschehen müssen«, und diese Entscheidung treffen Sie täglich neu. So einfach ist das.

Ich bitte Sie keineswegs zu sagen: »Ich werde nie wieder trinken. Keinen Tropfen mehr. Ich hasse Alkohol.« Ich bitte Sie nicht, etwas Derartiges zu schwören. Alles, was ich sage, ist, daß Sie nur heute, nur vierundzwanzig Stunden lang nichts trinken dürfen. Und wenn Ihnen das noch zu lang ist, dann können Sie sich sagen: »Fünf Minuten lang darf ich nichts trinken.« Es ist Ihre Entscheidung. Die Selbstbestätigung und Selbstachtung, das Selbstvertrauen, das Sie aufgrund dieser Entscheidung, und weil Sie etwas gegen Ihr Trinken unternehmen, gewinnen, ist *enorm.* Das wird Ihnen helfen weiterzumachen. Es gibt noch jede Menge zu tun, aber dieser erste Schritt, diese erste Verpflichtung sich selbst gegenüber ist wichtig.

Jedesmal, wenn Sie eine Kneipe betreten, eine Bar, einen Supermarkt oder wo immer Sie Ihren Alkohol auch kaufen mögen, ist es, als ob Sie einen Boxring betreten würden. Sie werden geschlagen und Sie gehen k.o., aber Sie stehen immer wieder auf. Sie werden ausgezählt, aber Sie kommen immer wieder zurück, um sich erneut dem Kampf zu stellen. Es ist Zeit, das Handtuch zu werfen. Ich weiß es, und Sie wissen es, und der Mensch in Ihrem Innern, der schreit und heraus will und mit seinem Leben weitermachen will, weiß es auch. Worauf warten Sie also noch? Was schieben Sie noch länger hinaus? Ist es aus Angst vor dem, was geschehen wird?

Ich weiß, wieviel Angst Sie haben, aber ich glaube, Sie haben mehr Grund, sich vor dem nächsten Glas zu fürchten, als davor, es nicht zu trinken; denn dann wissen Sie zumindest, daß all die Dinge, die passieren, wenn Sie dieses Glas trinken, nicht passieren werden. Wenn Sie jedoch zum ersten Glas greifen, dann wissen Sie, daß Sie machtlos sind und Ihr Leben nicht mehr meistern können. Sie wissen, was Sie tun, wenn Sie unter Alkoholeinfluß stehen. Ich weiß, daß Sie diese Dinge gar nicht tun wollen, aber Sie tun sie trotzdem, denn nach dem ersten Glas haben Sie keine Wahl mehr.

Die einfache Entscheidung, um die ich Sie hier bitte, ist also, das erste Glas nicht zu trinken. Wenn Sie jetzt, in diesem Moment, ein Glas vor sich stehen haben und die Hand nicht davon abhalten können, danach zu greifen, oder wenn Sie an einer Kneipe oder Bar nicht vorbeigehen können, dann gibt es keinerlei Grund mehr, zu behaupten, Sie wären nicht machtlos in bezug auf Alkohol.

Ich bin ganz aufgeregt, wenn ich daran denke, was diese Entscheidung, die in Ihrem Kopf herumgeht, tatsächlich für Sie bedeuten kann, denn ich habe meine Entscheidung getroffen, und die Freude und Aufregung und die Veränderungen, die seitdem in meinem Leben passiert sind, scheinen nicht enden zu wollen – es wird einfach immer besser und besser und besser. Das Leben hat seine Höhen und Tiefen, aber beileibe nicht so viele, wie in der Zeit, als ich noch trank. Jemand hat mal zu mir gesagt: »Auch der schlimmste Tag kann nicht so schlimm sein wie in der Zeit des Suffs.« Das stimmt: Alles kann nur besser werden, wenn man beschließt, etwas zu ändern.

Vielleicht wäre es keine schlechte Idee, sich die letzten vier oder fünf Weihnachtsfeste vor Augen zu halten. Wie waren sie? Haben Sie sich amüsiert? Haben sich die anderen amüsiert? Wenn es Ihnen schwerfällt, sich zu erinnern, dann fragen Sie doch Ihre Frau/Ihren Mann/Ihre Freundin/Ihren Freund oder Ihre Kinder. Ihre Kinder erinnern sich ganz bestimmt, denn, wie ich schon sagte, Weihnachten ist eine sehr wichtige Zeit für sie. Denken Sie doch mal daran, wie sehr Sie sich früher, als Sie noch klein waren, immer auf Weihnachten gefreut haben und wie wichtig es für Sie war, daß dieser Tag glücklich verlief.

Ich habe Ihnen in diesem Kapitel jede Menge Stoff zum Nachdenken geliefert, also belasse ich es dabei. Die Entscheidung liegt bei Ihnen.

20
Und was nun?

Bevor wir fortfahren, wollen wir das Bisherige rekapitulieren und eine kleine Inventur machen. Wo stehen wir im Moment eigentlich? Wir haben in den letzten neunzehn Kapiteln jede Menge durchgesprochen, und ich glaube, es ist äußerst wichtig für Sie, festzustellen, was all das mit Ihnen selbst zu tun hat, und sich ein Bild von Ihrem Trinkverhalten zu machen.

Gleich am Anfang des Buches habe ich Ihnen die Gelegenheit gegeben, herauszufinden, was man unter einem Alkoholproblem eigentlich versteht. Sie konnten dann aufgrund eines sehr einfachen Fragenkatalogs feststellen, ob Sie ein Alkoholproblem haben oder nicht. Es ist mehr als wahrscheinlich, daß Sie schon, bevor Sie einen einzigen Blick auf den Fragebogen geworfen hatten, wußten, daß Sie ein Problemtrinker sind – ja, wahrscheinlich schon, bevor Sie dieses Buch überhaupt gekauft hatten. Doch wie auch immer, es war jedenfalls eine sehr wichtige Übung für Sie, einwandfrei festzustellen, was Sie als Problem betrachten, denn Sie sind schließlich derjenige, der trinkt. Sie sind derjenige, der alle Antworten besitzt.

Wir haben darüber gesprochen, daß der Rausch nicht aus der Flasche kommt, sondern im Körper entsteht. Sie sind eine Einzelperson, ein Individuum. Und falls Sie nicht einen eineiigen Zwilling haben, gibt es niemanden, der genauso ist wie Sie – der lacht wie Sie, der Ihren

Sinn für Humor besitzt, der genauso denkt wie Sie. Das macht Sie zu einer Einzelperson mit individuellen Bedürfnissen. Es ist wichtig, daß Sie, während Sie dieses Buch lesen, über sich selbst nachdenken und sich selbst vor Augen haben, denn die Veränderungen, die Sie in Betracht ziehen, und die Entscheidungen, die Sie möglicherweise treffen werden, machen Sie zunächst einmal ausschließlich für sich selbst.

Wir haben über den Drang, die Gier nach Alkohol gesprochen. Wir haben festgestellt, daß es nicht um die Mengen geht, die Sie trinken, sondern um den Drang, trinken zu müssen – um das Bedürfnis nach Alkohol, nach der Sicherheit, dem Trost und der Stabilität, die er Ihnen zu geben scheint.

Wir haben die Möglichkeit betrachtet, Ihr Trinken einzuschränken und letztlich ganz aufzugeben und abstinent zu leben, anstatt permanent zu versuchen, es unter Kontrolle zu halten (was ja offensichtlich nicht zu funktionieren scheint).

Wir haben uns ausführlich mit dem Verhalten von Menschen mit Alkoholproblemen beschäftigt. Ich weiß, es war nicht leicht, das zu lesen, aber noch schwerer ist es doch, damit leben zu müssen oder mitansehen zu müssen, wie jemand auf diese Weise sein Leben kaputtmacht. Ich hab mal gelesen, Alkoholismus sei eine Krankheit, die einem sagt, man habe keine Krankheit. Wie wahr! Denken Sie bloß mal daran, wie wenig Sie Ihr Trinkproblem wahrhaben wollen: was Sie sich immer wieder einfallen lassen, um Ihr Verhalten vor sich selbst und anderen zu rechtfertigen und die Verantwortung dafür anderen zuzuschieben. Sie haben jeden nur möglichen Abwehrmechanismus ausprobiert, um Ihre Gewohnheit nicht aufgeben zu müssen, denn das ist daraus geworden – eine Gewohnheit: eine Art Lebensstil, eine

Art Verhaltensmuster, das Sie und Ihr Leben dominiert und Ihnen in vieler, wenn nicht jeder Hinsicht exakt vorschreibt, was Sie zu tun haben.

Wir haben uns die Geschichten anderer angesehen – Geschichten von Leuten, die Alkohol mißbraucht haben und die unter den schrecklichen Folgen leiden mußten. Ich hoffe, Sie konnten nachempfinden, was sie fühlten, und sich auch mit einigen ihrer aus der Sucht erwachsenen Lebensumstände identifizieren.

Wir haben darüber gesprochen, daß Sie annehmen, ein schlechter Mensch zu sein, weil Sie trinken. Das sind Sie nicht. Ihr natürliches Verhalten unterscheidet sich sehr von Ihrem alkoholisierten Verhalten – Ihre wahre Persönlichkeit ist ganz anders als jene, die der Alkohol aus Ihnen gemacht hat. Es ist, als wäre man Dr. Jekyll und Mr. Hyde – am Anfang ist man vollkommen normal, aber nach ein paar Gläsern beginnt man, sich zu verändern, und ein paar Gläser mehr, und die Stimmungsumschwünge machen sich deutlich bemerkbar, und Sie werden eine völlig andere Person. Aber es ist der Alkohol, der diese negative Veränderung verursacht, deshalb ist es äußerst wichtig, daß Sie sich von ihm trennen. Und glauben Sie nicht, Sie seien ein schlechter Mensch.

Wir haben darüber gesprochen, daß der Alkohol die Rolle einer Liebesbeziehung in Ihrem Leben übernommen hat – und über die Besessenheit, mit der Sie an ihm hängen: wie Sie Ihren Alkohol sogar verstecken, um den Nachschub zu sichern. Möglicherweise ohne daß Sie es gemerkt haben, ist der Alkohol zur Liebe Ihres Lebens geworden und steht nun, vor allem anderen, an erster Stelle. Sie können das ruhig bestreiten, aber ich bitte Sie, sich doch mal anzusehen, wie Sie sich verhalten. Wenn der Alkohol eine so große Rolle in Ihrem Leben spielt, dann sind auch andere Bereiche Ihres Lebens von Ihrem

Trinken betroffen. Das ist eine ganz einfache Tatsache, aber es ist schwer, sie zu akzeptieren.

Wir haben uns das »Haus in Ihrem Innern« angesehen und wie sehr Sie Ihre Gefühle unterdrücken und den Alkohol dazu benutzen, den Großteil davon zu verdrängen.

Wir haben gesehen, wie Sie einen Zaun von Abwehrmechanismen um Ihre Gefühle herum errichten, nur um nicht über sie sprechen zu müssen und auch nicht darüber, wie schmerzhaft sie sind und in welchem Netz von Lügen und Selbsttäuschung Sie verstrickt sind.

Leere Flaschen und leere Versprechungen – sehen Sie denn nicht, wieviel Macht der Alkohol bereits über Ihr Leben besitzt? Schauen Sie sich doch mal an, welch dominante Rolle er spielt. Das kann man doch nicht mehr als Gesellschaftstrinken bezeichnen, oder?

Die Familie, die vergessenen Partner, die Kinder, die so schnell heranwachsen, und die Momente, die unwiederbringlich verloren sind. Wie sie leiden. Ach, es tut so weh, aber es ist so wichtig, sich das anzuschauen, darüber nachzudenken und es zu verstehen. Sie müssen begreifen, was mit Ihrem Leben passiert ist, sich ein Bild von all dem machen und erkennen, daß auch noch andere davon betroffen sind – Sie sind nicht der einzige, der Härten und emotionale Pein ertragen muß.

Wahlmöglichkeiten? Sie haben jede Menge davon. Es gibt so viele Wege, die in eine positive Richtung weisen. Alles ist da und wartet nur auf Sie.

Erinnern Sie sich noch an die Mythen, die keine sind:

- »Ohne Alkohol kann ich mich nicht amüsieren.«
- »Das Leben ist grau und öde ohne Alkohol.«
- »Ich wüßte nicht, was ich mit meiner Zeit anfangen sollte.«
- »Nur Penner sind Alkoholiker.«

- »Alle Alkoholiker fangen schon morgens an zu trinken.«
- »Die Leute werden mich für langweilig halten, wenn ich nicht mehr trinke.«

und so weiter?

In Kapitel 13 haben wir darüber gesprochen, daß jeder bekommt, was er verdient. Wir haben uns das Vorstadium angesehen, die mittlere und die kritische Phase betrachtet und uns schließlich mit der chronischen Phase des Trinkens beschäftigt. Erinnern Sie sich noch an die Selbsteinschätzung, die Sie in diesem Kapitel von sich gemacht haben? An die konkreten Beispiele, die Ihr Trinkverhalten belegen sollten?

Und vergessen Sie nicht den kleinen Mann im Ohr – der, der nie verschwindet – der kleine Mann, der allzeit bereit ist zuzuschlagen, wenn Sie müde, empfindlich, deprimiert oder verwundbar sind. Er ist immer da, wenn es darum geht, Ihnen einzuflüstern, Ihre Probleme doch mit einem Gläschen zu lösen. Also wollen wir nie vergessen, daß er da ist, selbst wenn man ihn mal nicht hört.

Wir haben uns angesehen, wie der Alkohol Ihre Werte und Überzeugungen verändert hat und wie Sie das wieder in Ordnung bringen können, indem Sie eine Liste Ihrer eigenen Regeln aufstellen und die Dinge anders machen. Denken Sie doch mal an all die Talente, die ungenutzt in Ihnen schlummern und darauf warten, herausgelassen zu werden, und wieviel Sie erreichen können, wenn Sie es nur wirklich wollen.

Wir sollten nie vergessen, daß alles seinen Preis hat. Wenn Sie so weitermachen, dann müssen Sie einen hohen Preis dafür bezahlen, aber wenn Sie beschließen, etwas gegen Ihr Trinken zu unternehmen, dann ist der

Preis relativ niedrig, verglichen mit den enormen Vorteilen, die Ihnen erwachsen.

Es ist gut zu wissen, daß man nicht allein ist. Sie sind nicht der einzige, der unter dem Alkohol leidet – es gibt unzählige andere, denen es genauso geht wie Ihnen, die aber beschlossen haben, ihr Leben zum Positiven zu verändern. Diese Beispiele sollten Ihnen Kraft spenden, Kraft und die Gewißheit, daß es Hoffnung und Hilfe gibt und daß das Glück auf Sie wartet.

Wird nächstes Weihnachten anders sein? Das wird es ganz bestimmt, wenn Sie sich dafür entscheiden, den Ratschlägen und Richtlinien in diesem Buch zu folgen. Es wird das beste Weihnachtsfest sein, das Sie je erlebt haben.

So weit sind wir also gekommen. Sie können sich ruhig auf die Schulter klopfen – Sie haben enorm viel geleistet. Sie haben jede Menge Informationen verarbeitet, und ich habe Ihnen unzählige Fragen gestellt, auf die Sie hoffentlich die eine oder andere Antwort gefunden haben.

In Kapitel 4 habe ich Sie gebeten, einen Tagesplan zu machen, und jetzt ist es an der Zeit, diesen Plan noch einmal zu überprüfen. Falls Sie beschlossen haben, Ihr Trinken einzuschränken, wie ist es gelaufen? Haben Sie es geschafft, sich an die geplante Menge zu halten, oder haben Sie mehr getrunken? Ist es Ihnen schwergefallen, das Glas abzustellen oder den Korken auf die Flasche zu stecken oder die Kneipe zu verlassen oder nicht in den Supermarkt zu gehen, um Alkohol zu kaufen, oder das eine oder andere Glas zurückzuweisen? Wie haben Sie sich dabei gefühlt? Es ist sehr wichtig, darüber nachzudenken, denn nur so erhalten Sie ein klares Bild davon, wie sehr oder wie wenig Sie Ihr Trinken unter Kontrolle haben.

Falls Sie beschlossen haben, den großen Schritt zu tun und ganz aufzuhören, wie ist es gegangen? War es schwerer oder leichter, als Sie dachten? Ist es Ihnen gelungen, Ihre Abstinenz jeden Tag durchzuhalten, oder hatten Sie gelegentlich mal ein Glas? Wie haben Ihre Mitmenschen darauf reagiert – Ihre Familie, die Freunde, Arbeitskollegen, Bekannte? Hat man Sie unterstützt?

Wie immer es auch gegangen sein mag, Sie können stolz darauf sein, wie Sie die Aufgabe angegangen sind. Es braucht schon jede Menge Mut, sich dem zu stellen, was wir bis jetzt in diesem Buch besprochen haben.

Vielleicht ist es nun an der Zeit, noch einen Schritt weiterzugehen. Ich hoffe, Sie haben bereits mit der Selbsteinschätzung, zu der ich Ihnen in Kapitel 13 geraten habe, begonnen. Können Sie sich noch daran erinnern? Haben Sie gesehen, welche Wirkung der Alkohol auf die meisten Bereiche Ihres Lebens ausübt? Sehen Sie es sich noch einmal an, sehen Sie, was passiert ist – bevor wir fortfahren können, müssen Sie dieses Bild betrachten oder zumindest das, was bereits davon vorhanden ist. Was denken Sie? Wollen Sie so weitermachen wie bisher – sind Sie zufrieden mit dem, was Sie haben? Haben Sie wirklich das Gefühl, Ihr Verhalten in bezug auf Alkohol unter Kontrolle zu haben?

Sie müssen sich fragen, was *Sie* nun tun wollen, in welche Richtung *Sie* nun gehen wollen, denn ich bin in dieser Sache voreingenommen – ich habe bereits aufgehört mit dem Trinken. Ich habe meine Entscheidung getroffen und deren Vorteile bereits erfahren. Ich habe die Veränderungen, die mein Leben seitdem bestimmt haben, als sehr, sehr positiv empfunden, aber, wie ich schon sagte, ich mußte die nötigen Schritte unternehmen und sehr hart dafür arbeiten, mir meine Nüchternheit zu bewahren. Ich mußte meine Entscheidung ganz allein treffen, und ich mußte den ersten Schritt dafür tun.

Der nächste Schritt liegt vollkommen in Ihrer Hand. Die bloße Tatsache, daß Sie bereits so weit gekommen sind mit meinem Buch, zeigt mir deutlich, daß Sie etwas gegen Ihr Trinken unternehmen wollen. Wie ich schon sagte, ich kann Ihnen leider nicht beibringen, wie man gesellig trinkt oder wie eine »Lady« oder wie ein »Gentleman«, aber ich habe Ihnen die Möglichkeit der Wahl gelassen: Sie können entscheiden, was Sie tun wollen. Ich habe Ihnen die Möglichkeit gelassen, *zu versuchen*, Ihr Trinken zu kontrollieren. Ich betone das Wort »versuchen«, denn ich glaube nicht, daß Sie Ihr Trinken kontrollieren *und* dabei glücklich sein können. Also gut, lassen Sie uns annehmen, daß Sie versucht haben, Ihr Trinken einzuschränken, damit aber keinen Erfolg hatten und am Ende doch wieder genauso viel (wenn nicht gar mehr) wie vorher getrunken haben. Ihr Verhalten wird so natürlich keineswegs positiver, und die Folgen, unter denen Sie wegen Ihres Trinkens zu leiden haben, werden auch nicht leichter. Der Druck, dem Sie ausgesetzt sind, wird immer größer, und das kann doch nur bedeuten, daß Sie sich noch mehr von den anderen isolieren und sich in sich selbst zurückziehen. Das Gefühl, in der Flasche eingesperrt zu sein, wird immer schlimmer. Sie müssen also etwas tun. Sie können nicht da stehenbleiben, wo Sie sind, denn vergessen Sie nicht – es wird sich verschlechtern und das sehr schnell, Sie müssen also ein paar positive Entscheidungen treffen. Die Zeit läuft Ihnen davon. Sie haben Glück gehabt, mit Ihrem Trinken überhaupt so weit zu kommen, und dieses Glück wird nicht ewig anhalten.

Die erste Entscheidung, die Sie treffen können, ist, die Informationen zu nutzen, die ich Ihnen bis jetzt gegeben habe. Das wird Sie sehr schnell in eine Richtung lenken, die es Ihnen ermöglicht, Ihr Alkoholproblem zum Stillstand zu bringen.

Die zweite Entscheidung, die Sie treffen können, ist, Verantwortung zu übernehmen und sich ein paar realistische Kurzzeitziele zu setzen. Zum Beispiel folgende:

1. nicht zu schnell zu viel von sich erwarten

2. um Hilfe bitten, sie annehmen und erkennen, daß nicht das wichtig ist, was man will, sondern das, was man braucht; Sie wissen im Moment noch nicht, was Sie brauchen, und müssen sich deshalb ganz einfach auf den Rat verlassen, den man Ihnen gibt

3. sich an die Leute halten, die einen unterstützen; Sie finden sie in den Selbsthilfegruppen, die ich erwähnt habe

4. akzeptieren, daß man nicht gerade der großartigste Mensch auf der Welt gewesen ist und es nicht sehr leicht war, mit einem zu leben. Es wird also eine Weile dauern, bis Sie das Vertrauen der Menschen, die Ihnen nahestehen, wiedergewonnen haben.

Verzweifeln Sie nicht, wenn es nicht gleich klappt. Sie sind auch nur ein Mensch – Sie dürfen Fehler machen. Verlieren Sie nie Ihren Sinn für Humor. Sie machen das alles ja nicht, um dann noch unglücklicher zu sein als vorher – wir reden hier doch darüber, wie Sie wieder glücklich werden können; wir reden darüber, wie Sie das Leben wieder genießen, sich amüsieren und ein wenig Spaß haben können. Befreien Sie sich aus der Falle, in der Sie sitzen.

Die dritte Entscheidung, die Sie fällen können, ist die, vorwärts zu gehen statt dahin zurück, wo Sie waren.

21
Loslassen

Searching for the strength within us:
Have we got it? I don't know.
Is it fear that holds us back from
Letting go?

Do we really have to face this?
How much do they need to know?
Isn't there some other way of
Letting go?

What's this feeling called surrender?
Am I putting on a show?
I'm so fearful of rejection
If I let go.

My real self is just a memory,
I've become a hell to know.
Will I wake up from this nightmare
If I let go?

Searching for the strength within us:
Have we go it? I don't know.
Is it fear that holds us back from
Letting go?

Wir suchen nach der Kraft in uns:
Wo ist sie? Ich weiß es nicht.
Ist es Angst, die uns davon abhält,
einfach loszulassen?

Müssen wir dem wirklich ins Auge sehen?
Wieviel brauchen die anderen denn zu wissen?
Gibt es nicht eine andere Möglichkeit,
einfach loszulassen?

Was ist das für ein Gefühl, sich zu ergeben?
Oder nehme ich das alles viel zu schwer?
Ich habe schreckliche Angst davor, zurückgewiesen zu werden,
wenn ich loslasse.

Mein wahres Ich ist nur eine Erinnerung,
keiner will mehr etwas mit dem Menschen zu tun haben, der ich geworden bin.
Gibt es ein Erwachen aus diesem Alptraum,
wenn ich einfach loslasse?

Wir suchen nach der Kraft in uns:
Wo ist sie? Ich weiß es nicht.
Ist es Angst, die uns davon abhält,
einfach loszulassen?

Diesen Song habe ich vor ungefähr zwei Jahren geschrieben, und für mich repräsentiert er die Angst, die ich damals hatte, wenn jemand von mir verlangte: »Du mußt einfach loslassen.«

Was loslassen? Die Vergangenheit loslassen, die alten Verhaltensweisen loslassen, die Erinnerungen loslassen, die Selbstzweifel, die Kritik, die Unsicherheiten und Ängste, das alles einfach loslassen. Wie es in der ersten Zeile meines Songs heißt, mußte ich erst die Kraft in mir finden, das zu tun. Zu der Zeit wußte ich wirklich nicht, was ich tun sollte, denn »einfach loszulassen«, dieser Gedanke erschien mir reichlich seltsam. Es ist vielleicht einfacher, sich vorzustellen, man habe etwas in der Hand und jemand würde sagen: »Stell es hin und laß es stehen.« Sie können es auch so betrachten, wenn Sie wollen.

Ich meine, es ist Zeit, das Glas hinzustellen, die Flasche hinzustellen und all das stehenzulassen, was Ihnen die ganze Zeit über so viel Schmerz und kaum Freude bereitet hat. Das erscheint einem so einfach und klar, wenn man es auf diese Weise betrachtet, nicht wahr? »Warum tust du das nur? Warum läßt du es nicht einfach gut sein? Hör auf damit – laß los!« Wenn es bloß so einfach wäre! Sie haben es ja schon oft versucht und immer haben Sie dann doch wieder nach dem Glas gegriffen, aber das bedeutet noch lange nicht, daß Sie ein Versager sind – es heißt nicht, daß es unmöglich ist oder daß Sie ein hoffnungsloser Fall sind. Ich glaube, es liegt daran, daß Sie einfach noch nicht bereit dazu waren.

Sobald einmal etwas emotional, physisch und geistig von einem Besitz ergriffen hat, ist es nicht einfach zu sagen: »So, das war´s – nie wieder«, denn es gibt viel zu viele Dinge, die damit verbunden sind. Sie müssen mit jeder Menge Druck von außen fertigwerden. Ich meine damit, den Alkohol aufzugeben bedeutet mehr, als nur das Glas hinzustellen: Nicht wieder damit anzufangen, das ist das Problem. Damit Ihnen das gelingt, müssen Sie mehr als nur den Alkohol aufgeben.

In meinem Song heißt es: »Müssen wir dem wirklich ins Auge sehen? Wieviel brauchen die anderen denn zu wissen?« Es geht nicht nur darum, wieviel *die anderen* wissen müssen, es geht auch darum, wie vielem *Sie* sich stellen müssen. Je mehr Sie schauen, desto mehr werden Sie sehen, das steht außer Zweifel, und desto mehr werden Sie auch über sich herausfinden – und desto mehr können Sie auch ändern. Jemand hat kürzlich zu mir gesagt: »Du mußt erst ›Hallo‹ sagen, bevor du ›Lebewohl‹ sagen kannst.« Zuerst einmal müssen Sie sich selbst ansehen und sich klarmachen, was es ist, das Sie an sich ändern wollen – was es ist, das Sie nicht sonderlich an sich mögen –, bevor Sie etwas ändern können.

Ich meine damit nicht, daß Sie sich selbst in Stücke reißen und Ihren Charakter völlig auseinandernehmen sollen: Alles, worum ich Sie bitte, ist, ehrlich zu sein, wenn es darum geht, Ihr Verhalten einzuschätzen, wenn Sie getrunken haben, und wie gut sich das mit Ihrem wahren Ich und mit der Vorstellung, die Sie von sich haben, vereinbaren läßt. Wenn Sie wirklich ehrlich und realistisch sind, dann werden Sie schon bald merken, daß sich das Verhalten, das Sie mögen, nicht mit dem Verhalten vereinbaren läßt, das Sie an den Tag legen, wenn Sie unter Alkoholeinfluß stehen. Es ist nicht so, daß Sie ein schlechter Mensch sind: Ihr Verhalten ändert sich nun einfach mal, wenn Sie Alkohol trinken. Ich glaube, es ist an der Zeit, sich zu fragen, woran man da eigentlich festhält und warum es derart wichtig für einen sein soll, sich dauernd so zu fühlen. Warum hören Sie nicht auf, sich permanent selbst zu bestrafen? Liegt es daran, daß es Ihnen egal ist? Oder daran, daß Sie insgeheim denken, es gar nicht wert zu sein? Oder denken Sie vielleicht, daß es zu spät ist, jetzt noch etwas zu ändern?

Aber vielleicht wollen Sie sich gar nicht ändern – vielleicht wollen Sie ja mit all dem weiterleben, was Trinken bedeutet. Ehrlich gesagt, das bezweifle ich, denn Sie wären mit diesem Buch ganz bestimmt nicht so weit gekommen, wenn Sie nicht wirklich etwas ändern wollten und wenn Sie tatsächlich glauben würden, es nicht wert zu sein. Alles, was Sie tun müssen, ist zu beschließen, loszulassen und anzufangen, sich selbst zu retten und die Achtung vor sich selbst wiederzugewinnen.

Ich muß noch einmal betonen: Es ist sehr, sehr wichtig, daß Sie sich klarmachen, daß Sie das alles für sich selbst und für keinen anderen tun. Glauben Sie mir, sobald Sie einmal die alten Verhaltensmuster losgelassen haben, werden Sie sich fragen, warum Sie sich überhaupt so lange daran geklammert haben, wo sie Ihnen doch die meiste Zeit über das Leben zur Hölle gemacht haben. Denken Sie mal darüber nach. Sind Sie nicht mehr wert als das? Ist es nicht Zeit, daß die Dinge besser für Sie werden? Nun, hier ist Ihre Chance. Die Chance, Veränderungen tatsächlich geschehen zu lassen. Das loslassen, was man nicht will, heißt Platz schaffen für die Dinge, die man braucht, wie zum Beispiel das Vertrauen der anderen; Achtung vor sich selbst; Ihre Würde; Dinge zu beenden, die man angefangen hat, statt immer nur mittendrin aufzugeben; sich zu mögen; zufrieden mit sich zu sein, statt sich die meiste Zeit über zu verstellen; den Leuten direkt in die Augen blicken zu können, ohne ständig das Gefühl haben zu müssen, daß Sie etwas über einen herausfinden könnten oder einen nach etwas fragen könnten, das man getan hat, als man betrunken war, an das man sich aber nicht mehr erinnern kann.

Es ist eine ungeheure Erleichterung, wenn man all diese peinlichen Situationen nicht länger ertragen muß. Tatsächlich wird Ihnen das alles am Anfang ziemlich komisch vorkommen, denn plötzlich müssen Sie nicht länger mit einer Wagenladung voller Entschuldigungen und Ausflüchte herumlaufen – Ihr Verhalten hat sich geändert, also brauchen Sie sie nicht mehr. Aber erwarten Sie nicht, daß sich auch alle anderen mit Ihnen ändern.

Viele Ihrer Saufkumpane werden nicht wirklich verstehen, warum Sie das alles tun, und wahrscheinlich werden sie Sie nicht gerade ermutigen. Wenn überhaupt, dann werden sie sich vielleicht sogar zerreißen im Bemühen, Sie zu überreden, doch zu bleiben, wie Sie waren. Sie geraten dadurch möglicherweise in einen ernsten Konflikt, denn wenn Sie beschließen, sich von einem bestimmten Lebensstil loszusagen, dann können Sie nicht gleichzeitig das damit verbundene Umfeld behalten. Es wäre beispielsweise die Hölle auf Erden für Sie, wenn Sie versuchen würden, auch weiterhin in die Kneipen und Lokale zu gehen, in denen Sie sonst Ihre Trinkfreunde getroffen haben. Sie wären dann unter Menschen, die das tun, was Sie (anfangs zumindest) auch gern tun würden. Nur weil Sie versuchen, aus all dem auszubrechen, weil Sie tief im Innern wissen, daß es nicht länger so weitergehen kann, können Sie nicht erwarten, daß die anderen Sie unterstützen, wo sie doch selbst noch trinken. Sie werden dann möglicherweise Kommentare wie diese zu hören bekommen:

»Ach, nur ein Glas.«

Oder:

»Dann trinkst du eben nur ein Viertel.«

Oder:

»Eins wird dich schon nicht umbringen.«

Oder:

»Nur ein paar. Ein paar Gläser haben noch niemandem geschadet. Sei nicht so dumm. Sei nicht so blöd. Sei

kein Schwächling. Was ist plötzlich los mit dir? Du bist ein richtiger Langweiler geworden. Mit dir hat man überhaupt keinen Spaß mehr. Bist du etwa religiös geworden? Du weißt doch, daß du Darts immer besser spielst, wenn du ein, zwei intus hast. Du bist der einzige im Billardteam, der nicht trinkt.«

Oder:

»Okay, wenn du drauf bestehst, Cola zu trinken, dann wenigstens mit einem Schuß Rum oder Wodka. Das wird dich schon nicht umbringen.«

Sie machen es sich nur selbst unnötig schwer, wenn Sie Ihr Trinkverhalten ändern wollen, aber weiterhin dieselbe Umgebung frequentieren, in der Sie immer getrunken haben. Sie können nicht erwarten, daß Ihre Trinkfreunde Verständnis für Sie haben, denn sie haben wahrscheinlich nicht dieselbe Erfahrung gemacht wie Sie. Was diese Leute betrifft, ist alles in Ordnung. Und wenn sie sich tatsächlich genauso verhalten, wie Sie sich verhalten haben, dann kann es gut sein, daß diese Trinker einfach noch nicht bereit sind zu tun, was Sie tun; die einzige Hilfe, die Sie demnach von Ihren Saufkumpanen erwarten können, ist die, Ihnen wieder auf die alte Tretmühle zurückzuhelfen. Und genau das wird passieren, wenn Sie sich nicht genug Zeit und Abstand von der alten Umgebung gönnen, denn anfangs sind Sie einfach nicht stark genug, um deren Versuchungen zu widerstehen.

Ich will damit nicht sagen, daß Sie nie wieder in eine Bar, eine Diskothek oder wo auch immer Alkohol ausgeschenkt wird, gehen können – natürlich können Sie das, aber Sie müssen sich einfach jede nur mögliche Chance für einen guten Start geben. Eine der besten Möglichkeiten hierfür ist, sich nicht mit Versuchungen zu umgeben. Sie sind schließlich auch nur ein Mensch, und wenn Sie sich selbst in eine Situation bringen, in der Sie das Gesicht verlieren würden, wenn Sie nichts trinken, dann ist die Wahrscheinlichkeit groß, daß Sie doch das eine Gläschen (denken Sie) trinken. Und dann geht alles wieder von vorne los, und sehr schnell – noch bevor Sie es merken – sind Sie wieder dort, wo Sie waren.

Vielleicht haben Sie jetzt das Gefühl, daß ich Sie von Ihren Freunden zu entfremden versuche. Was Sie jedoch einmal überprüfen sollten, ist, welche Art Freunde das sind. Wenn es Freunde sind, die Sie immer nur dann sehen, wenn Sie trinken, dann sind es Trinkfreunde. Wenn es alte und gute Freunde sind, die Sie schon sehr lange kennen, dann bin ich sicher, daß es auch andere Orte gibt, außerhalb von Kneipe oder Bar, in denen Sie sie treffen können. Und wenn sie wirklich die guten Freunde sind, für die Sie sie halten, dann werden sie höchstwahrscheinlich befürworten, was Sie tun, und Sie dabei unterstützen.

Eigentlich hatte ich gar nicht vor, so viel darüber zu reden, nicht in Kneipen oder Bars zu gehen oder was Ihre Freunde wohl denken werden; aber das waren nun mal die Dinge, die mir Sorgen gemacht haben, als ich mit Trinken aufhörte, denn ich dachte, daß mir nichts mehr bliebe, wenn ich nicht mehr in die Kneipe gehen könnte – daß ich überhaupt keinen Spaß mehr hätte, kein gesellschaftliches Leben mehr; alles, was mir je etwas im Leben bedeutet hatte, befand sich hinter diesen vier Wänden. Ich habe jedoch sehr schnell gelernt, daß außerhalb von Kneipe, Bar oder Disco eine große, aufregende Welt existiert und daß es auch ohne Alkohol durchaus ein Gesellschaftsleben, Amüsement und Spaß gibt.

Wenn Sie anfangen, diese große Chance wahrzunehmen, dann ist es sehr schwer zu glauben, daß es mehr geben könnte als das, was man bisher immer gemacht hat; Sie müssen mir in diesem Punkt also einfach vertrauen. Machen Sie sich keine Sorgen, Sie werden sehr schnell merken, daß ich die Wahrheit sage.

Wenn Sie wirklich loslassen wollen, dann sollten Sie sich zunächst einmal selbst verzeihen und lernen, sich selbst zu mögen und sich selbst zu akzeptieren, herausfinden, wer Sie wirklich sind, statt wer Sie sein wollen. Es war ein langer Weg, der Sie bis zu diesem Punkt geführt hat, und Sie haben auf dem Weg ganz sicher keine positive Einstellung sich selbst gegenüber gewonnen. Wahrscheinlich haben Sie jede Menge Dinge gemacht, auf die Sie alles andere als stolz sind, für die Sie sich schämen und über die Sie traurig sind. Sie können diesen Sack voller alter Gefühle nicht ewig mit sich herumschleppen. Je mehr Sie darüber nachdenken, desto schwerer und schwerer wird die Last. Sie müssen sich eine neue Chance geben, oder Sie werden auf immer in der Dunkelheit Ihrer früheren Handlungen herumirren. Das will natürlich nicht heißen, daß das, was Sie getan haben, richtig war, aber wie lange sollen Sie sich eigentlich noch dafür schämen? Wie lange sollen Sie sich noch dafür bestrafen?

Sie können eine Menge Dinge, die in der Vergangenheit passiert sind, wiedergutmachen, und vielleicht können Sie ja auch einiges von dem Schaden, den Sie bei anderen angerichtet haben, wieder in Ordnung bringen. Die erste Person, mit der Sie sich jedoch aussöhnen sollten, sind Sie selbst, und dann können Sie anfangen loszulassen. Verzeihen Sie sich – Sie müssen sich einfach eine neue Chance geben. Sie haben sie verdient, aber diesmal müssen Sie mit Ihrem ganzen Herzen und

Ihrer ganzen Seele dabeisein. Sie brauchen alle Kraft und Stärke, die Sie haben, damit dieses Mal anders wird als die vielen Male, in denen Sie schon versucht haben, etwas gegen Ihr Trinken zu unternehmen. Sich selbst zu verzeihen heißt, reinen Tisch zu machen und sich eine zweite Chance zu geben.

Ich will Ihnen noch einen guten Rat geben, was Wiedergutmachungen betrifft. Anfangs, als ich aufgehört hatte zu trinken, wollte ich erst einmal jedem sagen, wie leid es mir tat, was immer ich dem- oder derjenigen auch angetan hatte. Ich mußte feststellen, daß die Reaktionen darauf äußerst gemischt ausfielen. Ich habe das zunächst als Zurückweisung aufgefaßt, denn ich verstand nicht, daß man nicht mehr sehr viel Vertrauen in mich hegte. Die Leute hatten das alles schon so oft gehört – all meine Versprechungen und Vorsätze, mich nie wieder so schlecht zu benehmen –, und natürlich war es am Ende doch immer wieder beim alten geblieben. Also waren die Leute anfangs sehr mißtrauisch – und das mit Recht. Sie werden auch Ihnen gegenüber mißtrauisch sein. Lassen Sie sich also ein wenig Zeit. Bringen Sie das »Haus in Ihrem Innern« zunächst einmal in Ordnung, bevor Sie anfangen, die Leute darin herumzuführen. Werden Sie die Leichen los, die Sie im Keller begraben haben – ein gründlicher Frühjahrsputz im Haus Ihrer Gefühle, das ist es, was Sie zunächst einmal brauchen.

Vielleicht benötigen Sie dabei ja ein wenig Hilfe. Wie ich schon in Kapitel 18 sagte, es gibt jede Menge Orte, wo Sie Hilfe finden können – entweder bei Selbsthilfegruppen oder in Einzeltherapien oder Sie vertrauen sich jemandem an, dem Sie nahestehen. (Falls Sie religiös sind, könnte dies auch ein Priester oder Geistlicher sein.)

Wenn Sie die alten Geheimnisse, Ängste und Wunden, die Sie schon so lange peinigen, erst losgelassen haben, dann haben Sie jede Menge Platz gewonnen für neue Dinge in Ihrem Leben, wie die Freiheit der Wahl; die Freiheit, »nein« zu sagen; das Recht zur Selbstfindung, zur Selbstentdeckung; die Erkenntnis dessen, was in Ihnen steckt, all der Talente, die in Ihnen verborgen liegen und die Sie noch nie angetastet haben.

Es gibt viele Richtungen, in die Sie gehen können. Zum ersten Mal in Ihrem Leben sind Sie in der Lage, beim hellen Licht des Tages wirklich und wahrhaftig etwas zu ändern – und wenn es nur das ist, an der Kneipe vorbeizugehen (ist doch schon mal was ganz anderes, nicht?), anstatt sich wie ein Magnet hineinziehen zu lassen. Stellen Sie sich nur mal vor, wie es ist, morgens mit klarem Kopf aufzuwachen und mit einem Mund, der sich mal ausnahmsweise nicht so anfühlt, als ob ein Kamel darin übernachtet hätte! Stellen Sie sich nur mal vor, Sie rasieren sich, ohne permanent Harakiri mit dem Rasiermesser zu riskieren. Stellen Sie sich vor, Sie versprechen Ihren Kindern, etwas mit ihnen zu unternehmen, und tun es dann tatsächlich – was für überraschte Mienen sie machen werden! Stellen Sie sich die Freude auf den Gesichtern der Menschen vor, die Sie lieben, wenn sie sehen, wie Sie die alten Verhaltensweisen loslassen und sich in denjenigen verwandeln, der Sie wirklich sind und schon immer waren.

Loslassen ist ein hartes Stück Arbeit. Glauben Sie keine Sekunde, daß es leicht sein wird. Es ist eine der größten Herausforderungen, die Ihnen je gestellt wurden, aber es ist auch Ihr erster Schritt auf neuem, unbekanntem Boden, Boden, der nicht verschmutzt ist mit alten Erinnerungen und alten Ängsten. Sie verdienen diese Chance. Greifen Sie zu.

22
Die Scheuklappen abnehmen

Rennpferde tragen deshalb Scheuklappen, damit ihre Aufmerksamkeit auf einen einzigen Punkt konzentriert bleibt – zu rennen, pfeilschnell voranzupreschen und alle Energien auf den Sieg zu richten. Wenn Sie darüber nachdenken, dann haben Sie es in bezug auf Ihr Trinken kaum anders gemacht. Sie haben alles Erdenkliche getan, nur um weitertrinken zu können, und Sie haben nicht zugelassen, daß irgend etwas Sie von diesem Ziel abhält. Denken Sie doch nur mal an all die Zeit, Energie und Kraft, die Sie darin investiert haben.

Wenn man etwas tut, von dem die anderen annehmen, daß man es nicht tun sollte, dann braucht man allein zur Rechtfertigung dieser Sache schon jede Menge Energie. Überlegen Sie doch mal, wie hart Sie gearbeitet und wieviel Mühe Sie sich gemacht haben, mit Ihrem Alkohol *zu gewinnen.*

Bis jetzt habe ich noch keinen Problemtrinker getroffen, der den Alkohol besiegt hätte, der weitertrinken konnte, ohne die bereits geschilderten Folgen oder Schwierigkeiten in Kauf nehmen zu müssen. Es ist Zeit, die Scheuklappen abzunehmen. Es ist Zeit, in einem anderen Rennen an den Start zu gehen – einem Rennen, das Sie auch gewinnen können. Der große Unterschied zu Ihrem alten Rennen ist jedoch, daß die Leute nicht gegen Sie laufen, sondern zusammen mit Ihnen. Deren Ziel ist es, Sie zu unterstützen, Ihnen zu helfen, das Rennen zu gewinnen. Und es gibt nicht nur einen Preis, sondern viele – und es werden immer mehr. Die Dinge werden besser und besser – aber Sie müssen zuerst einmal Ihre Entscheidung treffen: Sie müssen beschließen, die Scheuklappen abzunehmen.

Was können Sie im Moment sehen? Welche Preise können Sie mit Ihrem dauernden Trinken gewinnen? Wie schön ist Ihr Leben? Sind Sie wirklich glücklich darüber, wie Ihr Leben läuft? Ist es wirklich das, was Sie wollen? Ist es wirklich das, was die Menschen, die Sie lieben, wollen?

Wie ich schon die ganze Zeit über betont habe, sind auch andere Menschen von Ihrem Trinken betroffen: es ist also nicht nur Ihr Problem. Darum drängen Sie auch so viele, etwas dagegen zu unternehmen. Aber es ist immer wieder die alte Geschichte – der Wille und die Bereitschaft, etwas zu ändern, muß von Ihnen ausgehen. Sind Sie also bereit, die Scheuklappen abzunehmen? Sind Sie bereit, sich umzusehen und zu erkennen, was Sie versäumt haben? Sie haben jede Menge versäumt, glauben Sie mir. Wenn es eine Botschaft gibt, die ich immer wieder von Leuten zu hören kriege, die mit Trinken aufgehört haben, dann ist es diese: »Warum habe ich so lange gebraucht, damit aufzuhören? Warum hab´ ich es nicht schon früher getan? Schauen Sie nur mal, was ich verpaßt habe – der ganze Spaß und die Aufregung im Leben.«

Sie haben außerdem das wahre Glück im Leben versäumt – nicht die falsche Version, die Ihnen der Alkohol vorgaukelt. Wirkliche Gefühle. Wirkliche Selbstwertschätzung. Ein völlig neues Gefühl für Ambitionen. Realistische Ziele statt unerreichbare Hirngespinste. Den Kopf hochhalten können – den Leuten gerade in die Augen sehen können. In den Spiegel zu schauen und zu sagen: »Es ist in Ordnung, ich selbst zu sein. Heute bin ich etwas wert. Ich bin kein Verlierer. Ich bin ein Gewinner, und der werde ich auch bleiben, nur heute und jeden Tag neu, ohne Feiertage dazwischen.«

Wenn es Angst ist, die Sie davon abhält, die Scheuklappen abzunehmen, dann wollen wir uns diese Angst einmal ansehen. Was haben Sie Angst zu verlieren? Haben Sie Angst, sich selbst zu verlieren? Glauben Sie, ein Langweiler zu werden? Glauben Sie, Ihren Sinn für Humor zu verlieren? Glauben Sie wirklich, daß Ihnen der Alkohol Sinn für Humor verleiht? Noch habe ich keine Flasche gesehen, die eine der folgenden Aufschriften auf dem Etikett stehen hatte:

»HILFT MIT HUMOR«

»MACHT AUS DIR EINEN FRÖHLICHEREN, GESELLIGEREN MENSCHEN«

»VERBESSERT DAS SEHVERMÖGEN UND DIE KONZENTRATION AM STEUER«

»TRINKEN SIE DAS UND SIE WERDEN EIN BESSERER VATER/EINE BESSERE MUTTER SEIN«

»TRINKEN SIE ALLES UND SIE WERDEN MITARBEITER DES MONATS SEIN … EHEMANN DES JAHRES … MUTTER DES JAHRES … DER VERLÄSSLICHSTE FREUND, DEN MAN SICH WÜNSCHEN KANN … DAS BESTE TEAMMITGLIED …«

Das klingt vielleicht so, als ob ich mich darüber lustig machen wollte, aber das will ich keineswegs. Alkohol bewirkt nichts davon. Wenn er überhaupt etwas bewirkt, dann das Gegenteil. Also wollen wir diese Ängste ganz schnell vergessen. Sie verlieren sich nicht, sondern Sie werden sich finden. Sie verlieren Ihren Sinn für Humor nicht. Sie werden jemand sein, mit dem man gern zusammen ist – den man gerne als Freund, als Chef oder als Kollegen hat. Sie werden jemand sein, auf den man sich verlassen kann und der es wert ist, Ehemann, Ehefrau, Vater oder Mutter zu sein. Jemand, auf den die Leute stolz sind und von dem sie gerne sprechen.

Sie können mir alle Entschuldigungen erzählen, die Sie wollen, aber eines weiß ich ganz genau: Was immer Sie glauben, gut zu können, wenn Sie trinken, können Sie zehnmal besser, wenn Sie nüchtern sind. Wie ich so sicher sein kann? Nun, ganz einfach, weil ich sehe, wie die Leute das tagtäglich herausfinden. Unzählige Leute nehmen die Scheuklappen ab und erkennen, daß es ein Leben ohne Alkohol gibt und daß es möglich ist, aus eigener Kraft zu gewinnen, ohne die scheinbare Stärke, die einem der Alkohol verleiht. Es ist Zeit, sich aus der Selbsttäuschung, der Sie sich so lange hingegeben haben, zu befreien. Es ist Zeit, zu *leben* und nicht nur zu *existieren.*

Wie viele Leute kennen Sie, die genauso trinken wie Sie? Wenn es wirklich so toll wäre, dann würd´s doch jeder tun, aber das ist nicht der Fall. Es ist Zeit, die Mannschaft zu wechseln. Es ist Zeit, eine Entscheidung zu treffen.

Sie fragen sich vielleicht, was Sie sehen werden, wenn Sie diese Scheuklappen abnehmen. Nun, ich weiß gar nicht, wo ich anfangen soll – es gibt so vieles, das Sie versäumt haben.

Wenn Sie eine Familie haben, dann werden Sie merken, wieviel Sie versäumt haben, während Ihre Kinder aufwuchsen. Sie werden merken, wie viele Entscheidungen Ihre Familie ohne Sie treffen mußte, weil Sie ja nicht verfügbar waren. Sie werden sehr schnell merken, wie schwer das für sie war. Doch vielleicht ist all das gar nicht so schlecht für Sie, denn es kann Ihnen die Kraft geben, Verantwortung zu übernehmen und Ihren Lieben zu zeigen, was Sie bereit sind zu tun. Aber das wird schon ein Weilchen dauern, denn Sie müssen das Vertrauen in Sie erst wieder aufbauen. Sie können nicht gut erwarten, daß, sobald Sie aufhören, etwas zu tun, das Sie lange Zeit getan haben und das Ihrer Familie jede Menge Probleme bereitet hat, ganz plötzlich alles wieder in Ordnung ist. Vergessen Sie nicht die vielen Male, als Sie gesagt haben, daß alles anders werden würde, und vergessen Sie nicht die Versprechungen, die Sie gemacht haben. Sie müssen Ihrer Familie die Chance geben, sich an Ihren neuen Lebensstil zu gewöhnen, und Sie müssen Ihnen genug Zeit geben, damit die Wunden, die Sie Ihnen mit Ihrer Alkoholabhängigkeit geschlagen haben, wieder heilen können. Wenn Sie sich an Ihre Entscheidung halten, dann wird es besser werden, und dann werden Sie Ihre Familie wieder zurückgewinnen. Sie werden wieder teilhaben am Leben Ihrer Kinder. Stellen Sie sich nur mal vor, wie es für sie sein muß, ihren Vater oder ihre Mutter wiederzubekommen.

Wenn Sie Sohn oder Tochter sind, dann stellen Sie sich vor, wie erfreut Ihre Eltern sein werden, wenn sie ihr Kind wiederbekommen. (Es spielt gar keine Rolle, wie alt Sie sind, in den Augen Ihrer Eltern bleiben Sie immer ihr Kind!) Denken Sie nur mal, wie stolz sie sein werden, daß Sie den Mut hatten, das zu tun.

Wenn Sie alleinstehend sind, dann sollten Sie sich fragen, warum das so ist. Wenn Sie es nicht sind, weil Sie es so wollen, dann könnte es an Ihrem Trinken liegen. Es könnte daran liegen, daß Sie niemanden gefunden haben, der bereit ist, Ihr Verhalten zu ertragen, oder vielleicht liegt es daran, daß die einzige Beziehung, die Sie je hatten, die mit dem Alkohol ist. Ich kenne das Gefühl.

Was Sie noch sehen werden, wenn Sie die Scheuklappen abnehmen, ist, wieviel Zeit Sie versäumt haben. Sie werden sehen, wieviel es zu tun gibt. Sie werden neue Interessensgebiete finden oder einige der alten beiseite gelegten wiederaufnehmen.

Es könnte sein, daß Sie sich wegen Ihres Trinkens in finanziellen Schwierigkeiten befinden, doch von der Sekunde an, in der Sie aufhören, sind Sie bereits besser dran; Sie sind besser in der Lage, wieder auf die Beine zu kommen. Ein Grund dafür, warum Sie immer noch trinken, könnte sein, daß Sie sich nicht mit der finanziellen Situation befassen wollen, in der Sie stecken. Aber Sie müssen sich schon damit befassen, denn es wird nicht besser werden, wenn Sie es nicht tun. Sobald Sie aufhören zu trinken, sind Sie bereits besser dran als vorher.

Denken Sie an das, was wir besprochen haben: Eins der in diesem Buch immer wieder verwendeten Konzepte lautet »Verantwortung übernehmen«. Wenn Sie die Scheuklappen abnehmen, dann tun Sie genau das: Sie übernehmen die Verantwortung dafür, wie die Dinge stehen, und Sie sind bereit, etwas dagegen zu tun.

Mit die größte Erleichterung, die Sie verspüren werden, ist, endlich von der Angst erlöst zu sein – der Angst, mit der Sie jeden Tag aufgewacht sind. Es ist sehr schwer, das zu erklären, und noch schwerer, es zu Papier zu bringen, aber Sie wissen genau, was ich meine. Ich spreche von der Angst, die Sie verspüren, wenn Sie mitten in der Nacht aufwachen, und die auch in den Momenten der Nüchternheit da ist. Es ist eine Angst, die nicht greifbar, aber dennoch vorhanden ist und Sie innerlich auffrißt. Mag sein, daß es Selbstzweifel sind, Unsicherheit, eine nagende Stimme, die Ihnen sagt, daß Sie zu nichts taugen, daß Sie nichts wert sind, daß aus Ihnen nie etwas wird, daß Sie nie etwas erreichen werden, nie Erfolg haben und nie so gut sein werden wie alle anderen. Vielleicht ist es aber auch dieses Gefühl von Leere, wenn die Wirkung des Alkohols abklingt. Es brennt in Ihrem Innern, und egal, wieviel Sie trinken, es hört nie auf zu brennen. Selbst wenn Sie sich bis zur Bewußtlosigkeit betrinken, wachen Sie am nächsten Tag dennoch mit demselben Gefühl wieder auf und müssen einen weiteren Tag damit durchstehen. Die einzige Möglichkeit, die Sie kennen, um damit fertigzuwerden, ist zu trinken, aber dadurch verschwindet die Angst auch nicht. Sie hängen fest und kommen nicht wieder los – dieses Gefühl, diese Angst ist allgegenwärtig. Man kann sie mit Worten nicht beschreiben, man muß es am eigenen Leib erfahren – und das werden Sie auch.

Was Sie außerdem feststellen werden, ist, wieviel besser Sie sich auf einmal fühlen und wieviel mehr Interesse Sie an sich selbst und an Ihrem Äußeren haben werden.

Sie werden ganz anders schlafen. Sie werden viel erholter aufwachen, denn Sie werden einen natürlichen Schlaf haben und nicht den an Bewußtlosigkeit grenzenden Zustand, den der Alkohol verursacht.

Ironischerweise werden Sie sehr rasch merken, daß es gar nicht so schwer ist, wie Sie ursprünglich dachten. Ich sage »ironischerweise«, weil einer der Hauptgründe, warum Sie nicht schon längst aufgehört haben, sein könnte, daß Sie denken, ein Leben ohne Alkohol sei schrecklich und traurig: daß es nur grau und öde sein würde. Vielleicht haben Sie es ja schon einmal versucht. Vielleicht waren Sie gezwungen aufzuhören. Vielleicht haben Sie unter dem Druck Ihrer Frau/Ihres Mannes/Ihres Chefs etc. aufgehört. Der wahre Unterschied ist, daß die Entscheidung, das Trinken aufzugeben, diesmal von *Ihnen* kommt, und das macht alles so viel einfacher – die

Motivation kommt von innen und nicht von außen. Denken Sie daran, Sie können jederzeit Ihre Meinung ändern – Sie haben das Recht dazu –, aber ich bin der Ansicht, Sie sollten sich zumindest die Chance geben herauszufinden, wie Ihr Leben ohne Alkohol aussehen könnte.

Im Verlauf dieses Buches haben Sie verschiedene Aufgaben bekommen, in denen Sie herausfinden sollten, wie das Trinken die verschiedensten Bereiche Ihres Lebens beeinflußt hat. Was Sie jedoch noch nicht wirklich wissen, ist, wie Ihr Leben ohne das Zeugs aussehen kann. Ich habe Ihnen jede Menge Einblicke und viele Beispiele aus meinem und dem Leben anderer gegeben, aber die einzige Möglichkeit, es wirklich zu erfahren, besteht darin, es selbst zu versuchen. Das ist ein sehr positiver Weg, es zu erfahren, denn

a) Sie treffen die Entscheidung und

b) Sie haben das Recht, Ihre Meinung zu ändern – das kann Ihnen niemand nehmen.

Es muß Ihnen jedoch klar sein, daß die Verantwortung ebenfalls bei Ihnen liegt und daß Sie die Konsequenzen tragen müssen, wenn Sie sich entscheiden sollten, dahin zurückzukehren, woher Sie gekommen sind.

Falls Sie jetzt denken: »Ach, das bringt doch nichts. Das ist doch alles sinnlos. Nichts wird sich ändern, wenn ich mit dem Trinken aufhöre«, warum glauben Sie das? Wie können Sie so etwas sagen, wo Sie es doch noch gar nicht versucht haben? Und falls Sie es schon einmal versucht haben, dann müssen Sie sich fragen, warum Sie wieder angefangen haben. Warum haben Sie sich nicht mehr Zeit gegeben? Was haben Sie falsch gemacht? Haben Sie sich um Hilfe bemüht? Haben Sie um Unterstützung gebeten? Haben Sie es durchgestanden, wenn die Dinge mal etwas schwieriger wurden, oder sind Sie einfach wieder in dieselbe alte Leier zurückgefallen? Wir sprechen hier von einer äußerst wichtigen Entscheidung – nämlich die Scheuklappen abzunehmen und einen Blick auf seine Umgebung zu werfen; einen Blick auf sein Leben zu werfen; einen Blick auf seine Vergangenheit zu werfen; einen Blick auf sein Verhalten zu werfen, auf die Verantwortung, vor der man sich immer gedrückt hat. Was noch wichtiger ist, wir sprechen hier darüber, wieder eine Zukunft zu haben – eine Zukunft, in der Glück, Erfüllung und Wahlmöglichkeiten wieder Ihren Platz haben. Stellen Sie sich vor, Sie können »nein« zum Alkohol sagen – und meinen es auch so und wollen genau diese Wahl treffen und keine andere.

Das alles mag Ihnen im Moment vielleicht total fremd oder unrealistisch vorkommen, aber alles, was dem wirklich im Wege steht, ist die Notwendigkeit, eine Entscheidung zu fällen und es mit ganzem Herzen zu tun. Hören Sie nicht auf diese negative Stimme in Ihrem Kopf, die Ihnen sagt, daß Sie es nicht schaffen oder daß Sie es nicht wert sind – das ist totaler Blödsinn. Sie wissen es, und ich weiß es. Ich habe noch niemanden getroffen, der nicht in der Lage gewesen wäre, sich von seiner Alkoholsucht zu erholen. Das einzige, was immer im Weg stand, war, die Entscheidung treffen zu müssen, daß man wirklich mit dem Trinken aufhören *will*.

Fragen Sie sich also selbst: Haben Sie genug von diesem Rennen? Wie lange machen Sie es denn schon mit? Wie ist es, wenn man immer nur als letzter ins Ziel kommt, wenn man an jedem Hindernis, an jedem Buckel stürzt? Wie wär´s, wenn Sie die Scheuklappen abnehmen und endlich zu uns Gewinnern dazustoßen würden? Also los geht´s! Fertig machen zum Start!

23
Anerkennung

Wir haben viel Zeit damit verbracht, herauszufinden, wie Sie sich fühlen. Ich glaube, es ist wichtig, diesen Gedanken weiterzuverfolgen und zu überlegen, wie sehr die meisten derjenigen, die alkoholabhängig sind, unter Gefühlen der Minderwertigkeit und Unzulänglichkeit leiden. Die Außenwelt nimmt das nämlich oft gar nicht so recht wahr.

Ich kenne viele Leute – Richter, Musiker, Eltern, Künstler, Geschäftsleute, Priester, Ärzte, Psychiater –, die auf den ersten Blick sehr erfolgreich wirken, denen ihre Talente und ihr Erfolg jedoch nichts bedeuten, da sie es sich nicht erlauben können, diese auch anzuerkennen. Stattdessen sagen sie: »Ja, das war nicht schlecht, aber ich hätte es noch besser machen können«, oder »Ja, ich weiß, da habe ich gute Arbeit geleistet, aber das macht mich anscheinend auch nicht glücklich.« Wenn das Selbstwertgefühl so niedrig ist, dann ist das wie ein Blutegel, der Sie vollkommen aussaugt. Man muß ihn entfernen und die Wunde heilen lassen.

Unter Genesung verstehe ich das Reparieren von Beziehungen, dem Alkohol nicht länger zu erlauben, sein Leben zu bestimmen, und sowohl körperlich als auch geistig an Stärke zu gewinnen. Die wichtigste Grundlage, die wichtigste Voraussetzung hierfür ist jedoch, die Beziehung zu sich selbst wieder zu kitten. Das heißt, man muß sich immer wieder und wieder verzeihen und sich so akzeptieren, wie man ist. Ich kann nur hoffen, daß Sie sich eines Tages sogar mögen werden.

Als ich noch trank, habe ich mich selbst und die Art, wie ich mich benahm, gehaßt. Ich war unverschämt und grob zu den Leuten. Ich war nur auf mich bezogen, und für mich zählte auch nur meine Meinung, auf die der anderen hörte ich nie. Und in neun von zehn Fällen war diese Meinung falsch. Ich war derart übellaunig und wütend, daß ich bewußt Szenen machte, nur um mich aufzuführen. Sogar während ich das tat, wußte ich tief im Innern, daß es falsch war, was ich machte, aber ich konnte einfach nichts dagegen tun, denn der Alkohol hatte eine zu große Macht über mich. Sobald ich einmal das erste Glas getrunken hatte, besaß ich keinerlei Kontrolle mehr über das, was passierte.

Kurz nachdem ich aufgehört hatte zu trinken, litt ich unter ziemlich starken Schuldgefühlen wegen meines Verhaltens, aber ich mußte die Vergangenheit Vergangenheit sein lassen. Ich mußte im Heute leben und im nächstfolgenden Tag. Ich mußte mich außerdem auf das konzentrieren, was ich hatte, und nicht auf die Fehler, die ich vielleicht besaß. Eine der größten Hürden für mich war, mich selbst zu loben, mir die Anerkennung zu geben, die ich verdiente.

Ich habe Sie schon des öfteren dafür gelobt, daß Sie mich auf der Reise durch dieses Buch so tapfer begleitet haben. Ich werde Sie außerdem dafür loben, daß Sie die Ihnen gestellten Aufgaben gemacht haben, denn ich weiß, daß viele davon ziemlich schmerzhaft und schwierig für Sie gewesen sein müssen – immerhin mußten Sie sich mit der Realität Ihrer Trunksucht und dem, was sie aus Ihrem Leben gemacht hat, befassen.

Erinnern Sie sich noch daran, daß ich Sie im Kapitel 15 gebeten habe, ein Foto von sich anzufertigen? Nun, ich möchte Sie bitten, jetzt noch ein weiteres zu machen und beide nebeneinander aufzuhängen. In drei oder vier Wochen sollten Sie dann noch ein Foto von sich machen, und immer so weiter. Egal, wie klein das Bild auch sein mag, es ist wichtig für Sie zu sehen, welche Veränderungen mit Ihnen vorgehen.

Ich besitze immer noch das Foto, das man am Tag meiner Einlieferung ins Therapiezentrum gemacht hat. Wenn ich heute in den Spiegel blicke, dann sehe ich eine völlig andere Person. Vorher war ich total am Ende und sah aus wie eine lebende Leiche. Das Bild eines gebrochenen Menschen – Augen, die keinerlei Glanz hatten, das Gesicht aufgedunsen, der Hals rot und fleckig: ich sah genau so aus, wie ich mich fühlte – vollkommen am Boden.

Welche physischen Veränderungen können Sie feststellen? Werfen Sie mal einen Blick auf Ihr Gesicht – ist es weniger aufgedunsen, weniger rot? Sehen Sie gesünder aus? Sehen Sie gelassener und weniger angespannt aus? Haben sich Ihre Wangen gerundet, weil Sie sich nun gut und ausreichend ernähren? Haben Sie abgenommen, falls Sie übergewichtig waren? Wie sehen Ihre Augen aus? Sind sie klar? Glänzen sie? Wie ist Ihr Blick? Ist er direkter, mehr geradeheraus? Halten Sie den Kopf höher, weil Sie sich besser gefallen? Sieht Ihr Lächeln (falls vorhanden) aufrichtiger, echter aus? Egal, wie schwach sie auch sein mag, achten Sie auf die Veränderung. Es ist wichtig, sich genug Zeit zu nehmen, das alles auch zu bemerken und anzuerkennen, daß man sich mit sich selbst wohler fühlt.

Als nächstes möchte ich, daß Sie einen langen, absolut ehrlichen Blick auf sich werfen. Schreiben Sie auf, was Sie an Ihrem Körper mögen und was Sie an sich als Person mögen. Bitte nehmen Sie sich Zeit dafür. Sie müssen lernen, positiv von sich zu denken. Und es ist vielleicht auch an der Zeit, darüber nachzudenken, wie Sie sich pflegen. Sich selbst gut zu behandeln heißt, sich um sein Äußeres und um seine Gesundheit zu kümmern. Sie müssen lernen, stolz auf sich zu sein, sich wichtig zu nehmen. Wann waren Sie zum letzten Mal bei einem Arzt, Zahnarzt oder Friseur? Müssen Sie Ihr Äußeres sozusagen komplett überholen? Warum nicht gleich einen Termin beim Friseur vereinbaren? Warum nicht einen kritischen Blick auf die eigene Garderobe werfen? Sie können Ihr Äußeres allein dadurch verschönern, daß Sie den Standard Ihrer Körperpflege und Hygiene neu überdenken und eventuell verbessern.

Wie aktiv sind Sie körperlich? Könnten Sie mehr für Ihre Gesundheit tun? Ich glaube kaum, daß Sie die Zeit hatten, sich fit zu halten, während Sie tranken, also sollten Sie sich auch hier überlegen, wie Sie Ihren Körper und Ihre Seele besser behandeln können. Achten Sie auf die Veränderungen in den kommenden Wochen, aber erwarten Sie nicht zu viel – die kleinen Dinge sind es, die zählen.

Wenn Sie sich selbst immer als selbstverständlich hingenommen haben, dann sollten Sie jetzt damit aufhören. Machen Sie eine Liste der Dinge, die Sie an einem Tag erreicht haben, und hören Sie nicht auf, immer Neues hinzuzufügen. Loben Sie sich auch dann, wenn Sie keinen hundertprozentigen Erfolg hatten, denn der Versuch allein ist auch schon sehr viel wert.

Wo ist Ihr Sinn für Humor? Glauben Sie ja nicht, daß er verlorengegangen sein muß. Geben Sie nicht auch gerade deswegen das Trinken auf? Wozu das alles, wenn das Leben am Ende doch nur grau und öde ist? Ich habe meinen Sinn für Humor nie verloren, und er hat mir immer wieder über Hürden geholfen. Benutzen Sie den Ihren und bestärken Sie sich darin.

In den letzten Kapiteln habe ich Sie immer wieder darauf aufmerksam gemacht, daß derjenige, der ein Alkoholproblem hat, nicht gleichzeitig auch ein schlechter Mensch sein muß. Sie müssen sich klarmachen, wo Sie der Alkohol hingeführt hat – wenn Sie das nie vergessen, dann werden Sie auch nie wieder dort landen.

Sie sollten sich jetzt auch einmal die guten Dinge betrachten, die Sie in Ihrem Leben getan haben. Erinnern Sie sich, wie zuvorkommend, großzügig, höflich und fürsorglich Sie oft waren. Dieser Mensch ist nicht verschwunden – Sie waren lediglich von einer Macht besessen, die viel stärker war, als Sie annahmen.

Sie müssen anfangen, das Leben als Gewinner anzupacken – machen Sie sich mit Ausdauer und dem festen Wunsch zu siegen an die Erreichung Ihrer Lebensziele. Das mag sich nach einem harten Stück Arbeit anhören – es ist ein hartes Stück Arbeit –, aber seien Sie doch ehrlich: Wie leicht war es schon mit dem Trinken und all dem, was es mit sich brachte – den Lügen, dem Verrat, dem Vertuschen, den Entschuldigungen, den Verharmlosungen, den Manipulationen, den Schuldzuweisungen, dem Rationalisieren? Wieviel Energie haben Sie dazu gebraucht? Alles, was Sie nun tun müssen, ist, diese Energie zu nutzen, um zu gewinnen. Aber vergessen Sie nie, jedes Ihrer Ziele mit Vernunft und einem Blick für die Realitäten auszuwählen – setzen Sie sich Ihre Ziele nicht zu hoch, aber haben Sie auch keine Angst vor dem Erfolg. Ja, Sie haben richtig gehört. Wir, die wir uns in den Alkohol geflüchtet haben, haben oft Angst davor, daß es uns gutgeht, und noch mehr Angst davor, erfolgreich zu sein. Ich möchte, daß Sie wirklich gut darüber nachdenken. Achten Sie auf die alten Gewohnheiten. Vergessen Sie nie, wie gut Sie sich und Ihre Bemühungen sabotieren können, wie gut Sie sich und Ihrem Erfolg im Wege stehen können. Seien Sie auf der Hut vor diesen alten Verhaltensweisen.

Positive Veränderungen bedeuten auch, daß die Erwartungen an einen selbst größer werden, aber denken Sie doch mal an den Lohn – Sie können ein Gewinner werden, also verstricken Sie sich nicht wieder in das alte Verliererspiel. Und wenn Sie nicht gewinnen, dann betrachten Sie das bitte nicht als ein Versagen. Wenn Sie bereit sind zu überlegen, was falsch lief, kann das eine wirkliche Quelle des Lernens und des Wachsens sein. Das trifft sogar auf den Fall zu, daß Sie nach einer Zeit der Abstinenz wieder anfangen zu trinken. Versuchen Sie dann herauszufinden, was passiert ist und was Sie unterlassen haben zu tun. Achten Sie lieber auf sich, statt sich immer nur herabzusetzen und klein zu machen. Es ist schwer, eine positive Einstellung zu bewahren, und noch schwerer, sich selbst zu schätzen, wenn man sich weiter an die Vergangenheit klammert. Das ist, als ob man ständig einen randvollen Müllsack mit sich herumschleppen würde. Das ist, als ob man Scheuklappen vor den Augen und Watte in den Ohren hätte, die einen davon abhielten, die Gegenwart zu sehen und Lob und Anerkennung zu hören. Wie können Sie aufrecht stehen, wenn Sie so viele alte Koffer voller Haß und Wut mit sich herumschleppen?

Wenn Sie Haßgefühle hegen, dann schreiben Sie auf, was Sie so nervt. Sehen Sie es sich gut an und fragen Sie sich, ob es Ihnen nicht besser gehen würde, wenn Sie diese Dinge als vergangen betrachten würden, statt sich immer noch daran zu klammern. Stellen Sie sich vor, sie los zu sein. Stellen Sie sich vor, von diesem Gewicht befreit zu sein. Es muß eine ungeheure Erleichterung sein, nachdem man sie so lange mit sich herumgeschleppt hat. Ihr Selbstwertgefühl wird sich sofort heben, denn Sie haben die Angewohnheit, sich selbst als traurige Figur zu sehen, die so lange gelitten und der man so sehr unrecht getan hat, über Bord geworfen.

Haßgefühle sind eine Falle, die Sie wieder zur Flasche zurückführen werden: sie sind das beste Rezept für einen Rückfall. Auf diese Gefühle müssen Sie ganz besonders achten. Sobald Sie einmal in so einem Verhalten gefangen sind, ist das, als ob man gegen den Strom schwimmen würde. Da werden Sie schon sehr bald müde, und bevor es Ihnen richtig klar ist, sind Sie wieder dort, wo Sie angefangen haben. Wenn Sie aber auf sich achtgeben und nicht versuchen, zu viel zu schnell zu erreichen, dann sind Sie o.k. Höhen und Tiefen gibt es immer – das ist nun mal das Leben –, aber schauen Sie doch nur mal, wie sich Ihr Leben ändert.

Selbstbestärkung und Selbstbestätigung zu einer täglichen Gewohnheit zu machen ist ein sehr wichtiger Teil Ihres Genesungsprozesses, also sollten Sie so beginnen, wie Sie auch weitermachen wollen. Vergessen Sie nicht, daß, wie ich schon vorher sagte, niedrige Selbstwertschätzung wie ein Blutegel ist, den man entfernen und dessen Wunde man heilen lassen muß. Denken Sie daran, wie lange Sie schon verwundet sind. Da braucht es schon eine ganze Menge *tagtäglicher* Aufmerksamkeit – selbst wenn es nur das ist, daß man morgens in den Spiegel schaut und sagt: »Ich bin alles, was ich habe, und das ist in Ordnung.« Wenn Sie nie vergessen, woher Sie gekommen sind, dann werden Sie auch nie wieder dahin zurückmüssen.

Fangen Sie noch heute an, sich zu loben und sich selbst Anerkennung zu zollen – Sie sind es wert, sich zu bessern. Gut gemacht.

24
Ab morgen wird alles anders

Wie oft haben Sie schon gesagt: »Ab morgen wird alles anders. Ab morgen bin ich ein anderer Mensch. So etwas passiert mir nie wieder. Diesmal meine ich´s wirklich ernst – ich höre auf zu trinken, kein Tropfen kommt mir mehr über die Lippen. Ihr werdet schon sehen!«? Also haben die Leute gewartet und gewartet, und was haben sie gesehen? Die alte Geschichte. Immer die alte Leier. Das gleiche, alte Benehmen.

Ich glaube Ihnen wirklich, daß Sie es ernst meinten, als Sie sagten, Sie würden es nie wieder tun, daß alles vorbei sei und daß Ihnen leidtue, was Sie getan haben. Trotzdem mag ein Teil von Ihnen das alles nur gesagt haben, um die anderen loszuwerden, weil Sie sich nicht genau erinnern konnten, was passiert war oder was Sie getan hatten, da Sie einen Blackout hatten. Ich meine damit nicht, daß Sie bewußtlos oder ohnmächtig waren: ich meine, daß Sie sich in einem Alkoholblackout befanden – Sie konnten sich nicht mehr an das erinnern, was geschehen war.

Wie oft sind Sie schon nach einer durchzechten Nacht aufgewacht und haben gedacht: »Wie bin ich letzte Nacht bloß nach Hause gekommen? Bin ich gefahren? Hat mich jemand gefahren? Wo habe ich das Auto stehengelassen? Wie bin ich ins Bett gekommen? Kann mich gar nicht erinnern, mich ausgezogen zu haben?«

Vielleicht sind Sie ja auch irgendwo anders aufgewacht und wußten nicht mehr, wie Sie dahin gekommen waren.

Oder Sie sind morgens aufgewacht und Ihre Frau/Ihr Mann/Ihre Freundin/Ihr Freund wollten nicht mehr mit Ihnen sprechen. Sie haben gesagt: »Was ist los? Was hab´ ich getan? Warum sprichst du nicht mehr mit mir?« Ihr Gegenüber sieht Sie ungläubig an und meint: »Warum ich nicht mit dir rede? Nach allem was du getan hast?« Sie stehen da, völlig perplex und sagen: »Was meinst du mit ›was ich getan habe‹?« Und Ihr Partner oder Ihre Partnerin sagt: »Ach, komm schon! Hör auf damit! Du weiß genau, was du getan hast! Wie konntest du dich nur so benehmen? Wie konntest du nur so schreckliche Dinge sagen?« Aber Sie denken immer noch: »Was habe ich bloß getan?«

Vielleicht sind Sie ja auch mit Freunden ausgegangen. Sie sehen sie am folgenden Tag, und man behandelt Sie recht kühl. Sie fragen warum, und wieder sieht man Sie vollkommen ungläubig an und sagt: »Warum? Ich sag´ dir warum!«, und schon erzählt man Ihnen all die Geschehnisse der letzten Nacht. Sie hören sich das an und denken: »O nein! Habe ich das wirklich gesagt? Habe ich das wirklich getan? Hab´ ich mich wirklich so benommen?«, und irgendwo, tief in Ihrem Innern, ist eine Stimme, die sagt: »Ja, das hast du.« Sie fühlen sich miserabel und schuldig, aber das ändert auch nichts an der Situation, nicht wahr? Es ist nun mal passiert. Wieder einmal haben Sie sich derart schlecht benommen.

Oder noch schlimmer: Sie sind in der Ausnüchterungszelle einer Polizeistation aufgewacht; man hat Sie wegen Erregung öffentlichen Ärgernisses, Betrunkenheit am Steuer oder ähnlichem festgenommen. Vielleicht auch, weil Sie in eine Rauferei verwickelt waren oder betrunken irgendwo auf der Straße lagen. Was immer auch geschehen sein mag, es fällt Ihnen schwer, sich auf die Vorfälle der letzten Nacht zu besinnen.

Früher haben Sie das vielleicht noch amüsant gefunden. Oder einer Ihrer Saufkumpane hat zu Ihnen gesagt: »Rate doch mal, was du letzte Nacht angestellt hast! Das war echt komisch!« Aber wenn Sie dann hören, was es war, dann klingt das überhaupt nicht komisch – viel eher schon peinlich, aber daran können Sie ja nun nichts mehr ändern – passiert ist passiert. Überhaupt nicht komisch, nicht wahr?

Was passiert ist, ist folgendes: Sobald Sie eine gewisse Menge Alkohol getrunken haben, verlieren Sie die Kontrolle über Ihr Verhalten, und das bedeutet, daß alles geschehen kann. Das ist eine schlimme Sache, denn es bedeutet außerdem, daß Sie überhaupt keine Wahl haben: In dem Moment, in dem Sie nach dem ersten Glas greifen, verlieren Sie die Kontrolle über sich und das, was passiert. Und das ist nicht nur schlimm – es ist erschreckend, denn es bedeutet nicht nur, daß Sie nicht wissen, was passieren wird, sondern, daß die anderen Sie ebenfalls nicht einschätzen können. Stellen Sie sich nur mal vor, wie man sich dabei fühlen muß.

Da sind Sie dann also an einem dieser berüchtigten Morgen und sagen: »Das passiert nie wieder, ich verspreche es. Ich werde nie wieder einen Tropfen anrühren, solange ich lebe. Du weißt doch, daß ich diese Dinge gar nicht sagen wollte. Du weißt doch, wie viel mir an dir liegt. Ich liebe dich.« Leere Flaschen und leere Versprechungen regnen wieder einmal auf die Menschen herab, die das alles schon so oft gehört haben, aber Sie stehen da und machen dieselben alten Versprechungen, wieder und wieder. Und da fragen Sie sich, warum man Ihnen nicht glaubt! Das ist alles so schrecklich traurig, denn der

Alkohol nimmt Ihnen jede Würde, jede Selbstachtung, jede Vorstellung von Moral und Anstand. Er nimmt sie und jongliert fröhlich damit herum. Und schließlich kommt der Punkt, an dem Sie nicht mehr wissen, was als nächstes kommt, was Ihnen als nächstes passieren wird, womit Sie als nächstes fertig werden müssen.

Ist es das wert? Natürlich nicht, aber Sie können es ja nicht einmal mehr so betrachten, stimmt´s? Das ist kein Gesellschaftstrinken mehr oder das gelegentliche Glas am Feierabend: Wir sprechen hier über Abhängigkeit, über Sucht. Wir sprechen über eine Situation, in der Sie mit dem Alkohol nicht mehr leben können, aber ohne ihn auch nicht mehr auskommen. Egal, was er mit Ihnen macht, Sie wollen ihn nicht aufgeben. Sie müssen aufhören, sich vorzumachen, daß Sie ihn unter Kontrolle haben, daß Sie am Steuer sitzen. Tatsächlich sollte das alles gar nicht so schwer für Sie sein – alles, was Sie tun müssen, ist, noch einmal einen Blick auf die Aufgaben zu werfen, die ich Ihnen gestellt habe, und dann erhalten Sie ein sehr klares Bild von Ihrer derzeitigen Situation. Vielleicht wollen Sie ja gar nicht schauen. Vielleicht wollen Sie Ihrem Trinken ja noch mal eine Chance geben. Vielleicht sind Sie noch nicht bereit aufzuhören. Vielleicht muß Ihnen einfach noch mehr passieren, bevor Sie so weit sind. Was mir Sorgen macht, ist nur, daß Sie dabei sterben können. Sie können mir nicht weismachen, daß das nicht passieren wird, denn das wissen Sie nicht. In der Beziehung sind Sie auch nicht anders als alle anderen – Sie sind einer jener unzähligen Menschen, die unter diesem Problem leiden, und wenn Sie nichts dagegen tun, dann wird es nur noch schlimmer.

Wenn Sie sich entschlossen haben, etwas gegen Ihr Alkoholproblem zu unternehmen, gut gemacht – Sie haben eine Entscheidung getroffen, die Ihnen Ihr Leben retten wird. Wenn Sie bereit sind, hart genug zu arbeiten, um das zu ändern, was Sie ändern müssen, dann kann Ihr Leben nur davon profitieren. In jeder Hinsicht. Statt Versprechungen immer nur zu brechen, können sie tatsächlich wahr werden. Es ist so – Sie können sich von Ihrer Alkoholsucht befreien und ein viel glücklicheres und vor allem befreiteres Leben führen.

Anfangs wird es gar nicht so leicht sein, und Sie werden all die Hilfe, Unterstützung und Anleitung brauchen, die Sie kriegen können. Ich würde Ihnen zunächst einmal raten, einen Arzt aufzusuchen. Sagen Sie ihm oder ihr, was Sie tun möchten und warum. Kann sein, daß Sie vorher schon mal bei Ihrem Arzt waren und über Ihr Alkoholproblem gesprochen haben. Kann sein, daß Sie dann die Menge, die Sie trinken, ein wenig heruntergespielt haben. Egal: Es ist Zeit, noch einmal hinzugehen und die Dinge diesmal klarzustellen. Kann sein, daß Ihre Sucht bereits so weit fortgeschritten ist, daß Sie ärztliche Hilfe benötigen, also ist es sehr, sehr wichtig, daß Sie sich gründlich durchchecken lassen. Es kann außerdem sein, daß Sie unter Entzugserscheinungen leiden, weil Sie vorher so viel getrunken haben, und auch hier kann Ihnen Ihr Arzt behilflich sein. Riskieren Sie nichts und versuchen Sie auch nicht, die Dinge zu überstürzen. Das kann Ihrer Gesundheit nur schaden. Vergessen Sie nicht, Sie schlagen jetzt eine neue Seite auf. Sie übernehmen die Verantwortung für sich selbst und da kommt Ihre Gesundheit an erster Stelle.

Erwarten Sie bitte nicht, daß Ihre Familie Freudensprünge macht, wenn sie hört, daß Sie mit dem Trinken aufhören wollen – denken Sie daran, das haben sie alles schon mal gehört. Seien Sie deswegen nicht enttäuscht oder wütend. Sehen Sie sich lieber noch einmal die Aufgaben an, die ich Ihnen gestellt habe, und machen Sie sich nochmals klar, wie Sie sich benommen haben. Das wird Ihnen helfen, zu verstehen, warum man so auf Sie reagiert. Das alles braucht Zeit, aber das Vertrauen Ihrer Familie wird wachsen, wenn Sie wachsen, wenn Sie stärker werden, und mit der Zeit wird nicht mehr zu übersehen sein, daß Sie sich geändert haben. Denken Sie daran, Sie sind nicht der einzige, der sich von seinem Alkoholproblem erholen muß – die Menschen, die Ihnen nahestehen, müssen sich ebenfalls davon erholen. Es wird Zeit brauchen, all den Schaden, den Ihr Trinken verursacht hat, wiedergutzumachen, aber jeder Tag ohne Alkohol macht Sie stärker und selbstsicherer. Langsam fangen Sie an, wieder an sich zu glauben.

Sie werden dieses Gefühl gar nicht mehr loslassen wollen, wo Sie doch so lange Zeit nicht an sich glauben konnten. Es ist unschätzbar, ein reines Gewissen zu haben, sich in seiner Haut wohlzufühlen, den Kopf hochhalten und sagen zu können: »Ich tue etwas für mich. Ich ändere mich.« Das ist ein tolles Gefühl und es treibt Sie an. Ihr neues, nüchternes Leben wird sehr wichtig für Sie, und Sie werden es nicht mehr verlieren wollen.

Vergessen Sie nie den kleinen Mann im Ohr, denn der verschwindet nie. Er gibt nie auf. Er ergreift jede Gelegenheit, Ihnen zuzuflüstern, daß Sie ein Glas trinken können. Mein Vergleich mit dem »kleinen Mann« meint in Wirklichkeit natürlich Ihre Sucht, denn Ihre Sucht wird nie verschwinden.

Einer der größten Fehler, den viele Leute mit Alkoholproblemen begehen, ist zu glauben, daß sie nun, da sie eine Zeitlang nichts mehr getrunken und ihre Gesundheit und ihr Familienleben sich gebessert haben und weil sie ihre Arbeit jetzt besser erledigen und die Beziehungen zu Freunden wiederaufgenommen haben, wieder ein, zwei Gläser trinken können. Für jemanden, der alkoholabhängig ist, gibt es jedoch so etwas wie »ein, zwei Gläser« nicht. Um ein, zwei Gläser hat sich´s doch noch nie gehandelt, nicht wahr? Was sollte jetzt also anders sein? Wenn Sie wieder zum Glas greifen, dann ist auch der Alptraum wieder da – mit einem Haken allerdings: Sie fangen nicht dort wieder an, wo Sie aufgehört haben. Sie fallen vielmehr sehr schnell in ein schwarzes Loch, denn das ist die einzige Richtung, in die Sie Ihre Sucht führen wird. Ich spreche hier nicht aus eigener Erfahrung, denn bis zum heutigen Tag habe ich kein Glas mehr angerührt, aber ich habe mit Leuten gearbeitet, die Alkoholrückfälle hatten. Sie haben mir von ihren Erfahrungen berichtet und wie sie ihr Trinken fast umgehend wieder in Schwierigkeiten brachte – aber für sie war es nicht so wie vorher; es war viel schlimmer. Ich kann Sie daher gar nicht genug davor warnen.

Es ist sehr leicht zu vergessen, woher man gekommen ist, aber es ist noch viel leichter, wieder dort zu landen, wenn man es tut. Während ich dieses Buch schreibe, beginnt das zehnte Jahr meiner Nüchternheit, aber den Alptraum habe ich noch nicht vergessen. Ich habe nicht vergessen, wie ich mich fühlte, als ich die Hölle des Alkoholentzugs durchmachen mußte. Die Gefühle der Wertlosigkeit, der Scham und der Schuld und die Verzweiflung jeden Morgen, wenn ich die Augen öffnete und nicht wußte, was mit mir passieren würde, werde ich nie vergessen. Ich werde nie vergessen, wie ich mich fragte, ob meine Hände je wieder aufhören würden zu zittern. Ich werde nie vergessen, wie verunsichert ich tagaus, tagein war, weil ich ohne Alkohol nicht überleben konnte, mit Alkohol aber auch nicht. Ich bete und hoffe, daß ich mir diese Erinnerungen bis zu meinem Tode bewahren werde, denn sie helfen mir und halten mich davon ab, noch einmal zum Alkohol zu greifen. Ich kann ehrlich sagen, daß ich die meiste Zeit über gar keine Lust habe zu trinken. Im Laufe der Zeit ist es immer leichter für mich geworden, abstinent zu leben, aber wie ich schon sagte, man sollte nie vergessen, woher man gekommen ist, damit man nicht wieder dort landet.

Bitte werfen Sie doch noch mal einen Blick in Kapitel 18. Dort finden Sie die Hilfe, die Sie brauchen, um die schweren Zeiten Ihrer Nüchternheit zu überstehen. Hilfe ist niemals weit. Alles, was Sie tun müssen, ist zum Telefonhörer zu greifen, bevor Sie zum Glas greifen.

Es mag vielleicht nicht so aussehen, aber Sie machen jetzt, in diesem Moment, die ersten Schritte in Richtung Freiheit. Ihre Entscheidung, künftig keinen Alkohol mehr anzurühren, wird Sie von der Besessenheit und den Zwängen befreien, die Sie zur Selbstzerstörung getrieben haben. Die Entscheidung von heute ist die Freiheit von morgen – Freiheit von der Dunkelheit, in der Sie so lange gefangen waren; Freiheit, das Licht zu sehen, eine Zukunft zu haben, Erfolg zu haben. Egal, was Sie tun, egal, wer Sie sind, egal, welche Bildung Sie haben, Sie verdienen die Chance zu leben und das Bestmögliche aus Ihrem Leben zu machen – für sich und für Ihre Lieben. Sie können es tun. Nur heute, jeden Tag neu, ohne Feiertage dazwischen, können Sie den Alkohol besiegen. Und im Lauf der Zeit werden Glück und Zufriedenheit in Ihr Leben einkehren.

Außerdem werden Sie etwas besitzen, das Sie noch nie besessen haben, und das ist – ganz simpel – die Wahl:

- die Wahl, nicht zu trinken;
- die Wahl, sich zu verbessern;
- die Wahl, sich um sich selbst und um seine Mitmenschen zu kümmern;

- die Wahl, anderen zu erzählen, wie man es geschafft hat, sich selbst zu helfen, damit die anderen vielleicht auch sich selbst helfen können;
- die Wahl, und das ist wohl das allerwichtigste, etwas in seinem Leben zu ändern, damit Sie ab morgen tatsächlich anders sein werden.

Antwortschlüssel zum Fragebogen auf den Seiten 38 - 40

Wenn Sie sechs oder mehr Fragen mit »ja« beantworten mußten, dann deutet dies darauf hin, daß Sie zu einem gewissen Grad alkoholabhängig sind.

Wenn Sie der Ansicht sind, daß Sie Hilfe brauchen und sich mit den **Anonymen Alkoholikern** in Verbindung setzen möchten, können Sie sich wenden an:

Anonyme Alkoholiker
Gemeinsames Dienstbüro
Postfach 46 02 27
80910 München

Die regionalen Kontaktstellen erreichen Sie in allen Großstädten unter der bundeseinheitlichen Rufnummer: (Vorwahl der Stadt) 192 95.

Band 61343

Suzanne Somers

Zum Schweigen verdammt

Suzannes Kindheit war eine einzige Hölle, geprägt von den sich nahezu allnächtlich wiederholenden Wutanfällen ihres alkoholabhängigen Vaters, der im Vollrausch seine Familie tyrannisierte. Als Erwachsene werden ihre Geschwister ebenfalls Alkoholiker. Auch Suzanne braucht lange Zeit, bis sie erkennt, daß viele ihrer Verhaltensweisen auf die Krankheit des Vaters zurückzuführen sind. Erst als ihr dies bewußt wird, kann sie ihr Leben und ihre Karriere selbst in die Hand nehmen .

Suzanne Somers, in den USA ein bekannter Show- und Fernsehstar, und ihren Angehörigen gelingt es, mit Hilfe der Anonymen Alkoholiker und Al-Anon den Kampf gegen die alles zerstörende Macht des Alkohols zu gewinnen.

BASTEI LÜBBE